Zu diesem Buch

Was lernen Kinder in der Schule eigentlich neben den Schulfächern für das wirkliche Leben? Eltern wissen dies oft nicht, Lehrerinnen und Lehrer manchmal auch nicht so genau. Gertrud Beck und Gerold Scholz haben vier Jahre lang eine Grundschulklasse begleitet und beschreiben in diesem Buch auf informative und gleichzeitig außerordentlich unterhaltsame Weise, wie sich in den vier Jahren das soziale Lernen entwickelt hat. Die Lebendigkeit, die Komplexität und der Witz vieler Situationen ist faszinierend und rückt das Schulleben in ein ganz neues Licht. Wenn Sie also bisher glaubten, daß (Ihre) Kinder in der Schule nur stur Lesen, Schreiben, Rechnen usw. lernen, werden Sie spätestens nach der Lektüre dieses Buches anders denken. Und Lehrerinnen und Lehrer erhalten eine Menge Anregungen für die Entwicklung der sozialen Kompetenz der ihnen anvertrauten Kinder.

Gertrud Beck / Gerold Scholz

Soziales Lernen – Kinder in der Grundschule

rororo
Rowohlt

Originalausgabe
Veröffentlicht im Rowohlt Taschenbuch Verlag GmbH,
Reinbek bei Hamburg, November 1995

Lektorat Bernd Gottwald
Redaktion Katrin Helmstedt
Umschlaggestaltung Peter Wippermann/Jürgen Kaffer
(Illustration: Mike Loos)
Fotos Gertrud Beck/Gerold Scholz
Satz Sabon (Linotronic 500)
Gesamtherstellung Clausen & Bosse, Leck
Printed in Germany
1490-ISBN 3 499 19784 7

Inhalt

Vorwort

Dieses Buch wäre nicht zustande gekommen, hätte nicht Christina Walter die Idee gehabt, ihre Grundschulklasse über vier Jahre hinweg von einem Forscherteam beobachten zu lassen. Wir danken vor allem ihr und Jürgen Eilers, dem Leiter der Grundschule und Mathematiklehrer der Klasse, dafür, daß wir die Untersuchung durchführen durften, von der nachfolgend berichtet wird. Es war sicher für beide nicht immer leicht, uns und vor allem unsere Protokolle zu ertragen. Unser Dank gilt auch den Kindern dieser Klasse (und ihren Eltern), die uns sehr bald als zugehörig akzeptierten und uns vier Jahre lang an ihrem Leben teilnehmen ließen. Nach einer ersten Veröffentlichung beschwerten sie sich zunächst, daß wir ihre Namen verändert hatten. Ein Mädchen erklärte das aber so: «Sie wollten uns nicht verpetzen.» Und das wollen wir wirklich nicht, auch wenn wir manches erzählen, was nicht einmal die Lehrerin mitgekriegt hat.

Danken möchten wir auch Sandra Kurth, die als Studentin und später als Referendarin in der Klasse gearbeitet hat, sowie Elisabeth Bergmann und Claudia Helldörfer, die im 4. Schuljahr mit im Landschulheim waren und ihre Beobachtungen anschließend in ihrer Examensarbeit ausgewertet haben. Alle drei haben direkt oder indirekt zu diesem Buch beigetragen. Durch ihre Arbeit mit den Kindern, ihre Beobachtungen und durch ihre Examensarbeiten haben sie uns weitere Einblicke in das soziale Leben der Klasse ermöglicht.

Gertrud Beck
Gerold Scholz

Einleitung

Vier Jahre lang, vom ersten Schultag im ersten Schuljahr bis zum letzten Schultag im 4. Schuljahr, haben wir im Rahmen eines Forschungsprojektes die Kinder einer Grundschulklasse begleitet. In der Regel saßen wir einen Vormittag pro Woche in der Klasse und beobachteten, wie die Kinder auf die Angebote der Schule reagierten und wie sie miteinander umgingen. Weil wir von Anfang an dabei waren, gehörten wir für die Kinder dazu. So konnten wir in den meisten Fällen direkt neben den Kindern sitzen und in Notizen ihre Tätigkeiten und auch ihre Gespräche festhalten. Diese Notizen wurden dann möglichst umgehend in Protokolle ausformuliert. Von den meisten Beobachtungstagen gibt es zwei Protokolle, eins von Gertrud Beck verfaßt und eins von Gerold Scholz. Diese Protokolle könnte man in Anlehnung an ethnologische Forschungen als den Versuch einer «dichten Beschreibung» (Clifford Geertz, 1987) bezeichnen. Dabei geht es darum, nicht nur die äußeren Beobachtungen (nimmt einen Bleistift, steht auf und geht zu...) festzuhalten, sondern die Situation so zu beschreiben, daß ihr Sinn entschlüsselt werden kann.

Durch unsere Teilnahme am Unterricht waren wir in der Lage, mehr zu erkennen, als ein Tonband- oder ein Videomitschnitt wiedergeben könnte: Wir waren ein Teil der Situation und konnten deshalb häufig den Sinn einer Situation verstehen. In einigen Fällen hat sich uns dieser Sinn nicht sofort erschlossen, weil wir Implikationen nicht kannten (aktuelle Stimmung eines Kindes, Ereignisse und Erlebnisse auf dem Schulweg, spezifische Aversionen gegenüber einer Aufgabe...). Wir haben oft den Anfang eines Konfliktes protokolliert, ohne im Moment der Beobachtung zu wissen, daß daraus ein Konflikt entstehen würde. Im nachhinein, am Ende eines Tages, nach einigen Wochen oder sogar erst jetzt, nach vier Jahren der Beobachtung, konnten wir den Sinn der meisten Situationen rekonstruieren. Zugute kam uns dabei, daß wir, anders als die Lehrerin, uns auf einzelne Kinder konzentrieren konnten. So bekamen wir eher mit, was aus der Sicht der Kinder wichtig war, was einzelne erlebt haben, wie sie mit sich selbst, den Anforderungen der Schule und ihren Beziehungen zu anderen Kindern umgegangen sind.

Wie sich in diesen vier Jahren das soziale Lernen dargestellt hat, soll hier berichtet werden.

Nun ist das soziale Lernen wissenschaftlich nicht sehr genau erforscht. Vor allem gibt es nur wenige Untersuchungen, die auf Beobachtungen in realen Situationen basieren. Und uns ist keine Untersuchung bekannt, die das soziale Lernen von Kindern über mehrere Jahre hinweg kontinuierlich verfolgt hat. Insofern ist die hier beschriebene Untersuchung sicher eine Besonderheit. Sie ist als Feldstudie und Fallstudie zu verstehen, d.h., das Leben und Lernen der Kinder einer Klasse in einem konkreten Umfeld wurde festgehalten, soweit es uns sichtbar und nachvollziehbar wurde. Und aus unseren Beobachtungen rekonstruieren wir nun die Prozesse des sozialen Lernens. Die Lebendigkeit, die Komplexität und der Witz vieler Situationen hat uns fasziniert. Und wir hoffen, daß etwas von dieser Faszination auch im folgenden vermittelt wird.

(Aus Gründen des Datenschutzes wurden alle Namen der Kinder von der Redaktion geändert.)

Das erste Schuljahr

Unserer Klasse (so sagen wir heute noch, weil wir vier Jahre lang mit den Kindern gelebt und eine spezifische Beziehung zu ihnen entwickelt haben) bestand am Anfang aus 23 Kindern, fünf davon haben im Laufe der Zeit die Klasse verlassen, sechs neue sind dafür hinzugekommen. Darunter waren zu Beginn 13 Jungen und 10 Mädchen, am Ende des 4. Schuljahres waren es 13 Jungen und 11 Mädchen. Bei sechs Jungen und 10 Mädchen waren beide Eltern oder ein Elternteil Ausländer aus unterschiedlichen Ländern (Türkei, Afghanistan, Serbien, Kroatien, Jordanien, Südafrika, USA, Marokko, Japan, Australien). Zwei Kinder lebten bei ihrer Mutter, nur ein Kind hatte keine Geschwister, alle anderen lebten mit Vater, Mutter und Geschwistern zusammen, wobei es allerdings höchst unterschiedliche Familienkonstellationen gab. Fünf Kinder hatten vor dem ersten Schuljahr die Vorklasse besucht (in anderen Bundesländern nennt man diese Einrichtung für schulpflichtige Kinder, die als nicht schulreif gelten, Schulkindergarten), drei Kinder wiederholten das erste Schuljahr. Alle übrigen hatten einen Kindergarten besucht. Zwei Mädchen wurden kurz nach dem Schulanfang bereits acht Jahre alt. 13 Kinder nahmen nicht am christlichen Religionsunterricht teil.

Die Schule, in die diese Kinder aufgenommen wurden, liegt in einer Kleinstadt südlich von Frankfurt. Das Wohnviertel ist durch Wohnblocks mit sozialem Wohnungsbau und Einfamilienhäuser gekennzeichnet. Die Schule «bewohnt» einen Schulbau aus den 70er Jahren und wird dreizügig geführt, d.h., es gibt drei erste Klassen, drei zweite usw. Die Klassenräume sind relativ klein. Die drei ersten Klassen und die Vorklasse liegen ebenerdig in einem Trakt mit eigenem Eingang. Die Klasse wurde von einer erfahrenen Lehrerin (Christina Walter) geleitet. In den ersten sieben Wochen des 1. Schuljahres arbeitete außerdem eine Studentin (Sandra Kurth) in der Klasse mit, die ihre Examensarbeit über diesen Anfangsunterricht schrieb, und die nach ihrem Examen als Referendarin in der Klasse unterrichtete (wir sprechen im folgenden von «Lehrerinnen», wenn wir beide Frauen meinen). Außer der Klassenlehrerin und der Referendarin arbeitete der Schulleiter der Schule (Jürgen Eilers) als Mathematik- und teilweise auch als Musiklehrer in der Klasse.

Eine ganz normale Grundschule also und eine Grundschulklasse, wie sie heute als normal gelten kann: Die Kinder im Durchschnitt nicht sechs, sondern bereits sieben Jahre alt, aus höchst unterschiedlichen Familien, mit unterschiedlichem ethnischem und religiösem Hintergrund, mit großen Unterschieden bezüglich der Vorerfahrungen, der Selbstsicherheit, des Leistungsvermögens und der sozialen Verhaltensweisen.

Der erste Schultag

Und auch der erste Schultag war so, wie er in vielen deutschen Grundschulen sein könnte:

29.8.89, 9.30 Uhr. Auf dem Schulhof ist die Einschulungsfeier vorbereitet: Zwischen den Klettergerüsten stehen Tische, Bänke, Kästen mit Getränken für die Eltern und Tische mit Malutensilien. Ein großer Sitzkreis ist aufgebaut (Bänke aus der Turnhalle). Vor dem Eingang der Schule treffen die ersten Kinder und Eltern ein. Die Kinder alle mit einer großen Schultüte (kleinere Geschwister oft mit einer kleinen Tüte). Mischung zwischen gespannter Erwartung und Nervosität. Die Kinder sind relativ ernst und sehr brav. Am Schultor warten Kinder des 2. Schuljahres, sie haben den Auftrag, die Anfänger mit einem selbstgebastelten Marienkäfer (auf einer Holzwäscheklammer aufgeklebt) zu begrüßen und sie zum Sitzkreis zu führen. Einige der größeren Kinder sitzen demonstrativ auf den Spielgeräten: das ist unser Spielplatz, wir kennen uns hier aus, wissen, wo die besten Plätze sind, und die gehören uns. Überall wird fotografiert und gefilmt.

Der Sitzkreis füllt sich mit Kindern. Die Kinder sitzen meist relativ steif und harren der Dinge. Viele Erwachsene bilden stehend einen Kreis um die sitzenden Kinder. Für die nun nachkommenden wird es immer schwieriger, zum Sitzkreis zu kommen und sich einen Platz zu ergattern. Es gibt die ersten Versuche, bei den Erwachsenen zu bleiben und den Schritt in den Sitzkreis der Kinder zu vermeiden.

Dann beginnt ein zweites Schuljahr mit einem Lied, erst wird gesungen, dann zur Musik vom Band getanzt. Applaus. Der Schulleiter begrüßt per Mikrofon die Kinder und die Eltern, heißt sie willkommen und erklärt den Ablauf des Vormittags: Nach einer kleinen Aufführung eines anderen 2. Schuljahres sollen die Kinder in ihre Klassen gehen, die Klassenlehrerinnen werden vorgestellt. In der halben Stunde, die die Kinder mit ihren Lehrerinnen in der Klasse bleiben, können sich die Eltern auf dem Schulhof bei den Speisen und Getränken bedienen. Anschließend kann auf dem Schulhof auf vorbereiteten großen Blättern gemalt werden, und die 4. Klassen haben wie jedes Jahr etwas zu essen für die Kleinen vorbereitet (diesmal: Pudding).

Es folgt ein kleines Vorführspiel eines 2. Schuljahres. Dann kommt die Aufforderung, in die Klassenräume zu gehen. Der eigentliche Trennungsakt beginnt. Die meisten Kinder werden von den Erwachsenen bis in die Klassenräume gebracht. Vor dem Eingang sträuben sich zwei Jungen weinend dagegen, sich von den Eltern zu trennen. Ein Junge, der zuvor seine Schultüte mit zwei Fäusten an der Spitze gehalten hat, als wolle er sie wie eine Keule schwingen, geht allein in die Klasse, die Mutter bleibt vor der Tür. Er kennt die Räume schon, weil er im letzten Schuljahr die Vorklasse besucht hat. Die Lehrerinnen bemühen sich, alle Eltern zum Verlassen der Klassenräume zu bewegen und die Türen zu schließen.

Was in dieser halben Stunde in der Klasse geschah, hat uns die Lehrerin später erzählt (sie wollte bei diesem Anfang mit ihren Kindern allein sein, uns nicht dabeihaben):

Zunächst werden alle Kinder aufgefordert, sich in den Kreis zu setzen. An der Tafel hängen Namenskärtchen (mit Band zum Umhängen). Diese Kärtchen kennen die Kinder bereits, denn sie waren bei einem Kennenlerntag (Besuch der künftigen Schulanfänger in der Grundschule) vor den Sommerferien benutzt worden. Als erstes schlägt die Lehrerin die Triangel an und begrüßt die Kinder: «Ich freue mich, daß ihr da seid!» Dann erklärt sie, was die Triangel bedeuten soll («Ich habe etwas Wichtiges für alle zu sagen.»). Es folgt die Aufforderung, sich das eigene Namenskärtchen von der Tafel zu holen, dabei werden jeweils die Namen genannt. Auch die Lehrerin und die Studentin hängen sich ihre Namenskärtchen um (Frau W., Frau K.). An der Tafel bleibt ein Kärtchen übrig, auf dem «Loni» steht. Wer das wohl sei, fragt die Lehrerin und holt aus einem Korb eine weiße Plüschente: «Das ist Loni» (die Zentralfigur des Leselehrgangs, vgl. S. 29). Die Lehrerin erzählt dazu, daß Loni Angst hat, weil alles so neu für sie ist, und wenn es ihr zu laut wird, verkriecht sie sich unter der Decke im Korb.

Danach wird noch im Kreis das Lied «Zehn kleine Zappelmänner» gesungen und mit Bewegungen interpretiert. Anschließend kann sich jedes Kind an einen Tisch setzen. Auf den Tischen stehen Tischkärtchen, die die Kinder nun bemalen und beschreiben können. Wenn sie wollen, können sie dabei das Namenskärtchen, das sie umhängen haben, als Vorlage benutzen. Nach ca. 30 Minuten ist der erste Unterricht beendet, die Kinder dürfen die Klasse verlassen.

Sobald die ersten Kinder auf den Hof kommen, bewegen sich viele Eltern in Erwartung ihres Kindes in Richtung Eingang des Schulanfängertraktes. Eine Erzieherin macht zwei Mütter lachend darauf aufmerksam: «Der kann durchaus eine halbe Stunde ohne Sie sein, denken Sie einmal, wie lang er es bei mir ausgehalten hat.»

Gleichzeitig setzen sich die Viertkläßler (mit dem Pudding) in Bewegung, und rund um den Maltisch beginnen Aktivitäten. Große weiße Blätter werden auf den Schulhofboden geklebt, Gläschen mit Farben und Pinseln an die Kinder verteilt, die aus den Klassenräumen kommen. Überall bilden sich kleinere Grüppchen. Viele Kinder, teilweise auch Eltern, schreiben die Namen auf die Bilder. Dann werden diese von älteren Schülern und anderen Lehrern an der Wand neben dem Eingang zum Anfängertrakt aufgehängt.

Allmählich leert sich der Schulhof.

Schule macht aus Kindern Schüler

Ein ganz normaler erster Schultag: Das in Deutschland übliche Ritual der Einschulungsfeier zeigt den Kindern mit feierlicher Geste, daß für sie ein neuer Lebensabschnitt beginnt. Die Institution stellt sich dar: als Gemeinschaft mit einer bestimmten Entscheidungsstruktur (Schulleiter, Lehrerinnen, viele Kinder), die in einem funktionsgegliederten Raum (Schulhof und Klassenräume) nach einer festgelegten Zeiteinteilung lebt und arbeitet. Die Kinder können sich nicht freiwillig zuordnen, sie sind zum Schulbesuch verpflichtet und finden sich einer Klasse und einer Lehrerin zugeteilt, müssen sich an Zeitvorgaben und Regeln anpassen. Die Schon-Schulkinder empfangen die neuen mit ambivalenten Signalen: durch Geschenke und Vorführungen, aber auch durch klare Demonstration eines bereits besetzten Territoriums.

Die Schulanfänger sind die Kleinsten, die sich noch nicht auskennen, die in eine vorhandene Struktur hineinkommen, die sie erst kennenlernen müssen. Schule heißt, zumindest für längere Zeiten des Tages, Trennung von den Eltern und den bisherigen Lebensgewohnheiten – eine Trennung, die auch für viele Eltern, vor allem Mütter, nicht ganz einfach ist. Schule heißt aber auch: leben in einer Kindergruppe, mit Kindern, von denen man vielleicht einige kennt (aus dem Kindergarten, aus der häuslichen Umwelt), von denen aber die meisten fremd und unbekannt sind. In dieser neuen Kindergruppe gibt es die Chance vieler neuer Beziehungen, aber auch die Unsicherheit, ob es gelingt, Freunde zu finden, sich einen sicheren Platz zu erobern.

Aber ist das so neu? War das im Kindergarten nicht auch so?

Schule macht aus Kindern Schüler

Ein Stück weit ja, und doch ist es hier anders: Die institutionellen Zwänge sind größer, die Notwendigkeiten zur Anpassung weitreichender. Zwar werden die Kinder in der Klasse als Individuen begrüßt (Namenskärtchen, Nennung des Namens), zugleich aber werden sie von Anfang an als Teil einer Gruppe (Sitzkreis auf dem Hof, Sitzkreis in der Klasse) definiert und mit Anforderungen konfrontiert, die für alle gleich sind (Namenskärtchen finden, lesen, den eigenen Namen auf das Tischkärtchen schreiben).

Schule macht aus Kindern «Schüler», Träger einer bestimmten Rolle, deren Einzelheiten erst erlernt werden müssen. Sie konfrontiert sie mit vielen neuen Regeln, die von der Lehrerin gesetzt und durchgesetzt werden (Triangel = zuhören) und die einzuhalten sind, an die man sich anpassen muß, wenn es nicht Konflikte geben soll. Viele dieser Regeln lernt man erst dadurch, daß man eine davon verletzt oder beobachtet, wie die Lehrerin auf eine Regelverletzung durch ein anderes Kind reagiert. Und während man im Kindergarten einen großen Spielraum für eigene Aktivitäten hatte, verlangt und erwartet die Schule, daß man sich an feste Zeitvorgaben hält und von der Lehrerin formulierte Aufgaben löst und unterschiedliche Arbeitsformen beherrscht und anwendet, z. B. muß man beim Kreisgespräch warten, bis man «dran» ist, am Tisch soll man eine bestimmte Aufgabe erfüllen, für deren Bearbeitung es einen gewissen individuellen Spielraum gibt (schreiben, abmalen, etwas dazumalen), für deren Bewältigung man aber nicht sofortiges Lob durch die Lehrerin erwarten darf. Und die Neugier auf die anderen Kinder muß in beiden Situationen zurückstehen.

Die Schultüte, die große Aufmerksamkeit der Erwachsenen (teilweise haben Eltern sich freigenommen, Großeltern sind gekommen, es wird fotografiert und gefilmt) und der feierliche Aufwand der neuen Institution zeigen jedem Kind die besondere Bedeutung des Ereignisses «Schuleintritt». Sie signalisieren, daß hier ein Statuswechsel erfolgt («Ich bin jetzt ein Schulkind»). Das Ganze ist aufregend und spannend und teilweise auch ein bißchen irritierend und beängstigend. Wer die Schule schon kennt (Vorklassenkinder, Wiederholer), hat zunächst einen Vorteil, er braucht nicht die gleiche Unsicherheit auszuhalten wie die anderen. Und wer von Geschwistern schon etwas über die Schule weiß, ist auch besser dran, zumindest zum Teil, falls Erfahrung und Wissen nicht negativer Art sind und konkrete oder diffuse Ängste auslösen.

Wie ambivalent und schwierig der Schulanfang sein kann, soll nachfolgend an einigen Kindern aus unserer Klasse aufgezeigt werden. Allerdings muß hierzu festgehalten werden, daß wir um diese Probleme nicht von Anfang an wußten, sondern daß wir sie zum großen Teil erst durch unsere Beobachtungen in den folgenden Wochen gesehen und verstanden haben.

Da gab es Hannes. Sein Vater war drei Wochen vor seiner Geburt gestorben. Der ältere Bruder mußte diesen Verlust kurz vor seiner Einschulung verkraften und hatte darauf mit großen Schulschwierigkeiten reagiert. Hannes selbst ist ein sozial auffallend sicheres Kind, lebhaft, neugierig, aber auch sehr anpassungsfähig. Eigentlich hätte er wohl keine Angst vor der Schule. Aber er hat auch die negativen Reaktionen seines Bruders auf die Schule erlebt, und nun ist seine Haltung recht ambivalent. Seine Erwartung scheint zu sein: Ich will was lernen, ich will Freunde haben, aber Schule scheint auch was Schlimmes zu sein.

Oder Benjamin: Er ist zu Hause der Kleinste, nicht nur vom Lebensalter her, sondern vor allem bezüglich der Körpergröße. Schule bedeutet für ihn: endlich größer sein, ein Schulkind sein. Aber er ist in dieser Klasse wieder der Kleinste, kleiner als das kleinste Mädchen. Größe kann er sich nur beweisen, wenn er bei typisch schulischen Leistungsanforderungen glänzt. Er giert nach Hausaufgaben, zumal er von seinen älteren Geschwistern weiß, daß die dazugehören, lehnt alles ab, was nicht «richtige Schule» in seinem Verständnis ist.

Oder Katrin, die das erste Schuljahr wiederholen muß. In ihrem Zeugnis war die positivste Bemerkung: «Ihr fällt es nicht schwer, sich in eine Gruppe zu integrieren.» Ihr Selbstbewußtsein, vor allem in bezug auf Leistung, ist tief verletzt, ihr bleibt nur die Chance, im sozialen Bereich ihren Vorsprung (die Schule schon zu kennen, etwas älter zu sein...) zu benutzen, um sich wieder «gut» finden zu können.

Oder Özgül. Durch ihren Besuch der Vorklasse fühlt sie sich im Schulgelände relativ sicher, weiß, was sie kann und will. Sie ist zu Hause die Älteste. Die Mutter hat gerade angefangen, zu arbeiten. Özgül muß also häufig für sich selbst und auch den jüngeren Bruder sorgen oder sich selbst und den Bruder organisieren. Sie ist sehr selbständig. Aber soviel neue Anforderungen könnten für sie zuviel werden.

Jedes unserer Kinder brachte seine Lebensgeschichte, seine spezifischen Stärken, aber auch Unsicherheiten und Ängste mit in die Schule und stand nun vor der Aufgabe, sich in dieser neuen Umwelt zurechtzufinden.

Schulbeginn heißt also nicht nur: sich neuen Anforderungen stellen, es heißt vor allem auch, ein neues Selbstbild gewinnen, sich selbst in Beziehung zu anderen setzen, klarer erkennen, wer man selbst ist und wie man mit anderen auskommt.

Zur Entwicklung des sozialen Verstehens

Entwicklungspsychologen haben in zahlreichen Untersuchungen versucht herauszufinden, wie sich das Denken und speziell das soziale Verstehen entwickeln. Im Zentrum dieser Untersuchungen stehen also nicht soziale Verhaltensweisen, sondern die Aussagen und Urteile von Kindern über soziale Ereignisse. Eine der ersten Untersuchungen hat Piaget in den zwanziger Jahren vorgelegt: «Das moralische Urteil beim Kinde». Die meisten folgenden Untersuchungen bauen auf dieser Arbeit auf und gehen ähnlich vor. Piaget (1973, 134) hat Kindern Geschichten vorgelesen und sie um ihr Urteil dazu gebeten.

Hier ein Beispiel:

«I.A. Ein kleiner Junge namens Hans ist in seinem Zimmer. Man ruft ihn zum Essen. Er geht ins Speisezimmer. Aber hinter der Tür stand ein Stuhl. Auf dem Stuhl war ein Tablett, und auf dem Tablett standen fünfzehn Tassen. Hans konnte nicht wissen, daß all das hinter der Tür war. Die Tür stößt an das Tablett, und bums!, die fünfzehn Tassen sind zerbrochen.

I.B. Es war einmal ein kleiner Junge, der hieß Heinz. Eines

Tages war seine Mama nicht da, und er wollte Marmelade aus dem Schrank nehmen. Er stieg auf einen Stuhl und streckte den Arm aus. Aber die Marmelade war zu hoch, und er konnte nicht drankommen. Als er doch versuchte dranzukommen, stieß er an eine Tasse. Die Tasse ist heruntergefallen und zerbrochen.»

Piaget kam zu dem Ergebnis, daß jüngere Kinder den größeren Schaden für schlimmer hielten, ältere dagegen das Motiv für die Beurteilung berücksichtigten und die Folgen selbstsüchtiger Handlungen als schlimmer bewerteten. Zu vergleichbaren Ergebnissen kam er auch bei Untersuchungen zu den Bereichen «Lüge» und «Gerechtigkeit». Diese beiden qualitativ unterschiedlichen Phasen der Entwicklung bezeichnete er als die heteronome Moral des naiven Realismus (etwa 6.–8. Lebensjahr) und die autonome Moral, die mit Gleichheit und Umkehrbarkeit bzw. Symmetrie der Beziehungen sowie mit Kooperation einhergeht und etwa ab dem 7. Lebensjahr beginnt. Diese Phasen lassen sich folgendermaßen charakterisieren:

Heteronome Moral

«1. Bei der Beurteilung der Schwere einer Missetat wird die Absicht des Täters außer acht gelassen, nur die Konsequenzen (z. B. der beobachtbare Schaden) werden berücksichtigt.
2. Zwischen Lüge und Irrtum wird nicht unterschieden, da das Kind die Absichten nicht erkennt.
3. Stehlen ist falsch, weil man dafür bestraft wird.
4. Das Kind stellt keinen inneren Zusammenhang zwischen der Tat und der Strafe her. Diese ist nur Sühne und soll möglichst streng sein.
5. Die Kinder wollen bei einer erlittenen Aggression Gleiches mit Gleichem vergelten, wenn der Aggressor nicht stärker ist.

6. Der Begriff der Gerechtigkeit fehlt noch, das Kind nennt eine ungerechte Handlung ‹unrichtig›.
7. Im Konflikt zwischen Gehorsam und absoluter Gerechtigkeit (z.B. Gleichheit der Pflichten) siegt der Gehorsam.»

Autonome Moral

«1. Die Absicht wird bei der Beurteilung einer Tat berücksichtigt.
2. Zwischen Irrtum und Lüge wird unterschieden.
3. Die Strafe wird nur dann als richtig betrachtet, wenn ein innerer Zusammenhang mit der Tat besteht.
4. ‹Abschreiben› ist schlecht, weil es gegen das Prinzip der Gleichheit verstößt.
5. Der Begriff der Gerechtigkeit im Sinne der Gleichheit aller wird entwickelt. Gleichzeitig sind die Ansätze zur relativen Gerechtigkeit vorhanden, d.h., bei einer Vergeltung werden die besonderen Umstände, in denen der Täter sich befand, berücksichtigt.»

(Fend 1973, 165 ff)

Gleichheit und Umkehrbarkeit bzw. Symmetrie der Beziehungen ist zwischen Erwachsenen und Kindern nur bedingt vorhanden. Piaget hielt deshalb die Beziehungen zwischen Gleichaltrigen für besonders wichtig für die Entwicklung, weil zwischen Kindern schneller deutlich wird, daß jeder sich mit seinen Wünschen einbringen kann und die Möglichkeit hat, eine Situation in ihrem Verlauf mitzubestimmen.

Nachfolgende Untersuchungen haben darüber hinaus vor allem erforscht, ob und wann Kinder in der Lage sind, ihre **egozentrische Weltsicht** (alles wird auf sich selbst bezogen und nur von der eigenen Gefühlslage aus erklärt) aufzugeben und die Weltsicht anderer zu berücksichtigen. Dieses Sich-hineinversetzen-Können in einen anderen erfordert einen **Perspektivwechsel**, erfordert Empathie. Dazu ist es notwendig, daß Kinder sich selbst als von anderen getrennt erfassen können und daß sie lernen, sich auch aus dem Blickwinkel anderer zu sehen. Dieser Teil des sozialen Lernens ist deshalb so schwierig, weil ja – im Gegensatz zur Welt der Gegenstände und Zahlen – ein soziales Gegenüber nicht immer gleich reagiert. Einzelne Menschen reagieren anders, in verschiedenen Situationen reagieren die Menschen anders. Und durch das eigene Tun löst man Reaktionen aus, aber welche? Diese hochkomplexen sozialen Zusammenhänge müssen zudem im konkreten Tun erfaßt werden, d.h., jedes Tun hat Folgen, und erst durch die Folgen lernt man. Aber die Folgen sind nicht immer gleich. Und Sicherheit muß immer neu hergestellt werden.

Die Grundschulzeit ist die Zeit des Übergangs von der heteronomen zur autonomen Moral, des Übergangs von einer egozentrischen Weltsicht zu einer empathischen Sicht des Denkens und Fühlens anderer Menschen.

Der Schulanfang mit seinen neuen Anforderungen trifft die Kinder in einer Phase ihrer Entwicklung, in der sie noch sehr stark auf sich selbst bezogen sind, die Welt nur aus dem eigenen Blickwinkel interpretieren und verstehen können. Die Beziehungen sind meist unsymmetrisch. Der Perspektivwechsel, die Einschätzung einer Situation aus der Sicht des anderen, gelingt erst in wenigen Zusammenhängen. Diese Entwicklung ist sicher bei den Kindern sehr unterschiedlich weit gediehen, aber insgesamt muß man davon ausgehen, daß die egozentrischen Verhaltensweisen bei Schulanfängern überwiegen. Die Schulanfänger kennen die meisten ihrer Mitschüler noch nicht und können nur auf wenige allgemeingültige Annahmen und Erfahrungen über das Verhalten anderer

Menschen zurückgreifen. Sie müssen solches Wissen erst in vielen Einzelkontakten erwerben und sind daher in besonderem Maße auf direktes Handeln mit vielen einzelnen anderen Kindern angewiesen.

Entsprechend provozierend muß die neue Situation wirken: Viele der bisherigen Verhaltensweisen, die durch direkten Kontakt und spontanes Handeln gekennzeichnet waren, erweisen sich nun als nicht mehr wirksam. Es gibt nicht mehr die Mutter oder den Vater, die die Gedanken und Gefühle des Kindes vorwegnehmen und ihm entsprechend entgegenkommen (übrigens: eine Verhaltensweise, die Egozentrismus verlängern kann, weil es für das Kind nicht nötig ist, sich selbst über seine Wünsche und die der anderen klarzuwerden und sich selbst klar darzustellen). Dafür gibt es viele andere Kinder, die zu vielfältigen Begegnungen anreizen. Gerade im Umgang mit den anderen Kindern und im Rahmen der schulischen Regeln stößt das Kind aber auch an Grenzen, an Bedürfnisse anderer, die es zwingen, sich selbst neu zu sehen und neue Formen zu entwickeln, sich aktiv in das entstehende Geflecht sozialer Beziehungen einzubringen.

Offener Unterricht

Bevor wir, vor diesem Hintergrund, unsere Beobachtungen aus den ersten Schulwochen darstellen und interpretieren, muß noch einiges über den Unterricht in dieser Klasse gesagt werden. Die Lehrerin praktiziert einen offenen Unterricht, d.h., sie geht nicht davon aus, daß alle Kinder gleichzeitig dasselbe tun sollen, sondern organisiert den Unterricht so, daß die Kinder unterschiedliche Angebote vorfinden, aus denen sie auswählen können oder über deren Reihenfolge sie entscheiden können. Hier stichwortartig die wichtigsten Elemente dieses Unterrichts, der ja den Rahmen für das soziale Lernen der Kinder bildet:

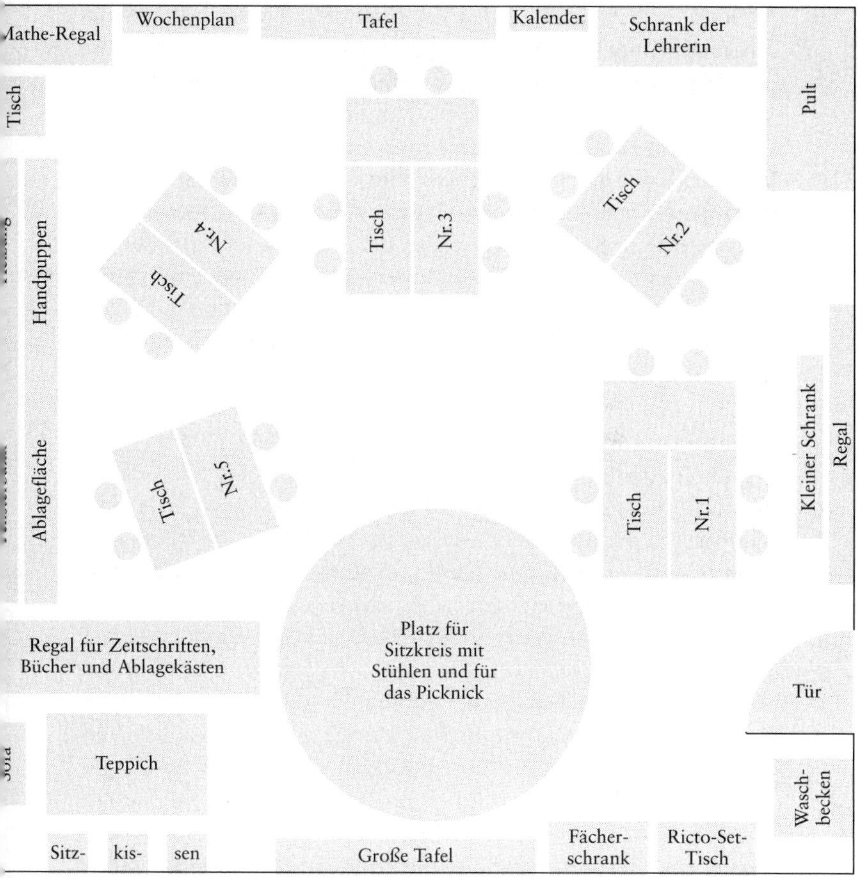

So sah der Klassenraum ungefähr aus

Gruppentische

Immer zwei oder drei Schultische waren zu einer Gruppe zusammengestellt. Jedes Kind hatte einen festen Platz an einem dieser Gruppentische. Die Sitzordnung wurde in unregelmäßigen Abständen geändert, teils durch die Lehrerin, teils nach den Wünschen der Kinder. Die Lehrerin achtete darauf, daß immer Jungen und Mädchen an einem Tisch sitzen. In den ersten Wochen (Einschulung bis Herbstferien) wurde zu Beginn des Unterrichts auf diesen Arbeitstischen jeweils ein bestimmtes Angebot bereitgestellt. Im Laufe der Schulwoche mußte jedes Kind einmal an jedem Tisch gearbeitet haben. Diese Organisationsform wurde gewählt, weil der Klassenraum zu klein war, um die Kinder in unterschiedlichen Arbeitsecken arbeiten zu lassen. Sie bereitete keine Schwierigkeiten, da die überwiegende Mehrheit der Kinder aus dem Kindergarten gewohnt waren, in verschiedenen Ecken des Raumes Unterschiedliches zu tun.

Sitzkreis

Wenn die Lehrerin die Kinder alle gleichzeitig ansprach, versammelte sie sie in der Regel im Sitzkreis, manchmal auch im «Kinositz» (letzteres nur, wenn etwas an der Tafel erklärt werden sollte). Dazu brachte jedes Kind seinen Stuhl in den freien Raum zwischen den Gruppentischen. Der Sitzkreis ermöglicht, daß jeder jeden sehen kann, er erzwingt aber auch eine Sitzordnung, die sich jedesmal neu herstellt. Und wer neben wem sitzt, war oft genug eine heftig umstrittene soziale Tatsache. Ein Rollwagen (ehemaliger Teewagen) wurde benutzt, um Dinge zu arrangieren, die vorgeführt oder für alle sichtbar sein sollten.

Spielecke und Material

Durch zwei Regale war eine kleine Spielecke abgetrennt. In einem der Regale standen Bilderbücher und Erstlesebücher, in dem zweiten Regal gab es Spiele und Papier. Außerdem gab es eine ganze Fülle von Plüschtieren und Handpuppen (die Ente Loni, das Kaninchen Lino, den Zwerg Otto, den Raben Toni, den Buchstabenfresser Rollo...), die nicht nur von der Lehrerin zu Demonstrationszwecken benutzt wurden (z.B. um einen Buchstaben einzuführen), sondern vor allem von den Kindern zum Kontaktaufnehmen, Miteinander-Spielen, ein Vorführspiel-Einüben ... Zwei Schreibmaschinen, eine Letroset-Druckerei (Stempeldruckkasten), später auch eine Freinet-Druckerei (Einzelbuchstaben zum Setzen eines Textes in Spiegelschrift) und über lange Phasen ein Kaufladen vervollständigten das Materialangebot. Eine Stellwand (zwei mit Stoff bespannte Holzrahmen, die zusammengeklappt wenig Platz beanspruchten) diente als Bühne für Spiele mit den Handpuppen oder als Trennwand, hinter der man vor Blicken geschützt spielen oder üben konnte.

Leselehrgang
Die Lehrerin benutzte einen Leselehrgang (Mauthe-Schonig u. a., 1987), bei dem Vorlesegeschichten im Zentrum stehen. In diesen Geschichten spielen Tiere (die Ente «Loni», das Kaninchen «Lino»), Märchenfiguren (der Zwerg «Otto») und zwei Kinder die Hauptrollen. Loni und Lino verlassen ihre angestammte Umwelt und erleben einige reale und phantastische Abenteuer. Diese Vorlesegeschichten sollen es den Kindern ermöglichen, sich selbst mit ihren Gefühlen und Erwartungen (Weggehen von zu Hause, Neugier, Angst, Unsicherheit...) in den Geschichten wiederzufinden und das Lesenlernen mit den eigenen Gefühlen zu verbinden. Außerdem wurde ein Arbeitsmaterial verwandt, das Selbstkontrolle ermöglicht. So mußten die Kinder z. B. lesen «Male den Ball rot» und diese Aufgabe an einem Bild daneben ausführen. Ein rot angemalter Ball verdeutlichte, daß das Kind den Satz erlesen und verstanden hatte. Die Buchstaben wurden gemeinsam eingeführt. Am Arbeitsmaterial konnte jedes Kind nach eigenem Lerntempo arbeiten.

Wochenplan
Gleich in den ersten Schulwochen wurde die Arbeit mit dem Wochenplan eingeführt. Das bedeutete, daß am Anfang der Woche zwei Aufgaben genannt wurden (z. B. ein Arbeitsblatt zum Leselehrgang und eine Bastelaufgabe), die bis zum Ende der Woche

Vorlesen in der Spielecke: Sich eng aneinanderkuscheln, die eigenen Gedanken laufen lassen, gemeinsam etwas Schönes erleben

von jedem Kind erledigt sein mußten. Die Kinder konnten selbst entscheiden, wann sie die Aufgabe machten und wieviel Zeit sie dafür aufwandten. Später wurde der Wochenplan dann schriftlich ausgeteilt und enthielt mehrere Aufgaben (auch für Mathematik).

Freie Arbeit

Jeden Tag gab es Phasen, in denen keine bestimmte Arbeit vorgeschrieben war, sondern in denen die Kinder sich selbst eine Arbeit oder ein Spiel aussuchen konnten. In den ersten Wochen (vom ersten Schultag bis zu den Herbstferien) waren die Lehrerin und die Studentin ab der ersten Stunde in der Klasse, der offizielle Unterricht begann aber erst um 8.50 Uhr. In dieser Zeit konnten die Kinder kommen und sich im Raum umsehen, ihn kennenlernen, sich eine Tätigkeit aussuchen oder den Lehrerinnen helfen, die Gruppentische (s. o.) einzurichten. Aber auch vor der Frühstückspause oder wenn die Aufgaben erledigt waren, konnten die Kinder selbst entscheiden, was sie tun wollten. Nur Tobespiele waren verboten, um andere Kinder, die eine ruhige Beschäftigung wahrnehmen wollten, nicht zu stören.

Erste Erfahrungen

Schauen wir uns nun einige Szenen an, die sich in den ersten Schulwochen in diesem Rahmen abspielten:

1.9.89. Sieht man von der Einschulungsfeier am ersten Schultag ab, so gehen die Kinder heute den dritten Tag in die Schule. Fast alle Kinder, die nach und nach hereinkommen, setzen sich an einen der Tische und beschäftigen sich mit den Angeboten, die dort ausgelegt sind. Manchmal wird rumgeguckt, aber sonst weitergemacht.

8.55 Uhr. Es herrscht eine ruhige Arbeitsatmosphäre, durchsetzt mit Kindergelächter und Gerede. Zwei Kinder haben sich die Spieltelefone geholt und telefonieren nun laut durch die Klasse. Die Lehrerinnen greifen ein: «Seid nicht so laut, setzt euch erst mal hin.» Benjamin und Jenny arbeiten mit einem Buchstabenspiel, beide konzentriert, beide für sich. Am Fenstertisch gibt es eine Absprache zwischen einigen Jungen: «Wir ärgern nachher wieder die anderen. Dann bist du wieder der Boß.» Jan ist der Boß: «Wer nicht tut, was ich sage, fliegt aus der Bande raus.» Die Jungen wollen raus, toben. Nur die Jungen und zwar vor allem dieser Tisch sowie einige andere, die durch Zuruf verständigt werden. Sie streben zur Tür. Die Lehrerin hält sie zurück.

In der Pause organisiert Jan ein Spiel. Es geht darum, erst Kinder zu fangen und sie dann im großen Rohr (Spielgerät auf dem Schulhof) festzusetzen. «Im Rohr ist Kacke», sagt jemand. Mehrere Jungen laufen hinter Benjamin her. Benjamin rennt Richtung Klassenraum und kommt mit der Lehrerin zurück. Die sagt: «Laßt Benjamin in Ruhe, der ist ganz traurig.»

Nach der Pause ruft die Lehrerin die Kinder in den Kreis. Sie geht von Tisch zu Tisch, hebt einzelne Arbeitsergebnisse hoch und lobt sie. «Da können wir schon mal klatschen.» Einige Kinder kommen zu spät. Die Lehrerin ermahnt sie: «Ihr müßt aufpassen, wann die Pause zu Ende ist. Ganz schnell, hol dir einen Stuhl!» Dann beginnt sie mit dem Lesen. Es geht um das Wort «Loni». Auch wenn es nur mit Hilfe der Lehrerin klappt, lobt diese. Dann werden Materialien (ein Brief an die Eltern, ein Heft für Mitteilungen zwischen Lehrerin und Eltern, ein Schreibheft) ausgeteilt: «Holt euren Ranzen, stellt ihn vor euch hin. Hört erst zu Ende zu, was ich sagen will. Ihr müßt jetzt gut aufpassen.» Peter und Özgül melden sich dauernd. «Frau Walter, Frau Walter.» Die Lehrerin ignoriert sie: «Peter, erst wenn ich fertig bin, nehme ich dich dran.» Hannes möchte kein Heft. Die Lehrerin: «Wer sagt, daß er kein Heft will, kriegt kein Heft.» Hannes nimmt sich dann doch eins. Özgül geht rum und verteilt die Hefte. Mehrere Kinder sagen: «Ich nehm mir selbst eins!» und suchen sich eine bestimmte Farbe heraus. Dann geht es zurück an die Tische. In das neue Heft soll das Wort «Loni» geschrieben werden. Einzelne Kinder laufen zur Lehrerin und wollen ihr zeigen, was sie geschrieben haben. Die fordert sie auf, sitzen zu bleiben: «Du brauchst dich nur zu melden.» Klaus sagt: «Ich kann das nicht.» Ein Junge geht zur Lehrerin: «Klaus kann das nicht.» Die Lehrerin: «Er braucht das nicht, ist seine Sache. Es ist nicht schlimm, wenn man eine Aufgabe nicht kann, aber Klaus soll es mir sagen.»

Dann folgt noch ein gemeinsames Spiel im Kreis, bei dem es darum geht, die Namen der anderen Kinder zu lernen: Einer wirft den Ball einem anderen zu und soll dazu dessen Namen sagen. Als die Jungen den Ball untereinander weitergeben, sagt die Lehrerin: «Jetzt ein Mädchen.» Das Spiel scheint keinen Spaß mehr zu machen, zum Teil, weil die Kinder müde sind, zum Teil, weil sie die Namen nicht kennen. Zum Schluß fragt die Lehrerin die Kinder nach ihren Kuscheltieren und fordert sie auf, diese am Montag mitzubringen. Und dann muß noch jeder seinen Platz aufräumen, auch wenn er heute nicht dort gearbeitet hat. «Ich räum doch nicht für andere auf!» motzt ein Junge. Die erste Schulwoche ist zu Ende.

Schaut man sich diesen Tag an, so fällt einiges auf:

Es ist erstaunlich, wie problemlos sich die Kinder in die **offene Arbeitsweise** einfädeln können. Sich eine Aufgabe zu wählen, bereitet keinerlei Schwierigkeiten. Jedes Kind scheint motiviert. Jedes Kind sucht sich eine Beschäftigung. Und es gibt keinerlei Streit, weil an einem Tisch bereits kein Platz mehr ist und man sich eine andere Tätigkeit suchen muß. Auch daß der eigene Platz (der, an dem man seinen Ranzen abstellt) zur Zeit von jemand anderem belegt ist, führt nicht zu Problemen. Der **Raum** und seine Einteilung scheint für die Kinder klar, verständlich und gut handhabbar. Diese klar strukturierte Offenheit scheint es für jedes Kind zu ermöglichen, sich selbst mit den eigenen Wünschen und Bedürfnissen in die Schule einzubringen.

Anders sieht es aus mit den Regeln für die **Zeit**, die hier gelten. Sobald sich bei einigen Jungen die Vorstellung eines gemeinsamen Spiels ergibt, wollen sie diese sofort in die Tat umsetzen, was selbstverständlich in der Schule nicht geht und von der Lehrerin unterbunden wird. Und auch am Ende der Pause gibt es Probleme, weil einige Kinder die Zeitgrenzen (durch das Klingeln markiert) noch nicht wahrnehmen oder beachten. Daß der Umgang mit Zeit besonders schwierig ist, braucht nicht zu verwundern, wenn man bedenkt, daß das abstrakte Phänomen Zeit erst sehr spät in der Entwicklung durchschaut werden kann und daß in bezug auf die Zeit bei Schuleintritt gravierende Änderungen eintreten: Im Kindergarten war es nicht wichtig, zu einer ganz bestimmten Zeit dazusein. Und auch im Laufe des Tages gab es nicht soviel feste Zeiteinteilungen und Pünktlichkeitsregeln wie in der Schule.

Aber am schwierigsten scheint es mit den **Regeln**, die im neuen Umfeld der Schule gelten sollen. Es hat keinen Zweck, daß die Lehrerin alle Regeln gleich am Anfang einführt. Sie kann es sinnvollerweise nur dann tun, wenn der Sinn der Regel für die Kinder einsichtig gemacht werden kann. Das bedeutet, daß am Anfang immer wieder neue Situationen entstehen, in denen die Kinder mit ihrem Bewegungsdrang oder ihren Zuwendungswünschen in Kollision mit schulischen Regeln geraten. «Seid nicht so laut!», «Setzt euch erst mal hin!», «Laßt Benjamin in Ruhe!», «Ihr müßt aufpassen, wann die Pause zu Ende ist!», «Hört erst zu Ende zu!», «Erst wenn ich fertig bin, nehm ich dich dran!», «Du brauchst dich nur zu melden!», «Jetzt ein Mädchen!» – eine Fülle von Regeln werden hier genannt und eingeführt: Es geht um eine für alle erträgliche oder von der Lehrerin für richtig befundene Lautstärke, um Pünktlichkeit, um die Art, wie man mit der Lehrerin in Kontakt treten soll, um gleiche Rechte für Jungen und Mädchen. Und das ist sicher nur ein Teil dessen, was die Kinder an Verhaltensregeln in der Schule neu lernen und übernehmen müssen. Die konzentrierte Aufmerksamkeit und die Selbstdisziplin, die hier den Kindern abverlangt wird, scheint die größte Anstrengung von ihnen zu fordern. Man merkt es daran, daß sie im Laufe der Zeit immer erschöpfter und unkonzentrierter werden. Zumal es der Lehrerin gar nicht gelingen kann, all diese Regeln gleich beim ersten Mal plausibel zu erklären und für alle einsichtig zu machen. Noch sind es die Regeln der Lehrerin bzw. der Institution Schule, die man keineswegs «übertritt» (was ja eine Kenntnis voraussetzen würde), sondern an die man eher zufällig stößt. Es sind noch nicht die Regeln der Kinder.

Neben diesen Regeln der Lehrerin bzw. der Institution Schule gibt es ein zweites regelsetzendes «System»: **die Gruppe der Kinder**. Auch und gerade in diesem System möchten die Kinder Anerkennung finden. Jan versucht dies dadurch, daß er sich an die Spitze setzt, zum Boß erklärt. Was bedeutet das für die anderen? Wenn sie mitspielen, kann es bedeuten, daß sie sich unterordnen, nicht mitspielen könnte Ausgrenzung bedeuten. Es ist ein Prozeß in Gang, bei dem durch Ausprobieren versucht wird, die eigene Position zu klären, bei dem aber notwendigerweise verstärkt die Sicht der anderen (ob sie mitmachen, ob sie einen akzeptieren) berücksichtigt werden muß. Übrigens sind die beiden Ebenen (Regelwerk der Schule und Anerkanntsein in der Kindergruppe) für die Kinder sicher nicht so klar getrennt, wie sie hier diskutiert werden.

Wenn es um die Beziehung zwischen den Kindern oder um die Regeln der Schule geht, gibt es für die Kinder nur richtig oder falsch, nur quasi objektive Gegebenheiten und die eigenen Wünsche, die damit in Kollision geraten. Nur einmal werden Gefühle eines anderen benannt, und zwar durch die Lehrerin, die ein Kind in Schutz nimmt: «Laßt Benjamin in Ruhe, der ist ganz traurig.» Das hängt sicher damit zusammen, daß die meisten Kinder egozentrisch von sich selbst aus agieren und noch nicht oder nicht durchgängig die Sichtweise eines anderen bedenken können. Wichtig dabei erscheint uns aber der Beziehungsaspekt: Wenn Jan in der allerersten Szene sich zum Boß definiert, ist der Erfolg seiner Selbstdefinition auch davon abhängig, daß die anderen ihn so akzeptieren, d.h., es geht um die gemeinsame Definition der Situation, um die **Ko-Konstruktion der Interaktionen.** Vielleicht kann der Hinweis der Lehrerin, die ja den Perspektivwechsel «vorlebt», indem sie auf Benjamins Gefühle verweist, entwicklungsfördernde Impulse setzen. Insgesamt gibt es jedoch eine starke Asymmetrie: die die Regeln setzende und verwaltende Lehrerin und die auf die Regeln stoßenden, durch die Regeln zu Selbstdisziplin gezwungenen Kinder.

Es läßt sich wohl nicht vermeiden, daß der Schulanfang mit seinen vielen Neuheiten, Regeln und Ritualen, die erst zu gemeinsamen, akzeptierten Vereinbarungen und Gewohnheiten werden müssen, den Egozentrismus der Kinder kurzzeitig noch verstärkt, weil die Position der Erwachsenen, die diese Regeln kennen und verwalten, am Anfang übermächtig ist. Wenn das zutrifft, müßte sich in den weiteren Protokollen recht bald (sobald die Regeln von den Kindern selbst verwaltet werden können) eine Verschiebung in Richtung auf symmetrische Interaktionen zeigen. Auf der anderen Seite enthält der Schulanfang aber auch eine Fülle von neuen Situationen, die die einzelnen Kinder mit ihren bisherigen Erklärungs- und Verhaltensweisen nicht mehr bewältigen können, und die sie deshalb zu Neukonstruktionen ihrer Wirklichkeit provozieren müßten. Man kann davon ausgehen, daß der Schulanfang in zwei gegensätzliche Richtungen wirkt: Sowohl Regression auf und Verstärkung von egozentrischen Verhaltensweisen als auch neue Entwicklungsimpulse durch Situationen, in denen sich bisherige Strategien und Erklärungsmuster als nicht wirksam erweisen.

«Guck mal, wie das aussieht!»

Die Kinder sind nun zweieinhalb Wochen in der Schule. Wir haben uns entschlossen, hier ein längeres zusammenhängendes Protokoll wiederzugeben, weil daran besonders deutlich wird, wie die Kinder sich mit ihrer Umwelt und mit den Lerngegenständen der Schule auseinandersetzen. Wir lassen erst das Protokoll erzählen, was abgelaufen ist, und werden es erst dann interpretieren.

15.9.89. Die Lehrerin sammelt einige Kinder (namentlich aufgerufen), die mit der Studentin in den Werkraum zum Waffelbacken «dürfen»: Sida, Katrin, Hannes, Benjamin, Lukas und Ayse. Im Werkraum holen sich die Kinder als erstes einen Drehhocker. Sida, die als letzte gekommen ist, schaut hin und holt sich auch einen. Frau Kurth sucht die notwendigen Küchengeräte zusammen. Die Kinder erobern derzeit den neuen Raum: Ausprobieren der Schraubstöcke an den Werktischen, des Drehmechanismus an den Hockern (Gelingt es, mit einmal abstoßen eine ganze Runde zu «fahren»?). Frau Kurth mahnt: «Macht keinen Quatsch, wir müssen fertig werden.» Sie liest laut ein Rezept für Waffeln vor und schickt einzelne Kinder, die entsprechenden Zutaten aus dem Vorratskorb holen. Die Schwierigkeiten beginnen: Wie mißt man 175 g Mehl ab? Frau Kurth zeigt auf dem Meßbecher die Spalte Mehl und die Zeile 175. Ein Junge hält den Finger auf die Stelle, ein anderer versucht einzufüllen. Mal ist es zuwenig, mal zuviel. Der Becher wird schräg gehalten, um die Marke besser sehen zu können. Steht er dann auf dem Tisch, stimmt's wieder nicht. Die Kinder, die handeln können, sind intensiv bei der Sache, so intensiv, daß der Meßbecher mit Zucker auch mal umfällt. Dann wird mit der Hand der Zucker in den Meßbecher geschoben (das hygienische Gewissen der Studentin wird deutlich sichtbar).

Andere Kinder sind im Raum beschäftigt. Benjamin haut eine Holzschale auf den Werktisch und spielt Schlagzeuger. Frau Kurth sagt ihm, daß der Lärm sie nervt. Sie ruft die Kinder zum Zuschauen, wie sie den Teig macht und läßt sich durch Handreichungen («Zwei Eier!») helfen. Dann weist sie eine Gruppe, bestehend aus Hannes, Sida und Benjamin, an, eine zweite Portion Teig herzustellen. Hannes nimmt sich gleich das Rührgerät und bearbeitet die Butter in der Schüssel. Einige Butterflocken fliegen durch die Gegend (Wand, Boden). Trotz dieses Anfangs entsteht kein Chaos. Ich (G. B.) zeige Hannes, daß er den Rührbesen senkrecht halten muß. Lukas kommt hinzu. Sida und Lukas füllen nach und nach Zucker, Mehl, Eier in den Teig. Zum Einfüllen unterbricht Hannes immer das Rühren.

Inzwischen hat es zur großen Pause geklingelt, aber die meisten Kinder arbeiten weiter. Benjamin allerdings verläßt den Werkraum. Nach der Pause erscheint er in der Klasse (wie das zweite Protokoll vermerkt). Dort hat die Lehrerin die Kinder im Kreis versammelt. Sie weist darauf hin, daß einige fehlen. Die Kinder nennen Hannes und Ayse, aber es ist ihnen nicht klar, daß ein größerer Teil der Klasse nicht da ist. In diesem Moment merkt Benjamin, daß er auch zur Kochgruppe gehört. Er rast los, zurück zum Werkraum.

Insgesamt ist auffällig, wie viel Zeit die Kinder für ihre Tätigkeit brauchen. Zum einen, weil sie einige der Tätigkeiten noch nicht beherrschen, und zum anderen, weil nicht nur die Waffelherstellung, sondern der Prozeß, die Erfahrung, die sie dabei machen, für sie wichtig ist. Hannes spricht das besonders deutlich aus: «Guck mal, wie das aussieht!» (gemeint ist der weiche Teig, der durch das Rührgerät Wellen schlägt), «das ist ein Strudel!» (es folgen einige Geschichten zu Strudeln in Flüssen und im Meer), «Ein Gesicht!» (Die von Sida und Lukas eingeschlagenen Eier sehen wirklich aus wie Augen mit einer gelben Pupille!). Andere Kinder kommen hinzu, bewundern das Gesicht. All solche Tätigkeiten unterbrechen die «eigentliche» Arbeit (im Sinne schulischen Lernens), sind aber für die Kinder konstituierender Bestandteil und ihre «eigentlichen» Erfahrungen.

Dann ist der Teig fertig. Jetzt kommt die schwierige Arbeit des Einfüllens. Hannes, der während des gesamten Rührvorgangs das Rührgerät bedient hat, kommt jetzt eher sporadisch, geht aber sehr sensibel darauf ein, daß er anderen Kindern den Schöpflöffel wegnimmt, wenn er einfüllt. Hannes zu Sida: «Willst du?» – «Das nächste Mal!», er achtet darauf, daß Sida dann auch drankommt. Mir fällt auf, daß die Kinder beim Pinseln die Herzchenform innerhalb der Waffel exakt nachfahren und sich durch Berühren und Umfahren aneignen.

Am Werktisch werden derzeit die fertigen Waffeln mit Puderzucker bestreut. Die ersten Waffeln waren an den Backflächen kleben geblieben, die Reste in eine Schüssel gefüllt worden. Diese Reste werden nun entdeckt und aufgefuttert. Daran beteiligt sich auch Benjamin, der sich ansonsten konsequent der Mitarbeit entzieht.

Drei Teller voll Waffeln stehen auf dem Werktisch und sollen nun in die Klasse transportiert werden. Blitzschnell sind sie weg. Hannes möchte auch Waffeln rüberbringen. Aber es sind keine mehr da. Auf dem Weg in die Klasse erklärt mir Ayse, daß sie das Waffelbacken längst kann. Ihre Mutter macht das immer, aber viel schneller als wir heute.

In der Klasse steht der mit einer blauen Tischdecke abgedeckte Servierwagen vor der Tafel und darauf die drei Teller mit Waffeln. Es sieht sehr einladend aus. Nun soll erst aufgeräumt werden, damit sich alle in den Kreis setzen können. Das dauert eine ganze Weile. Endlich, nachdem noch einige Kinder, die nicht beim Waffelbacken dabei waren, vorstellen dürfen, was sie heute gearbeitet haben, ist es soweit. Hannes wird hinter den Servierwagen gerufen und soll erzählen, wie die Waffeln gebacken wurden. Die Lehrerin schreibt einzelne Wörter an die Tafel. «Was noch?» Kinder aus dem Kreis nennen andere Zutaten, die angeschrieben werden. Die Lehrerin versucht, Bilder zu den Wörtern zu malen. «Was noch?» Sida meldet sich, steht auf und sagt klar und deutlich «Butter». Lob und Beifall (Sida spricht sonst wenig und sehr leise).

Kinder, die beim Backen mitgeholfen haben, dürfen mit den Waffeltellern herumgehen und Waffeln anbieten. Jeder nimmt sich eine, und alle sitzen genüßlich kauend beieinander. Es herrscht eine entspannte Stimmung. Die Lehrerin reißt die übriggebliebenen Waffeln in kleine Stücke (einzelne Herzchen). Die Herzform ist für die Kinder wichtig. Schon die große Waffel haben sie exakt Herz für Herz aufgegessen. Immer wieder gibt es Bemerkungen wie «Mein Herz ist kaputt. Ich bin tot» (Benjamin). Dann weist die Lehrerin darauf hin, daß sich nun jeder die Finger waschen muß, weil es sonst Fettflecken gibt, und sie stellt die Aufgabe, etwas über das Waffelbacken zu schreiben oder zu malen. Benjamin schreibt alles fehlerfrei und schnell ab. Die Verhaltensänderung gegenüber der Situation beim Backen ist auffällig.

Nach zwei Wochen Schule hat sich ein Stück weit eingespielt, wie Unterricht sich vollzieht. Heute gibt es für eine Gruppe neue Erfahrungen. Es geht in einen neuen Raum, und es wird eine bisher nicht übliche Tätigkeit verlangt. Dabei fällt besonders auf, wie stark die Kinder **sich ihrer Umwelt handelnd und mit allen Sinnen nähern**: anfassen, riechen, schmecken, Drehstühle ausprobieren, Formen ertasten und mit der Zunge erfassen. Ganz wichtig scheint es zu sein, daß man als Kind **seine eigenen Assoziationen benennen und einbringen** kann (Beispiel: Strudel, Gesicht), denn dadurch gelingt es, sich mit sich selbst und den bisher entwickelten Vorstellungen auseinanderzusetzen, den Lernprozeß von den eigenen Fähigkeiten her aktiv zu gestalten und weiterzuentwickeln.

Deutlich ist das Vorherrschen egozentrischer Sichtweisen: Die Kinder handeln weitgehend isoliert und für sich selbst. Aber es gibt auch Handlungen, die die Fähigkeit zum Perspektivwechsel vermuten lassen, so, wenn Hannes sich zwar vordrängt, um selbst handeln zu können, aber auch merkt, daß er Sida behindert hat und nun darauf achtet, daß sie auch zu ihrem Recht kommt. Oder wenn die Kinder klatschen, als Sida laut «Butter» sagt, weil sie bereits wissen, daß Sida wenig und leise spricht (Hier zeigt sich auch das Vorbild der Lehrerin, die häufig sagt: «Da können wir schon mal klatschen!»).

Wichtig an diesen Szenen erscheint auch die enge Verbindung

zwischen außerschulischen Erfahrungen (Waffel backen zu Hause) und schulischem Lernen sowie die permanente **Vermischung der verschiedensten Erfahrungen** und Lebensfragen (Teigrühren = Strudel, Eier im Teig = Gesicht, Waffel = Herz, Herz aufessen = Tod). Kinder tasten sich ja erst in diese Welt hinein. Sie sind noch nicht, wie wir Erwachsenen, darauf getrimmt, alles in Kategorien zu sortieren und damit ein einfaches Muster zu benutzen, das Handeln und Überleben in der Vielfalt der Eindrücke erleichtert.

An vielen Stellen wird wieder sichtbar, wieviel Selbstdisziplin Kindern in solchen Situationen abverlangt wird (wenn Hannes sich seinen Wunsch, einen Teller voll Waffeln in die Klasse zu tragen, nicht erfüllen kann, wenn alle warten müssen, bis sie endlich ein Stück Waffel bekommen...).

Gleichheit und Gerechtigkeit sind in der Situation angelegt (jeder kriegt gleich viel), aber sie werden nicht von den Kindern postuliert und durchgesetzt, sondern von der Lehrerin als quasi pädagogisch-didaktisches Arrangement vorgelebt und führen zu einer Gemeinsamkeit, in der man sich wohl fühlen kann.

Und: **Ein Bewußtsein der ganzen Gruppe oder Klasse existiert noch nicht.** Wenn das Fehlen von Kindern auffällt, dann sind es Hannes und Ayse, die beide zu den beliebten und beachteten Kindern zählen. Das Sich-Wohlfühlen in der großen Gruppe ist wichtig als Voraussetzung, die es ermöglicht, einzelne wahrzunehmen und ein Bewußtsein der Gemeinsamkeit zu entwickeln.

«Ich bin ein Blauwal!»

6.10.89. Heute ist «Apfeltag», d.h. an einem «Schnippeltisch» (Tisch 1) arbeitet die Lehrerin mit kleinen Gruppen von Kindern (jeder kommt einmal dran). Jedes Kind hatte die Aufgabe, einen Apfel mitzubringen. Diese Äpfel werden genau angesehen, durchgeschnitten, vom Kerngehäuse getrennt, in Schnitzel geschnitten. Die Kerngehäuse werden untersucht. Parallel dazu arbeiten andere Kinder an anderen Aufgaben, teilweise aus dem Wochenplan, teilweise auf den Apfeltag bezogen (mit Hilfe einer Schablone einen Papp-Apfel ausschneiden und anmalen, einen Wurm basteln und an den Apfel kleben).

Nina sucht Mitspieler, sie hat Loni in der Hand und ruft: «Wer will Linchen?» (eine Mini-Plüschente aus dem «Tierpark» der Klasse). Hannes spielt mit dem Raben Toni. Als die Lehrerin ihn zu Tisch 1 ruft (es hat geklingelt), kommt er mit dem Raben, der Rabe sagt: «Hier wird geschnippelt.» Hannes setzt sich an Tisch 1 (nachdem er zuvor die Flasche geholt hat, auf der der Rabe immer sitzt). Salia und Nina kommen hinzu, eine hat Loni, die andere Linchen in der Hand. Mit diesen Schmusetieren streicheln sie Hannes im Gesicht, eine rechts, eine links. Hannes reagiert nicht direkt auf die Mädchen. Er nimmt ein Messer in die Hand: «Ich kann nicht gut schälen.» Said kommt hinzu, Hannes und Said spielen «Piraten» mit Messern, ohne direkte Berührung. Said verschwindet in Richtung Tisch 3, um dort zuzugucken, Norbert kommt zu Tisch 1 (offensichtlich hat ihn die kurze Szene zwischen Hannes und Said angezogen). Hannes holt einen Apfel aus seinem Ranzen. Salia und Nina ärgern die Jungen: «Gib ihm einen Kuß!», Peter kommt hinzu, Norbert hält sein Messer in Richtung Peter.

Peter fragt Said: «Wollen wir zusammen spielen? Bist du schon fertig?» Said räumt sein Heft, in dem er geschrieben hatte, weg. Beide gehen vor die Tafel zum Spielen.

Nina und Katrin lassen sich an Tisch 2 nieder, nicht zum Schreiben, sondern zum Basteln (am Basteltisch ist kein Platz mehr). Sie haben sich die vorgezeichneten Äpfel mitgebracht und schneiden sie nun aus und malen sie an. Dabei gibt es entspannte Unterhaltung, u. a. sprechen sie darüber, daß Lukas sich geschnitten hat. Nina fragt: «Magst du die Rebecca?» Katrin bejaht. Nina: «Ich nicht, weißt du, warum?» Leider kann ich die Begründung nicht verstehen. Nina sitzt, auch während sie allein ist, ruhig da und malt und malt, langsam und systematisch. Nina: «Bei mir ist es so», sie zeigt Katrin ihren Apfel. Die hat inzwischen bereits mit der Rückseite angefangen (sie malt schneller

Lernen, spielen, Kontakt aufnehmen

und lässiger) und sagt: «Dann mach die andere Seite.» Nina: «Wie machst du den Stab (gemeint ist wohl: Stiel)? Ich mach ihn braun.»

...In einer Wanne liegen Karten mit den bereits bekannten Wörtern. An den Karten sind Büroklammern befestigt. Die Kinder haben zwei Angeln mit Magneten und angeln damit die Karten raus. Mehrere Kinder stehen drum herum und haben mehr Spaß am Angeln als am Lesen. Hannes und Norbert gucken sich ein Apfelbuch an. Vor der Wanne zum Wörter-Angeln gibt es ein Gespräch über Wale. Tun Wale den Menschen was? «Ich bin ein Killerwal, der größte aller Wale.» – «Ich bin ein Buckelwal.» – «Ich bin ein Blauwal.» Letzteres

Klaus, weil er einen blauen Pullover anhat. Lukas: «Der Blauwal ist nicht blau, der ist blau und weiß.» ... Benedikt, Jan, Benjamin, Klaus und Frank spielen draußen auf dem Flur. «Wir sind Quiekis und Roboter.» Sie laufen wie Roboter, sprechen wie Roboter. Jan erklärt es mir (G. S.). Sie schießen mit Laser auf Feinde.

Insgesamt macht die Klasse heute einen durchaus veränderten Eindruck. Jeder kennt inzwischen jeden, jeder sucht sich eine Arbeit und hat ein Bewußtsein davon, was getan werden soll, eigene Ideen werden eingebracht und verwirklicht, so etwas wie eine Arbeitsgemeinschaft scheint entstanden. Die Lehrerinnen schildern den Eindruck, daß es seit Montag dieser Woche fast schlagartig anders geworden sei.

Die Szenen zeigen nun deutlich **stärkere Symmetrie.** Über die Handpuppen und eigene Spielsachen nehmen die Kinder direkten Kontakt zu anderen auf. Es entspricht den Ergebnissen der Entwicklungspsychologie, daß Freundschaft im frühesten Alter über Spielen definiert wird, daß Wechselseitigkeit in den Beziehungen zwischen Gleichaltrigen sich zunächst in Gestalt des Austauschs von Spielzeug und Gefälligkeiten zeigt (vgl. Damon, in: Edelstein/Keller 1982, 123).

Es finden sich auch die ersten Anzeichen für direkte Aushandlung der Beziehungen, wenn Katrin und Nina darüber diskutieren, ob sie Rebecca leiden mögen oder nicht (ein Thema, das gerade in der Mädchen-Gruppe die nächsten Monate bestimmen wird).

Und es fängt etwas an, was ebenfalls für die nächste Zeit das soziale Leben und Lernen wesentlich bestimmen und beeinflussen wird: das freie Rollenspiel, das **Als-ob-Spiel.** Der Wunsch nach Beziehungen zu anderen Kindern und die Verarbeitung von schulischen und außerschulischen Erfahrungen werden im Als-ob-Spiel gleichermaßen realisiert. Im Sportunterricht hatten die Kinder einfache Tänze gelernt und praktiziert. Dazu wurden Gymnastikreifen auf dem Boden der Turnhalle verteilt. Jedes Kind stand in einem Reifen, das Gesicht zum Vortänzer. Aus dem Kassettenrecorder gab es Musik, die der Vortänzer durch Körperbewegungen interpretierte, mal als Roboter, mal als Flummi (weich, gummiartig). Und diese Lernangebote werden in das freie Spiel der Kinder übernommen. Elemente von Kampfspielen, die ihren Ursprung eher in Fernsehfilmen und Comics haben, und das Bedürfnis der Kinder, in Interaktion mit anderen zu treten, werden mit diesen schulischen Angeboten verknüpft. Übrigens: Bei den Jungen stärker in Form von Bewegungsspielen, bei den Mädchen eher in Form von sozialen Rollenspielen (Vater, Mutter, Kind).

Alles, was die Kinder tun, hängt mit emotionalen und sozialen Bezügen zusammen. Entscheidend ist: Wer was zu wem in welcher Situation sagt oder tut. Nichts davon läßt sich trennen. Freundschaft-Feindschaft, Glücklichsein-Unglücklichsein, die Gefühlslage und das kognitive Lernen sind immer gleichzeitig präsent und aktuell. Die Frage ist, wie sich in der Schule Situationen herstellen lassen, die es jedem Kind ermöglichen, die eigenen Gefühle und Beziehungen einzubringen und zu bearbeiten.

Diese Aussage gewinnt Brisanz, wenn man bedenkt, daß in der Schule in der Regel solche Lernprozesse, die sich im Rahmen «sozialer Selbstorganisation» der Kinder vollziehen, nicht zugelassen sind. Streitigkeiten, Raufereien als Form sozialer Auseinandersetzungen werden in der Schule weitgehend unterbunden, weil sie zwangsläufig laut und störend werden. Die Lehrerin ist unumschränkt oberste Richterin. In der offenen Organisation des Unterrichts in der beobachteten Klasse gab es einzelne **Freiräume**: die Kinder durften bei der Arbeit miteinander sprechen, wenn die Arbeit dadurch nicht gestört wurde, und es gab Zeit für freie Aktivitäten, die die Kinder selbst ausfüllen konnten und die sie immer wieder für ihre Gespräche und ihre Als-ob-Spiele nutzten.

Bauanleitung Stellwand (Abb. rechts): Zwei Rahmen von ca. 120 × 120 cm werden mit kleinen Angeln verbunden und mit Stoff bespannt. Aufgestellt kann das Spielgitter die Spielecke oder besondere Arbeitsplätze abschirmen oder als Bühne für Puppenspiele dienen. Zusammengeklappt verschwindet es neben einem Schrank oder Regal.

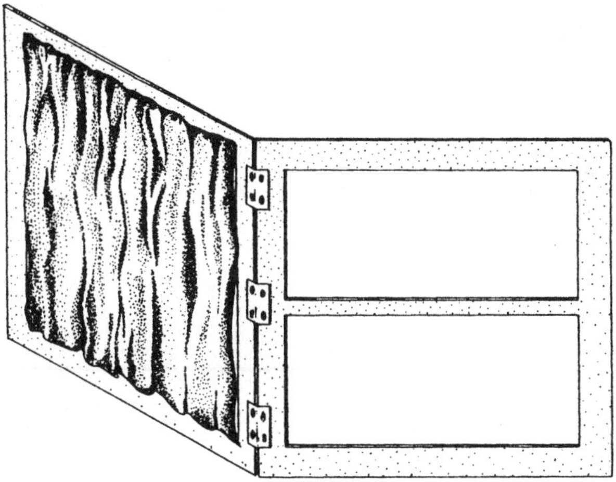

Die Stellwand: Höhleneingang, Grenze und Bühne

Zur Entwicklung des sozialen Verhaltens

Zur Entwicklung des sozialen Verhaltens gibt es noch weniger Forschungsarbeiten als zur Entwicklung des sozialen Verstehens (vgl. S. 22). Piaget hat im Rahmen seiner Untersuchungen zum moralischen Urteil beim Kinde in den zwanziger Jahren u.a. Kinder beim Murmelspiel beobachtet und dabei untersucht, ob und ab welchem Alter sie in der Lage sind, gemeinsam mit anderen nach Regeln zu spielen, welche Bedeutung sie diesen Regeln zumessen und unter welchen Bedingungen sie bereit und in der Lage sind, Regeln zu modifizieren und sich mit den Mitspielern auf Regeln zu einigen.

Aufgrund dieser Beobachtungen kam er zu drei Stufen der Entwicklung des sozialen Verhaltens: **motorisches Spiel** (Spiel ohne Berücksichtigung von Regeln, vor allem auf die Lust an der eigenen Bewegung gerichtet), **scheinbares Zusammenspiel nach absoluten Regeln** (Kinder spielen mit dem gleichen Spielzeug nach Regeln, die sie für unveränderbar halten, sind jedoch stärker am eigenen motorischen Spiel als am gemeinsamen Spielziel und den Regeln interessiert; sie spielen zwar mit dem gleichen Spielzeug in der gleichen Situation, aber nicht unbedingt miteinander) und Verhaltensweisen, die **gegenseitige Achtung der Regel und Kooperation** beinhalten. Die sechs- bis zehnjährigen Kinder, die an der Untersuchung teilnahmen, befanden sich alle auf der zweiten oder dritten Entwicklungsstufe.

Nach diesen Beobachtungen hat Piaget die Kinder nach ihren Vorstellungen über die Gültigkeit und Herkunft von Regeln befragt und dabei festgestellt, daß das Handeln der Kinder in der Regel weiterentwickelt war als ihr in der Befragung geäußertes Verstehen, d.h. Kinder, die im realen Handeln bereits in der Lage waren, Regeln zu modifizieren, erklärten diese in der Befragung für nicht veränderbar.

In den 70er Jahren wurden in den USA experimentelle Untersuchungen durchgeführt, in denen z. B. Kinder aufgefordert wurden, 10 Schokoladenriegel, die sie als Belohnung für die Anfertigung von Armbändern erhalten hatten, gerecht auf drei Kinder zu verteilen, von denen eines nicht mehr anwesend war. In die Situation waren Bedingungen eingebaut, aufgrund derer die Kinder in ihre Entscheidungsprozesse Überlegungen hinsichtlich Verdienst, Gleichheit, Geschlecht, Alter, Körperstärke und besonderer Bedürfnisse einbauen konnten. Diese Untersuchung kam zu dem Ergebnis, daß Kinder mit zunehmendem Alter vermehrt eine Übereinkunft mit Gleichaltrigen suchen und praktizieren (Damon 1977). In weiteren Untersuchungen wurde festgestellt, daß in der frühen Kindheit die Wechselbeziehung zwischen Gleichaltrigen zunächst in Gestalt des Austauschs von Spielzeug und Gefälligkeiten sichtbar wird, später dann in der Herstellung gemeinsamer Gefühle, wie Vertrauen und Vertraulichkeit (vgl. Damon, in: Edelstein/Keller 1982, 115).

Oswald und Krappmann führten Beobachtungen in einer Berliner Grundschule durch. Bei der Analyse von beobachteten Aushandlungssituationen konnten sie drei verschiedene Strategien feststellen: **Strategien, in denen Interessen anderer nicht berücksichtigt werden** (z. B. man stößt ihn aus dem Weg); **Strategien, in denen andere ohne weitere Erläuterungen als Gegenüber mit eigenen Interessen anerkannt werden** (z. B. bittet man den Partner um seine Zustimmung); und **Strategien, die argumentative Verständigung erstreben** (z. B. versucht man, dem anderen eine Weigerung einsichtig zu machen) (Oswald/Krappmann 1988, 89). Dabei haben einzelne Kinder je nach Situation eine der drei Strategien benutzt, d. h., sie beherrschten und verwendeten nebeneinander unterschiedliche Strategien.

Beim sozialen Verhalten scheint die Entwicklung von einer eher äußerlichen Gemeinsamkeit über einen Perspektivwechsel in Richtung auf Wahrnehmung und Berücksichtigung gleicher Gefühle und weiter zur Anerkennung und Berücksichtigung übergeordneter Werte zu verlaufen.

«Das kleine s will nicht heim!»

Machen wir einen kleinen Sprung, über die Herbstferien hinweg und noch ein paar Wochen weiter. Die Kinder sind inzwischen drei Monate in der Schule. Sie kennen die Regeln, deren Einhaltung die Lehrerin von ihnen erwartet, sie kennen auch weitgehend die anderen Kinder und die Art und Weise, wie in dieser Klasse gearbeitet wird.

24.11.89. Alle Kinder sitzen vor der kleinen Stellwand. Hinter der Stellwand hat die Lehrerin mit Ayse ein Spiel vorbereitet. Ayse hat den Raben Toni in der Hand, die Lehrerin eine Wäscheklammer, in der ein kleines aus Pappe ausgeschnittenes s eingeklemmt ist. Sida: «Ess», die Lehrerin: «sssssssss». Das kleine s spricht mit dem Raben, der nimmt das kleine s in den Schnabel und macht mit ihm einen Ausflug in den Wald. Das große S (ebenfalls aus Pappe ausgeschnitten und von der Lehrerin gespielt) kommt und jammert: «Hilfe, mein Kind ist weggelaufen, habt ihr mein Kind gesehen?» Markus (seit den Herbstferien neu in der Klasse): «Nein!» (Er reagiert sofort wie im Kasperltheater, während die anderen das große S nicht gleich als «Feind» des kleinen interpretieren). Andere Kinder argumentieren: «Es ist mit dem Raben weggeflogen. Der Rabe ist ganz lieb.» Das große S droht mit Stubenarrest, wenn es das kleine erst zu fassen kriegt. «Dann kommt es nicht wieder», rufen die Kinder. «Wir sagen es ihm!» (Jan)

«Aber ich brauche doch das kleine s», jammert das große. «Es ist im Maul weggeflogen.» – «Ich gehe zur Polizei», sagt das große S und verschwindet. Es entsteht eine Diskussion, ob das große S der Vater oder die Mutter sei. Salia: «Vater.» Der Rabe und das kleine s erscheinen. «Dein Vater sucht dich. Du kriegst Stubenarrest.» «Dann geh ich nicht nach Hause. Könnt ihr nicht mal mit meinem Vater reden?» Rabe und kleines s verschwinden wieder, das große S erscheint. Özgül: «Hallo, ich will dir mal was sagen..., das kleine s will nicht heim.» Markus: «Weil du so böse bist.» S: «Aber wenn es wegläuft, kann doch was passieren.» – «Der Rabe kann doch fliegen.» Die Kinder rufen Toni. Sobald er erscheint, fragt das große S: «Hast du auch meinem Kind nicht weh getan?» Rabe: «Frag es doch.» Es entwickelt sich ein Gespräch, in dem der Rabe dem großen S abhandelt, daß das kleine s in den Wald darf, wenn der Rabe dabei ist. Allein darf es nicht sehr weit, mit dem Raben darf es ganz weit.

Das kleine Theaterstück mit zwei Schauspielerinnen war improvisiert. Es gab nur kurze Absprachen zwischen der Lehrerin und Ayse über die Anfangsszene. Ayse, ein türkisches Mädchen, das das 1. Schuljahr wiederholt, ist ein sehr selbstsicheres Kind, das bereits über einige Kenntnisse verfügt, wie man sich in der Schule verhält. Trotzdem ist es höchst überraschend, wie gut diese Improvisation klappt. Und es ist spannend, wie die übrigen Kinder die Situation sofort aufgreifen und weitertreiben: Die Buchstaben, die es im Rahmen des Leselehrgangs zu lernen gilt, werden zu lebenden Wesen, in die die Kinder eigene Gefühle und Erfahrungen hineinprojizieren können. Die Situation mit dem Weggehen ist zwar von der Lehrerin initiiert (vgl. Leselehrgang S. 29), aber sie gewinnt ihre eigene Dynamik durch die Beiträge der Kinder. Die Lehrerin bietet hier ein Thema an, in dem die Kinder sich selbst wiederfinden können.

Auch hier handelt es sich also um eine **Ko-Konstruktion**, in diesem Fall zwischen der Lehrerin und den Kindern: Die Situation entsteht erst aus den Deutungen und Handlungen beider. Die

Frage: «Habt ihr mein Kind gesehen?» könnte ja auch zu ganz anderen Spielverläufen führen. Aber sofort wird hier – wohl auch angeregt durch entsprechende ritualisierte Spielverläufe im Kasperltheater – die Situation von den Kindern als eine unsymmetrische interpretiert: Das große S will das kleine s bestrafen, und daran muß es gehindert werden. Spannend ist, daß die durch das große S symbolisierte Erwachsenen- oder noch genauer Elternfigur die Kinder anregt, über Vater und Mutter nachzudenken. Weist die Art der Strafandrohung oder auch der Besorgtheit, die das große S hier zeigt, es eher als Vater oder eher als Mutter aus? Eindeutig wird es zum Vater erklärt, obwohl es von einer Frau gespielt wird und obwohl keine weiteren Merkmale (z. B. Kleidung) es als männlich oder weiblich ausweisen. Trotz Besorgtheit scheint Strafandrohung eher auf den Vater zu verweisen und Solidarität zwischen Kindern gegenüber strafenden Erwachsenen auszulösen.

Als das kleine s wieder erscheint, wird es sofort von den Kindern gewarnt. Eine herausragende soziale Leistung ist es, daß Ayse als kleines s in dieser Situation die Kinder um Hilfe bittet: «Könnt ihr nicht mal mit meinem Vater reden?» Hier wird nicht nur eine **prosoziale Konfliktlösung** sichtbar (durch Miteinanderreden kann man Situationen klären), sondern es wird auch gezielt die Solidarität und Hilfe anderer angefragt, d.h., Ayse wird aktiv, um eine selbständige Problemlösung zu initiieren. Und diese Aufforderung wird sofort von Özgül aufgegriffen und verwirklicht: «Hallo, ich will dir mal was sagen!» Die Lehrerin als großes S versucht, die erwachsene Besorgtheit bewußt zu machen: «Aber wenn es wegläuft, kann doch was passieren!» Und die Kinder gehen auf diese Argumentation ein: Mit dem Raben Toni zusammen kann dem kleinen s nichts passieren, weil der Rabe ja fliegt, also wohl den Gefahren des Straßenverkehrs nicht ausgesetzt ist. Die Sorge und Angst um das kleine s, die die Lehrerin in der Rolle des großen S äußert, bringt die Kinder dazu, den Raben Toni und das kleine s herbeizurufen. Sie sind wohl inzwischen doch einigermaßen sicher, daß keine Bestrafung folgt. Sofort will das große S vom Raben Toni wissen, ob er dem kleinen s weh getan habe. Und hier ist die Antwort von Ayse in der Rolle des Raben Toni besonders beeindruckend: «Frag es doch!» Dahinter steckt nicht nur das Selbstbewußtsein eines Unschuldigen, dahinter steckt vor allem auch die Vorstellung, daß jeder **für sich selbst sprechen** sollte, auch Kinder. Und diese Reaktion hat sicher nicht nur mit dem Selbstbewußtsein von Ayse zu tun, sondern vor allem auch mit der Einstellung und den pädagogischen Handlungsweisen der Lehrerin, die immer wieder und bei jeder sich bietenden Gelegenheit versuchte, Kinder für sich selbst sprechen zu lassen. Die Konfliktlösung zeigt sicher auch die pädagogische Intervention der Lehrerin. Es wird ein Kompromiß ausgehandelt: Das kleine s darf allein ein kleines Stück weit weg und in Begleitung des inzwischen als vertrauenswürdig allseits akzeptierten Raben sogar ein großes Stück weit.

Soweit die erste Interpretation. Treten wir nun noch ein Stück weiter zurück und versuchen eine weitere Interpretation aus größerer Distanz: Was ist hier geschehen? Zum einen und ersten: Es wird der Buchstabe S in seiner Groß- und Kleinschreibung gelernt. Zum zweiten ist dieses Sprachlernen eingebunden in eine Situation, die es den Kindern ermöglicht, zugleich ganz anderes zu bearbeiten. Jedes Kind kann sich selbst in dieses Spiel hineinphantasieren und damit auch die **Gedanken und Assoziationen bearbeiten, die individuell wichtig sind.**

Vorhandene Urteile und Erklärungsmuster können gezeigt und in ein Spiel eingebracht werden, sie werden aber sogleich auch wieder in Frage gestellt.

Es ist sicher typisch, daß gerade Ayse und Özgül aktive Rollen in diesem Spiel übernehmen, Ayse durch ihre Bitte um Hilfe an die Kinder und Özgül durch die Verwirklichung dieser Bitte und durch ihre Verhandlung mit dem großen S. Denn beide Mädchen sind etwas älter als die übrigen Kinder, sind persönlich recht sicher und – wie die Schulforschung mehrfach gezeigt hat – als Mädchen besonders darauf eingestellt, das soziale Gelingen von Unterricht zu befördern.

Die Lehrerin wiederum nutzt die Gelegenheit, Impulse zu setzen, die zum Perspektivwechsel auffordern: Sich in die Rolle des um sein Kind besorgten großen S hineinversetzen und trotzdem nicht die Solidarität mit dem Freiheitswunsch des kleinen s aufgeben – das ist eine hochkomplexe Verhaltensweise, die hier durch die spielerische Situation möglich wird.

Zugleich ist diese Situation ein **Gemeinschaftserlebnis**: Nicht nur, daß alle gleichzeitig dasselbe sehen und hören, sie handeln auch gemeinsam, wenn auch noch nicht bewußt und untereinander abgesprochen. Die gemeinsame Aktion ist noch keine gezielt angestrebte Solidarität. Eher spontan handeln einzelne für alle, aber in der Situation gibt es so etwas wie gemeinsame Haltungen, Einstellungen, Handlungsperspektiven. Einige Kinder (z. B. auch Markus) machen sich zum Sprecher dieser Gesamtstimmung.

Das Beispiel zeigt zugleich die Bedeutung von Spielen (Stegreifspielen, Als-ob-Spielen, Rollenspielen) für die sozialen Lernprozesse: Die eigene Deutung einer Situation kann eingebracht werden, wird aber durch die Reaktion des Gegenüber ein Stück weit in ihrer Wirkung nicht berechenbar. Man erhält Rückkoppelungen, auf die man spontan und schnell eine neue Reaktion zeigen muß, die das Spiel weitertreibt und damit auch den Spaß am Spiel erhält. Um das gemeinsame Spiel aufrechtzuerhalten, werden alle Mitspieler auf einige für alle gemeinsamen Verhaltensweisen zurückgreifen. In diesem Spiel kann man aber auch einmal etwas Neues ausprobieren. Und ob diese neue Verhaltensweise sich als tragfähig erweist, hängt wiederum von der eigenen Kreativität und auch vom eigenen Einfühlungsvermögen in die Situation ab.

Die Lehrerin hat also durch dieses Spiel eine durchaus **lehrergelenkte Situation** geschaffen, **in der soziale Beziehungen und soziales Verhalten bearbeitet werden können** und zwar in der Form, daß sowohl bereits gekonntes Verhalten angewandt werden kann als auch, daß neue Impulse gesetzt werden, die sicher von den Kindern höchst unterschiedlich aufgegriffen werden. Nicht alle werden nach diesem Spiel in der Lage sein, das Prinzip des Für-sich-selbst-Sprechens zu erkennen und zu praktizieren, aber sie sind diesem Prinzip begegnet, und wenn dies öfter und in immer wieder anderen Situationen geschieht und wenn immer mehr Kinder nach diesem Prinzip handeln, werden sich auch die anderen damit auseinandersetzen müssen.

Schauen wir uns an, was am gleichen Tag (24.11.89) noch passiert ist:

Nach dem Theaterstückchen fragt die Lehrerin zunächst nach Wörtern mit s und gibt dazu den Impuls, daß das kleine s alles essen mag, was mit S anfängt. Die Kinder nennen: Salate, Spaghetti mit Soße, Smarties, Suppe. «Ich weiß es, ich fang mit S an», ruft Singh. Daraufhin werden noch andere Namen mit S genannt: Sida, Sandra; «Kleines s, ich hab ganz hinten ein s», ruft Hannes: Die Lehrerin gibt den Arbeitsauftrag, das S zu malen. Offensichtlich wissen alle Kinder, daß dies bedeutet, ein bestimmtes Heft herauszuholen, ein großes und ein kleines s und dazu viele Dinge zu malen, die mit S anfangen. Hilfen dazu kann man sich von einer Wortkarte holen, auf der der Buchstabe S aus vielen Bildern entsteht, die Wörter darstellen, die mit S, teilweise allerdings auch mit Sch anfangen.

An Tisch 2. Özgül: «Ich bin viel weiter als du!» (zu Hannes), sie zählt ihre Seiten im Schreibheft: «Zwölf.» Salia: «Mag es Skateboard?» (Meint: Paßt Skateboard zum S?) Özgül: «Ich bin bei zwölf schon, olé!» Lehrerin: «Özgül, es kommt nicht drauf an, wer es schnell macht.» Özgül und Hannes diskutieren: «Weil das dahin müßte» (gemeint ist: Özgül hat immer wieder Blätter frei gelassen, deshalb hat sie ihr Heft schon fast voll). Salia will wissen, wie man Soße schreibt. Salia: «Ssssssee!», Nina: «Oh, jetzt hab ich Sau gesagt.» Hannes lacht sich kaputt: «Das sieht aus wie eine Sichel, Sssssichel, Schulkind, sieben.» Nina: «Eine sechs, Schallplatte» (Das Buchstabenbild liegt inzwischen auf Tisch 2 und wirkt anregend). Jan und

Singh kommen gucken, Hannes wehrt ab, die Lehrerin ruft. Hannes: «Ich mach eine lila Sau (malt), Steckdose (zeigt auf seine Nasenlöcher).»

Zunächst könnte man annehmen, daß es hier doch eigentlich gar nicht um soziales Lernen geht: Die Kinder suchen Wörter, die mit S anfangen. Sie haben dazu ein Hilfsmittel, aus dem sie Anregungen entnehmen können. Sie können aber auch andere Wörter einbringen. Also eher eine Situation eines offenen Leselernprozesses, der so organisiert ist, daß jedes Kind sofort aktiv werden kann und nicht warten muß, bis es von der Lehrerin drangenommen wird und in dem es auch nach eigenem Leistungsvermögen unterschiedliche Wörter benennen und malen kann. Und doch, hier laufen **viele soziale Lernprozesse** ab.

Die jubelnd gerufenen Entdeckungen einzelner Kinder animieren die anderen, bringen sie auf neue Ideen, und zugleich ist der Jubelruf auch der Hinweis: Ich habe ein neues Wort gefunden, ich bin gut!, das heißt, er wirkt auch als Ansporn für die anderen: Ich will auch Wörter finden! Ein Stück **Konkurrenz** ist in dieser Situation enthalten. Und prompt reagiert Özgül darauf, indem sie sich gegenüber Hannes herausstellt: «Ich bin viel weiter als du!» Sie erntet darauf zwei Reaktionen, eine von der Lehrerin und eine von Hannes. Die Lehrerin reagiert mit einer moralischen Regel: «Es kommt nicht darauf an, wer es schnell macht!» Es? Wer bestimmt, daß es nicht darauf ankommt? Es geht also um eine Regel anonymer Herkunft, man weiß nicht, woher diese Regel kommt, sie ist von außen gesetzt, ein Zeichen einer unsymmetrischen Beziehung, Özgül kann sich eigentlich nur anpassen. Hannes andererseits versucht, die Aussage direkt zu entkräften, indem er sie als falsch entlarvt: Özgül hat zwar mehr Seiten beschrieben, da sie aber immer wieder Seiten frei gelassen hat, hat sie real weniger geschrieben als Hannes. Das heißt, Hannes läßt sich auf den direkten Vergleich ein. **Sich mit anderen vergleichen ist eine Möglichkeit der Gleichheit.** Zwischen den Gleichaltrigen wird dieses Prinzip

Sich verstecken und doch dabei sein: Markus ist neu in der Klasse

mit zum Teil brutaler Härte, aber auch mit zunehmender Rationalität (wenn schon Vergleich, dann bitte exakt) zum wichtigen Mittel, autonom zu werden, sich selbst einschätzen zu können und andere zu verstehen, wenn sich auch das Verstehen noch ausschließlich auf Äußerlichkeiten, auf Zählbares bezieht, noch nicht auf Gefühle und Motive.

In der Situation der Suche nach Wörtern mit einem S ist auch die Möglichkeit enthalten, den eigenen Namen und den Namen der anderen genauer kennenzulernen. Kinder mit einem S im Namen (und zwar am Anfang, in der Mitte oder am Schluß des Namens) unterscheiden sich von solchen, die kein S im Namen haben. Zugleich ist die Situation typisch dafür, daß Kinder, wenn man sie nur läßt, ihren eigenen Lernprozeß effektiv steuern, indem sie

außerschulische Erfahrungen mit schulischen Lernanforderungen verbinden.

Sofort anschließend an die zuletzt diskutierte Szene vom 24. 11. 89 ereignete sich folgendes:

Pit kommt erst jetzt in die Klasse. Er hat einen tiefen langen Kratzer unter dem linken Auge und einige kleinere im ganzen Gesicht. Er drückt sich auf seinen Platz. Hannes: «Was ist denn mit dir passiert?» (liebevolles Interesse) Keine Antwort. Hannes wiederholt seine Frage fünf- oder sechsmal, Norbert kommt dazu. Pit antwortet noch immer nicht. Die anderen Kinder fangen an zu raten. Pit erzählt ganz leise und undeutlich. Soweit ich verstanden habe, haben ihn zwei Jungen aus der Schule verprügelt. Ein Uwe wird genannt. Und ein Zaun hat mitgewirkt, aber wie, verstehe ich nicht. Pit spricht mit Hannes über dessen Arbeit. Dann sitzt er längere Zeit am Tisch, den Kopf aufgestützt, arbeitet nicht, redet auch nicht mit beim Gespräch der anderen.

Dann, plötzlich, sagt er: «Wenn die mich noch einmal hauen, kommt mein Vater.» Said kommt. Hannes: «Was willst du dauernd hier, Said?» Said schaut Pits Kratzer an: «He, was hast du hier passiert?», er zeigt ganz vorsichtig auf sein eigenes Gesicht an der Stelle von Pits Verletzung. Özgül erklärt, er habe sich mit Uwe «verprügelt, ich hab zwei Schwestern.» Pit: «Ich sind vier Kinder, ihr zwei» (zu Nina). Pit: «Ssssechs», Nina: «Storch.» Özgül legt das Buchstabenblatt unter ihre Heftseite und paust ab. Özgül (zu Pit): «Oder du sagst es seiner Mutter» (gemeint ist wohl die Mutter des Prüglers Uwe). Pit: «Die spricht so komisch.» Nina: «Tennisschläger?» Singh: «Pit, hast du 'ne Rosa?» (gemeint ist ein rosa Stift). Pit schüttelt den Kopf, grinst aber freundlich.

Pit hat offensichtlich auf dem Schulweg einen Zusammenstoß mit anderen Kindern erlebt, der für ihn in doppeltem Sinne zu **Verletzungen** geführt hat: Nicht nur, daß er Kratzer im Gesicht hat, er ist auch in seinen Gefühlen und seinem Selbstbewußtsein getroffen, zumal er ein eher zurückgezogenes, nicht sehr selbstsicheres Kind ist, das oft zwischen Depression und Aggression schwankt. Vermutlich hat er sich wie ein verletztes Tier irgendwo hingehockt und kommt dadurch zu spät (auch er wollte zunächst nicht «heim», wie das kleine s). Daß er aber nun kommt, zeigt auch, daß er seinen Schmerz überwinden will und vielleicht auch auf Trost von anderen hofft.

Durch die offene Organisation des Unterrichts fallen sein Zuspätkommen und sein Verletztsein der Lehrerin nicht gleich auf, sie ist an einer anderen Ecke des Klassenzimmers beschäftigt. Aber die Kinder an Pits Tischgruppe stellen seinen Zustand sofort fest. Erstaunlich, mit welcher Einfühlsamkeit sie reagieren. «Was issen mit dir?» will Hannes sofort wissen. Und als Pit nicht antwortet, wiederholt er seine Frage mehrfach, er besteht quasi auf einer Antwort und zwingt Pit so aus seiner schmerzhaften Isolation. Es erfolgt dann ein Gespräch zwischen den Kindern, das es Pit möglich macht, seine Wut auszusprechen, aber sich dann auch wieder in den normalen Schulalltag einzufügen. Dabei helfen ihm unterschiedliche Verhaltensweisen. Zunächst einmal Hannes' Insistieren, dann das Zuhören der anderen bei seiner Erzählung, die Zeit, die sie ihm lassen, einfach dazusitzen, das Ernstnehmen der Erzählung durch Benennen ähnlicher Erfahrungen, das direkte erstaunte Interesse von Said und das Verhalten von Hannes, das **Gemeinsamkeit** der Tischgruppe **und Schutz** für Pit signalisiert, das Gespräch über Geschwister (das Thema «prügeln» führt Özgül offensichtlich zum Thema Geschwister), die konkreten Ratschläge (Oder du sagst es seiner Mutter) und das Hilfeersuchen (Pit, hast du 'ne Rosa?), das in den normalen Schulalltag zurückführt.

Interessant an dieser Szene ist Pits Aussage im Kontext der Geschwister: «Ich sind vier Kinder.» Er sagt nicht: «Wir sind vier Kinder.» Das kann unterschiedliche Gründe haben: Pit hat zwar auch einige Sprachprobleme, trotzdem vermuten wir nicht, daß es sich um ein grammatikalisches Problem handelt. Eher ist wahrscheinlich, daß Pit noch in egozentrischer Weise seine Familien von sich aus gesehen definiert, d.h., er kann sagen wollen: ich lebe

Kinder brauchen andere Kinder

mit drei Geschwistern zusammen. Es kann aber auch sein, daß sich hinter seiner Formulierung ein Stück Ausgegrenztsein verbirgt: Ich habe zwar drei Geschwister, aber ein Wir-Gefühl habe ich in diesem Zusammenhang nicht. Pits «vier Kinder» können aber auch in Konkurrenz zu Özgül und Nina (je nur zwei Geschwister) gesehen werden. Pit macht sich damit stark nach der erlittenen Niederlage, um sein Selbstbewußtsein wieder herzustellen. Vielleicht kann man auch sagen, daß er Gleichheit wieder herstellt, sich auf die Ebene der anderen befördert. Und soziale Wirkung (und Leistung) der anderen bestünde dann darin, daß sie das zulassen. Die nie moralisierende Reaktion der anderen Kinder macht es Pit möglich, **sich angenommen zu fühlen** mit all seiner Verletztheit (aktuell und vielleicht auch längerfristig) und nach einiger Zeit auf die Gesprächs- und Handlungsangebote einzugehen.

Kinder brauchen die anderen Kinder, das freie Umgehen, das Gespräch mit ihnen, und sie setzen dieses Bedürfnis durch, gleichgültig ob in Verbindung mit den schulischen Themen und Leistungsanforderungen oder gegen diese. Ein Kind, das mit seinen sozialen Beziehungen beschäftigt ist, kann seine Aufmerksamkeit dem schulischen Lernen nur widmen, wenn es die Inhalte des Lernens mit seiner eigenen Befindlichkeit verbinden kann, wenn es den Anschluß von sich zu den Gegenständen des Lernens selbst herstellen, wenn es an den eigenen Grenzen, an denen es gerade auf Widersprüche und Schwierigkeiten stößt, arbeiten kann.

«Frau Walter, ich kann das nicht!»

Machen wir wieder einen größeren Sprung und schauen uns Szenen aus dem Frühjahr 1990 an. Die Kinder sind nun ein halbes Jahr in der Schule. Der Schulalltag gestaltet sich mit einer gewissen Routine, Tagesablauf und wichtige Regeln sind bekannt (wenn auch nicht immer ohne Schwierigkeiten verwirklicht). Die Kinder kennen alle anderen Kinder ihrer Klasse, haben bis zu einem gewissen Grad eine Position im sozialen Gefüge der Klasse, auch wenn sie mit dieser Position nicht unbedingt zufrieden sind und immer wieder versuchen, über neue Beziehungen und intensivierte Freundschaften sich neu zu verankern.

16.3.90. Im Sachunterricht haben sich die Kinder – je nach Wahl – mit Katzen oder mit Dinosauriern auseinandergesetzt (gemalt, Bilderbücher angeschaut, kleine Texte geschrieben...). Heute soll nun jedes Kind entweder eine Katze oder einen Dinosaurier aus Ton formen. Özgül will mit Ayse eine Katze aus Ton machen. Der Ton dafür liegt auf einem Tisch am Fenster. Wer mit seinen Schreib- oder Leseaufgaben fertig ist, kann sich Ton holen. Bei der Arbeit gibt es größere Schwierigkeiten, denn die Kinder sind gewöhnt, mit Knete zu arbeiten, d.h. eine Form durch Ansetzen von Einzelteilen, z. B. den Beinen, auszudifferenzieren und nicht, wie es beim Ton notwendig ist, aus einem Block herauszumodellieren.

Özgül ruft: «Frau Walter, ich kann das nicht!» Die Lehrerin hört sie nicht. Özgül überlegt: Katze oder Dino oder? «Dann mach ich ein Meerschweinchen. Das kann ich.» Sie geht zu Salia, die am Tontisch steht, dann zu Tisch 1. Sie schaut Hannes zu, der die Oberfläche seiner Tonfigur mit Hilfe von Wasser glattstreicht. Die Lehrerin ruft: «Frühstückszeit!»

Özgül geht zurück an ihren Tisch und formt aus dem Tonblock heraus Füße, knäult dann wieder alles zusammen und beginnt von vorne. Sie macht eine dicke Wurst, an die «Wurst» wird ein Fuß angeklebt. Özgül geht nach vorne und holt sich ein Fläschchen Milch, dreht auf halbem Weg um, stellt die Milch zurück und holt sich ein Kakaofläschchen. «Ich bin der Kakao, du nicht Kakao?» Sie versucht ein Puppenspiel mit Sidas Kakaofläschchen in Gang zu setzen. Dann zu Nina: «Hast du heut nichts?» (gemeint ist: zum Frühstücken). Die schüttelt den Kopf. Özgül bricht ihr Nutellabrot auseinander, spielt mit der Kakaoflasche, holt sich dann die Plastikbuchstaben (Buchstaben aus Plastik mit einem kleinen Magnet, mit dessen Hilfe sie auf der Unterlage haften bleiben). Dann holt sie sich ein Hemd, zieht es an und läßt es sich von mir auf dem Rücken zumachen (die übliche Kittelschürze beim Malen und Basteln). Sie nimmt sich Ton, geht zur Lehrerin, dann zu Said, dann zurück an ihren Tisch. Dort haben sowohl Ayse als auch Singh inzwischen Tiere geformt, die klar als Dinosaurier zu erkennen sind. Özgül will «auch einen Dinosaurier» machen.

«Wie hast du das gemacht?» (zu Singh) «Erst die Füße» (die beim Dino von Singh so kurz sind, daß man sie nur sieht, wenn man die Figur auf den Rücken legt), «dann den langen Hals.» Özgül knäult alles, was sie bisher gemacht hat, wieder zusammen. «O Mann!» Ayse hat begonnen, aus dem Tonklumpen heraus zu formen. Özgül geht und holt neuen Ton, hat inzwischen acht größere und kleinere Klumpen vor sich. Sie ruft nach der Lehrerin. Die Lehrerin kommt: «Wieviel Ton hast du denn?» – «Ich bring's gleich zurück», antwortet Özgül, so als habe sie das eh vorgehabt. Özgül hat inzwischen einen dicken Bauch und einen dünnen Hals geformt. Sie sagt zu Singh:

«Nachmachen!» (Was hieß: Du hast es mir nachgemacht, obwohl ja Singh mit seinem Dinosaurier schon relativ weit war, bevor Özgül mit ihrem angefangen hat.) Özgül geht zum Sandkasten (einer Mulde aus Plexiglas auf Rädern, im Sandkasten werden die fertigen Katzen und Dinosaurier aus Ton gesammelt). «Was ist da?» fragt sie die Lehrerin. Die erklärt, daß ein Kopf immer abgeht und daß man den Kopf und die Beine «nicht dransetzen, sondern rausarbeiten» muß. Sie macht es vor.

Die Szene geht noch weiter. Aber unterbrechen wir zunächst einmal, um uns anzuschauen, was hier geschieht. Özgüls Verhalten in dieser Szene wird sicher dadurch bestimmt, daß sie mit einer Aufgabe konfrontiert ist, die ihr nicht sofort gelingt. Und gerade deshalb erscheint uns diese Szene so wichtig: Was geschieht, **wenn Kinder mit Schwierigkeiten kämpfen**? Jedes Kind hat hier andere Strategien, die etwas mit seinem Selbstbewußtsein, seiner Ausdauer bei Schwierigkeiten und seiner Fähigkeit zu tun haben, sich Hilfe und Anregung bei anderen zu besorgen. Özgül entwickelt viele Pläne und verwirft (oder vergißt) sie wieder: Sie will mit Ayse zusammen eine Katze aus Ton formen, sie will ein Meerschweinchen formen (eine wirklich intelligente Idee, denn die Form des Meerschweinchens entspricht relativ genau den Möglichkeiten, die das Material Ton bietet), sie will, wie Ayse und Singh, einen Dinosaurier formen. Eigentlich geht es ihr also gar nicht darum, etwas Bestimmtes gestaltend auszudrücken, sie hat vielmehr eine schulische Aufgabe vor sich und sucht nach einem für sie gangbaren Weg, diese vertretbar zu bewältigen. Dabei hat sie durchaus Qualitätsansprüche an sich selbst und verwirft und zerstört ihr Werk, wenn sie nicht zufrieden ist. Deutlich ist aber vor allem, wie sie nach Entscheidungshilfen sucht: Sie geht herum, wendet sich anderen Dingen zu (Frühstück, Als-ob-Spiel mit Sida, Buchstabenspiel) – und vor allem: Sie schaut zu.

Wie das «Zeigen» scheint uns auch das «Zuschauen» eine für Kinder dieser Altersstufe ganz wichtige Verhaltensweise, die ihnen nicht

nur hilft, sich vor einer ungeliebten Arbeit zu drücken, sondern bei der sie auch ihre Umwelt bewußt wahrnehmen, vergleichen, neue Dinge kennenlernen, etwas über sich selbst und andere erfahren (man lernt am meisten über sich selbst, wenn man feststellt, daß andere ganz anders leben, handeln, denken). Aufgrund dessen können sie dann versuchen, durch Nachahmung eines Vorgehens, das sie als gut, gekonnt, anerkannt einschätzen, Sicherheit und Anerkennung zu gewinnen oder auch einen eigenen, für sich selbst passenden Weg zu finden. Man könnte hier sicher argumentieren: Eine solche Unsicherheit ließe sich verhindern, wenn die Arbeitsanweisung für den Umgang mit Ton präziser gewesen wäre. Aber davon abgesehen, daß selbst die präzisesten Arbeitsanweisungen solche Situationen nicht verhindern können, weil u.U. einzelne Kinder nicht «eingeschaltet» sind, etwas nicht verstanden haben oder einfach keinen Bezug zu der Aufgabe haben – was hier geschieht ist auch ein sinnvoller Lernprozeß in Richtung auf Selbsterkenntnis und in Richtung auf **Selbständigkeit bei der Zielformulierung und Aufgabenbewältigung.**

Es gelingt Özgül ja durchaus auf diesem Wege, verschiedene Vorgehensweisen zu sehen und zu vergleichen und noch einmal eine Erklärung der Lehrerin zu bekommen. Und sie hat bei ihren Rundgängen durch die Klasse außerdem festgestellt, daß Ole mit einem anderen, weniger schwierigen Material arbeitet, das auch ihr eine Lösung des Problems bieten könnte (vgl. die folgende Szene). Aber es bleibt zu bedenken, daß für einige Kinder die hier praktizierte Offenheit auch zu Schwierigkeiten führt, die sie allein nicht überwinden können, weil sie auf klarere Strukturen angewiesen sind (vgl. Garlichs 1990, 86ff).

Özgül setzt sich zu Ole an den Tisch. Der hat inzwischen seine eigene Knete ausgepackt, und die ist mehrfarbig. Das Material gefällt Özgül offensichtlich besser als der Ton. Sie formt einen roten Kugelbauch und orangefarbene Beine aus Knete. Ole will seinem Drachen «noch einen See» bauen, «damit er trinken kann». Özgül: «Drachen trinken Öl.» Und auf Rückfrage: «Drachen brauchen Öl, sonst können sie kein Feuer spucken!»... Dann erzählt sie eine Geschichte, die ich nur zum Teil verstehe: Ole habe erzählt von einem Mädchen, mit dem er im Bett war. Ole grinst leicht verlegen zu mir, widerspricht aber nicht.... «So, ich mach morgen weiter!» Özgül schleppt die drei Figürchen zur Lehrerin, Ole sucht die Reste zusammen und bringt seinen Drachen ebenfalls zur Lehrerin. An einer fertigen Kugel versucht Nina einen Schwanz anzubringen. Kinder singen: «Schwanz ab, Schwanz ab – runter mit der Männlichkeit!» Salia: «Katrin, weißt du, was Männlichkeit ist? Macht nichts, haben alle Jungen.»

Wichtig scheint uns an diesen Szenen zweierlei: Einerseits die **Komplexität**, das dichte Beieinander des alltäglichen Lebens und Lernens (Dinosaurier formen, Vorlieben für bestimmte Materialien, Wissen austauschen, über Feuerspeien und Öl nachdenken) und andererseits die ständige **Präsenz des Themas Sexualität.** Die Fragen der Körperlichkeit, der Geschlechtsteile sowie Fragen der Beziehung zwischen Jungen und Mädchen sind ein wichtiges Thema zwischen den Kindern, das in dieser Klasse eher von den Mädchen ausgeht. (Wir wissen nicht, ob Ole die von Özgül genannte Episode wirklich erzählt hat, und wir wissen auch nicht, wie das Wort «Männlichkeit» in die Gespräche kam, ob es aus einer Fernsehsendung o.ä. übernommen wurde.) Tendenziell scheinen die Jungen bei diesem Thema eher in der antwortenden Rolle, sie reagieren mehr auf die Angebote der Mädchen, als daß sie selbst Impulse setzen. Und wenn die Jungen selbständig Aktivitäten zeigen, geht es eher um Macht und Konkurrenz. Die Mädchen aber spielen mit ihrer Macht über die Jungen. Sie verstehen es, die Jungen mit Themen aus dem Bereich der Sexualität und der Beziehung zwischen Jungen und Mädchen zu reizen. Die Jungen reagieren darauf in unterschiedlicher Weise, teilweise mit extremem Konkurrenzverhalten (Besser-sein-Wollen), teilweise mit dem Versuch, das Spiel der Mädchen mitzuspielen oder die Mädchen gar zu übertrumpfen (selbst mit sexuellen Wörtern zu prahlen, Liebesgeschichten zu erfinden...).

«Nina liebt Lukas!»

23.3.90. Ayse und Özgül arbeiten zusammen im Wörterheft (Lesematerial, das Aufgaben zum Zeichnen und Malen enthält, die erlesen werden müssen. Die richtige Zeichnung ist zugleich die Lernerfolgskontrolle). Es wird diskutiert, was man zu welchem Bild malen soll und wo das jeweilige Bildchen hin soll ... Ayse: «Was ist ein Ast?» Özgül: «Stock, Baum, Stock mit paar Blättern dran, nicht ganz viele.» ... Jan: «Singh, du liebst Nina.» Singh: «Nina liebt Lukas. Guck mal, ich bin erster fertig!» (Letzteres zu Ayse) Ayse: «Egal! Du willst ja nur erster sein.» Özgül: «Es muß schön sein!» Singh: «Ist ja schön!» ... Özgül zu Sida: «Guck mal!» Sie hält ihr Ayses Stift hin, der auf einer Seite abgeflacht ist vom großflächigen Malen. Ayse spielt Lippenstift damit. Jan: «Nina liebst du den Ole? Ole, die Nina liebt dich. Lukas, die Nina hat gesagt, daß sie den Ole liebt!» Das alles laut über drei Tische ... Jan: «Alle herhören, ein paar Jungen sind in die Mädchen verliebt!» Jan organisiert ein «Hackspiel» für die Pause, das er auf Nachfrage wie folgt erklärt: «Da nimmt einer eine Hacke und haut einen mittendurch, und dann muß der weitermachen» (also eine Art Nachlaufspiel). Er sucht ein paar Mädchen zum Mitmachen, Özgül meldet sich, Said will Katrin mitmachen lassen. Özgül und Ayse organisieren, daß alle Mädchen sich zum Mitmachen melden.

Wiederum geschieht gleichzeitig sehr Unterschiedliches (Diskussion um die Arbeit am Lesematerial, Thema Beziehungen, Umfunktionieren eines Farbstifts zum Lippenstift, Organisation von Pausenspielen ...). Diesmal geht die Initiative für das Thema «X liebt Y» von Jan aus. Er weist die aktive Rolle einem Jungen zu: «Singh, du liebst Nina.» Aber sein Verhalten hat wohl eher einen Hintergrund in seinen eigenen Konkurrenzgefühlen: Jan will Singh ärgern. Der reagiert in doppelter Abwehr: Einerseits antwortet er auf die Zumutung, er liebe Nina, mit der Behauptung, Nina liebe einen anderen Jungen (das kann heißen: also kann es keine Beziehung zwischen mir und Nina geben, das heißt aber zugleich auch: er weist die aktive Rolle einem Mädchen zu); und andererseits kommt sofort eine Reaktion auf der Linie «**Konkurrenz**»: Ich bin als erster fertig! Ayse (das älteste Mädchen) setzt dem die schulische Regel entgegen, daß es nicht auf die Schnelligkeit ankomme, sondern darauf, schön zu malen.

Jan heizt das Spiel weiter an. Und die Mädchen spielen ebenfalls mit: Sie wenden das Spiel auf die **Körperlichkeit**, auf die Lippen und das Betonen der Lippen durch den Lippenstift. Für Jan scheint das Thema zuviel zu werden, er muß es auf eine andere Ebene verlagern. Es geht nun nicht mehr um einzelne Kinder, sondern um *einige* Jungen, die in *die Mädchen* verliebt sind. Er versucht ein Pausenspiel zu organisieren. Sein Hackspiel, in dem er seine Überlegenheitsrolle zurückzugewinnen sucht, hat ausgesprochen aggressive Töne, ist aber zugleich als Nachlaufspiel durchaus geeignet, die Beziehung zu den Mädchen, denen er sich offensichtlich verbal nicht gewachsen fühlt, auf eine ihm verständliche körpernah handelnde Ebene zu bringen. Die Mädchen wiederum reagieren darauf in einer Form, die in der Folge zunehmend bedeutsam für sie wird: Sie organisieren sich (gemeinsam sind wir stark), und diese Form der Organisierung geht von den ältesten Mädchen aus.

Die Beziehungen zwischen Kindern im 1. Schuljahr

Petillon (1993 a, 29) stellte fest: «Besonders wenig ist darüber bekannt, wie Gleichaltrige zum Schulanfang miteinander umgehen. Informationen über Freundschaft, Kooperation, Einfluß, Ausschluß, Spielkontakte u.a. fehlen ebenso wie Hinweise auf die Art und Weise, wie Schulanfänger soziale Konflikte erleben und wie sie darauf reagieren.»

Eine erste Untersuchung zum sozialen Lernen im 1. Schuljahr wurde in den 20er Jahren in Wien vom Psychologischen Institut initiiert und ausgewertet. 30 Lehrerinnen und Lehrer an Wiener Volksschulen haben dabei nach einer Anleitung des Psychologischen Instituts Kinder der von ihnen betreuten 1. Klassen beobachtet. Diese Beobachtungsberichte wurden dann von Reiniger (1929) ausgewertet. Ergebnis dieser Untersuchung war zum einen die Beschreibung unterschiedlicher Typen der Kontaktaufnahme zwischen Kindern. Zum anderen wurde festgestellt, daß die Klasse noch keinen einheitlichen sozialen Verband bildet, sondern daß sich die Beziehungen der Kinder immer auf Gruppen von zwei bis sechs Kinder beziehen und häufig, in Abhängigkeit von der Situation, wechseln.

In einer neueren Untersuchung hat Hans Petillon über 200 Kinder aus 13 Klassen zu Beginn des ersten Schuljahres (ca. 6 Wochen nach Schulbeginn) und am Ende des 1. Schuljahres (ca. 8 Wochen vor Schuljahrende) sowie am Ende des 2. Schuljahres befragt, wie sie die Schule sehen, was ihnen wichtig ist, wer ihre Freunde sind. Dazu wurden die Kinder in Einzelinterviews aufgefordert, Geschichten zu erzählen, in denen sie in der Schule fröhlich, traurig, erschrocken oder wütend waren. Mit Hilfe eines Spiels wurde nach den Kontakten des befragten Kindes (Freundschaft, Spielkontakte, Sitznachbarschaft, Bezugspersonen), nach Konflikten (körperliche Aggression, Streit um Gegenstände, Bedrohung, Petzen) und nach der Wahrnehmung des Gruppengeschehens (Ausschluß, Diskriminierung/Hänseln, Führung) gefragt. Die Interviews über Freundschaft wurden durch Fotos aller Kinder der Klasse unterstützt. Das wichtigste Ergebnis seiner Untersuchung ist, daß weniger als 7% der von den Kindern zu Beginn und gegen Ende des ersten Schuljahres genannten Sozialereignisse sich auf den Lehrer oder die Lehrerin beziehen, über 30% beziehen sich auf die anderen Kinder, über 50% (mit zunehmender Tendenz) beziehen sich auf die Schule und deren Regeln. Außerdem kommt Petillon zu dem Ergebnis, daß für Jungen und Mädchen «zwei verschiedenartige soziale Welten» existieren: hier die robusten, raufenden Jungen, die ihre Rangordnung ‹ausfechten› und sich dabei auch weniger neuen Kontakten öffnen; dort die eher ruhigen Mädchen, die untereinander mit verbalen Mitteln (Hänseln) und dem Entzug von Vergünstigungen (Ausschluß) taktieren und gleichzeitig ein dichteres Netz an Sicherheit gewährenden Sozialkontakten entwickeln (Petillon 1993 a, 174 f). Petillon kommt zu dem Schluß, daß die Kontakte zwischen Jungen und Mädchen dadurch gekennzeichnet seien, «daß sich die beiden Geschlechter von Schulbeginn an in den meisten Fällen ignorieren» (Petillon 1993 a, 176) – ein Ergebnis, das vermutlich durch die Methode der Befragung ausgelöst wurde. In den Beobachtungen im Rahmen der hier dargestellten Untersuchung zeigten sich von Anfang an vielfältige Beziehungen zwischen Mädchen und Jungen, allerdings in höchst unterschiedlicher Qualität.

«Ich bin schon beim zweiten!»

Aus der Endphase des 1. Schuljahres sei noch über einen Tag genauer berichtet, weil es uns typisch erscheint, wie hier bestimmte Handlungsstränge von einzelnen Kindern immer wieder aufgegriffen und weitergeführt werden. Die Szenen zeigen einerseits die individuellen Eigenheiten einzelner Kinder, und sie zeigen, was die Kinder inzwischen gelernt haben, welche Themen und Probleme sie einzeln und/oder gemeinsam bearbeiten.

11.5.90. Die Lehrerin hat heute Schwierigkeiten mit ihrer Stimme. Die Kinder sollen deshalb leise an ihrem Tisch arbeiten. Außerdem steht am Ende des Schulvormittags die Verabschiedung von Jenny auf dem Programm. Jenny zieht mit ihren Eltern weg und ist heute zum letztenmal in der Klasse. Bis zu dieser Feier arbeiten alle Kinder an ihrem Wochenplan oder, soweit sie mit dem Wochenplan schon fertig sind, an anderen Angeboten oder selbstgewählten Aufgaben. Viele Kinder beschäftigen sich mit dem Lesematerial. Es besteht aus einzelnen Arbeitsblättern, die in einer bestimmten Reihenfolge abgeheftet und bearbeitet werden sollen. Auf jedem Arbeitsblatt geht es darum, Texte zu erlesen und dann die Aussage des gelesenen Satzes in ein Bild einzumalen (vgl. S. 64).

8.05 Uhr. Ich setze mich an Tisch 4 zu Nina, Singh, Lukas und Anne. Sie arbeiten am Lesematerial. Mir fällt auf, wie modisch Nina heute wieder angezogen ist: ein Kleid in den Farben Grün, Blau, Weiß und Gelb, dazu weiße Kniestrümpfe und eine weiße taillierte Stoffjacke, am linken Handgelenk ein Armband aus weißem Glitzertüll und im Haar eine gelbe Haarspange, die dafür sorgt, daß der Ohrring am linken Ohr sichtbar ist. Singh: «Ich bin schon beim zweiten!» Nina: «Ich auch!» Singh: «Ich bin aber schon weiter, weil ich schon hier (nächste Seite) bin.» Er liest: «Eine gute Birne. Eine gelbe Birne. Eine (betont). Was für eine?» Er zeigt zur Decke. Dort gibt es zwar nur Leuchtstoffröhren, aber er meint offensichtlich eine Glühbirne. Nina: «Die am Baum hängt.» Singh malt aber trotzdem eine Glühbirne (gelb mit schwarzem Sockel).

Hannes (von Tisch 5 aus) erzählt Lukas (Tisch 4), daß er die Studentin gestern mit ihrem Freund zusammen gesehen hat.

Nina liest und sagt dazu: «Zwei Puppen.» Sie malt: «'ne Puppe, die läuft.» Singh fragt Lukas: «Hast du meinen Stift gesehen?» Lukas: «Wieso?» Nina: «Mußt du spitzen. Ich geb dir einen Spitzer.» Sie nestelt ihren Spitzer aus ihrem Mäppchen. Singh nimmt aber seinen eigenen Spitzer heraus und geht zum Papierkorb, um seinen Stift zu spitzen. Dort trifft er auf Hannes und Lukas. Sie sprechen miteinander.

8.15 Uhr. Hannes kommt mit Lukas zusammen an Tisch 4. Offensichtlich hat Lukas Probleme, die einzelnen Blätter seines Lesematerials in die richtige Reihenfolge zu kriegen.

8.18 Uhr. Singh kommt vom Spitzen zurück. Lukas sortiert noch immer. Er sucht nach Blatt 1 und findet es nicht, denn die Arbeitsblätter, die er jetzt bearbeiten soll, fangen mit Blatt 15 an. Die Lehrerin schlägt vor, daß er mit einem Arbeitsblatt beginnen soll, sie will später dafür sorgen, daß die Arbeitsblätter in die richtige Reihenfolge kommen. Sie gibt Nina und Anne ein anderes Blatt (DIN A 3) zum Ausmalen (Buchstaben-Papagei). Lukas sortiert seine Blätter, hört und schaut aber immer wieder, was Benjamin und Hannes an Tisch 5 machen. Vor allem Benjamin liest so laut, daß es gar nicht zu überhören ist.

8.20 Uhr. Die Lehrerin nimmt Lukas die Blätter weg, denn inzwischen hatte er sich einen neuen Stapel geholt und nun beide ineinander verwurstelt. Singh arbeitet weiter am Lesematerial. Er hat inzwischen eine gelbe Birne, einen grünen Baum, eine blaue Blume, ein braunes Auto und einen roten Fisch gemalt, jedes Bild mit nur einer, aber der jeweils richtigen Farbe. Jetzt liest er: «Ein bunter Ball – alle Farben, wie ich will.» Die Lehrerin: «Benjamin, keiner ist so laut wie du heute.» (Was auch stimmt. Benjamin ist heute sehr laut, aber man muß sagen, er arbeitet und liest laut.)

Die Szene geht noch weiter, aber, damit es nicht zuviel wird, soll hier zunächst unterbrochen werden, um einige Interpretationen anzubieten. An der gesamten Szene fällt ein starker **Unterschied in den Verhaltensweisen von Nina und Singh** auf. Nina bezieht offensichtlich einen Teil ihres Selbstbewußtseins aus ihrem Aussehen, ihrer Kleidung (Kleidung als Selbstdarstellung in der Gruppe) und ihrem sozialen Können. Singh hat große Probleme mit seinem Selbstbewußtsein, fühlt sich offensichtlich oft minderwertig, muß sich aufwerten, indem er jede Situation nutzt, sich als besser darzustellen und öffentlich zu verkünden, wie weit er bereits ist: «Ich bin schon beim zweiten!» Auf Ninas Hinweis: «Ich auch!» muß Singh sofort nachhaken: «Ich bin schon weiter...» Nina geht auf dieses Konkurrenzgerangel nicht weiter ein (entweder, weil sie akzeptiert, daß Singh recht hat, oder weil sie keine Lust hat, sich weiter zu streiten). Sie bietet Singh jedoch bei der sachlichen Arbeit Hilfe an, indem sie auf seine Frage, welche Birne wohl gemeint sei, ihre Version erklärt. Aber, obwohl er gefragt hat und von Nina eine anderslautende Erklärung bekommen hat, bleibt Singh bei seiner Deutung. Es findet also keine wirkliche Auseinandersetzung statt. Es könnte sein, daß Nina für Singh sozial keine so große Bedeutung hat, daß er ihre Deutung übernimmt.

In diese Arbeit am Lesematerial hinein erzählt Hannes vom Nachbartisch, daß er am Vortag die Studentin mit ihrem Freund gesehen hat. **Die Beziehungen der Erwachsenen** sind für die Kinder wichtig und interessant, Teilhabe an diesem realen Leben der Erwachsenen wird gesucht. Das Ganze beiläufig, während die Arbeit weitergeht und Lukas mit sich selbst und seiner Ordnung kämpft und sich der Frage von Singh nach einem Stift verweigert. In dieser Situation bietet Nina sofort Hilfe an, die allerdings nicht angenommen wird. Man könnte hier schon von deutlichen geschlechtsspezifischen Unterschieden sprechen: Nina in der eher sozial zugewandten, helfenden Position, Singh eher in einer konkurrenzorientierten, aber zugleich auch hilflosen, Hilfe und Zuwendung suchenden Position, aber als Junge nicht unbedingt bereit, von einem Mädchen und speziell von Nina Hilfe anzunehmen. Und daneben gibt es am gleichen Tisch das Problem von Lukas, der als sehr leistungsorientiertes Kind zunehmend nervös wird, weil er mit dem Material und seiner Ordnung nicht zurechtkommt. Und bei Benjamin verselbständigt sich der Wunsch, eine anerkannte Leistung zu bringen, und zwar so weit, daß er nicht daran denken kann, was sein Lautlesen für die anderen bedeutet. Schauen wir, wie es weitergeht.

● Singh liest: «Oma liegt auf dem Sofa.» Er malt.

Von Tisch 5 höre ich ein Gespräch über Verwandtschaft. Benjamin erzählt was von der Oma. Norbert sagt: «Die Schwester vom Papi seiner Mutter.»

Singh liest laut: «Vater liest ein Buch.» Von Nina hört man weniger, was sie liest, kann aber an den schnell folgenden Zeichnungen feststellen, daß sie richtig gelesen hat. Dann steht Nina auf und geht zu Ayse.

Singh: «Was heißt das, Amsel?» Er kann offensichtlich das Wort lesen, verbindet aber keinen Sinn damit. Anne: «Das ist ein Vogel.» Singh fragt noch mal bei Lukas nach. Der bestätigt, daß das ein Vogel sei.

Singh: «Im Schuh ist eine Maus.» Er lacht und fängt an zu malen. «Guck, da sieht man ein bißchen! Die Ohren. Die ist ganz unten drin. Mehr sieht man nicht.» (Er hat einen Schuh gemalt und winzige Ohren, die oben rausgucken.) «Mutter trinkt Tee, da ist das Tee», dann zu Lukas: «Deine Mutter hat zu meiner Mutter gesagt, daß ich zu euch kommen darf, wenn meine Mutter mal nicht da ist.» Lukas zeigt keine Reaktion. «Susi ist ein Mädchen –?» (Offensichtlich kennt Singh den Namen Susi nicht.) Nina, die inzwischen wieder an ihrem Platz ist, nickt bestätigend: «Ich kenne ein Mädchen, das Susi...»

Singh kramt im Ranzen, er sucht offensichtlich etwas und murmelt vor sich hin: «Bestimmt verloren, was soll das sein?» (Er hat im Ranzen einen Zahlenstrahl mit den Zahlen von 1 bis 20 in die Hand bekommen und ihn nicht gleich als solchen erkannt, weil er die Rückseite angeschaut hat.)

Katrin kommt aus Richtung Papierkorb mit einer Spitzerhülle, die dort liegengeblieben ist. Sie haut sie auf Tisch 4. Offensichtlich hat sie mitgekriegt, daß Lukas und Singh am Papierkorb gespitzt haben. «Wem gehört's?» Singh: «Mir.» Er verstaut die Spitzerhülle in seinem Mäppchen und liest und malt weiter.

Singh: «Die Kinder baden. Im Schwimmbad?» Lukas: «Im Schwimmbad.» Singh: «Ich geh immer nach der Schule ins Schwimmbad.» Lukas: «Treffen wir uns dann.»

Die Texte und Aufgaben lösen **Assoziationen** aus. Ein Vater oder eine Oma im Text veranlassen die Kinder, von der eigenen Verwandtschaft zu erzählen, eine Mutter im Text erinnert Singh daran, daß seine und Lukas' Mutter miteinander gesprochen haben, ein Schwimmbad im Text führt zu einer Vereinbarung für den Nachmittag. Einige der ausländischen Kinder haben bei solchen Aufgaben durchaus **Sprachschwierigkeiten**, sei es im Verständnis einzelner Begriffe, sei es auch in der Grammatik (*das* Tee). Aber diese Schwierigkeiten klären sich eigentlich en passant, d.h., die Kinder helfen und belehren sich gegenseitig, wobei für Singh die Aussage von Anne noch nicht reicht (wiederum: weil Anne ein Mädchen ist, vgl. die Szene mit Nina und der Glühbirne?). Am Anfang des ersten Schuljahres hätte er sicher die Lehrerin gefragt. Nun fragt er Lukas, einen Jungen, der bei den anderen für sein Wissen bekannt und anerkannt ist.

Und Singh kann auch inzwischen Katrins reichlich rüde wirkenden Erziehungsversuch ertragen (zumindest in dieser Situation), ohne sofort mit Aggression zu reagieren, und kann auch ein Stück weit Ninas Hilfe akzeptieren (bei der Frage, ob Susi ein Mädchen ist).

Und noch zwei Dinge scheinen uns an diesen Szenen spannend: Die intelligente Art, wie Singh eine Zeichenaufgabe löst (nur die Ohren der Maus schauen aus dem Schuh) und sich Arbeit spart, was ja zugleich für ihn bedeutet, daß er wieder schneller vorwärtskommt und sich damit brüsten kann, mehr geleistet zu haben als andere. Und an Nina läßt sich beobachten, wie stark bestimmte Vorhaben die Kinder den ganzen Vormittag beschäftigen. Ihr kurzer Gang zu Ayse hat, wie die weiteren Szenen zeigen, etwas damit zu tun, daß sie mit Ayse ein Kaufladenspiel vereinbaren wollte.

● Anne meint, Singh müsse doch auch am Buchstaben-Papagei arbeiten. Singh: «Ich bin doch längst fertig! Schon lange, lange fertig!» Nina (bezogen auf die Papageien): «Lukas und ich sind gleich weit.» Singh: «Lukas ist weiter.» Anne: «Lukas ist viel weiter.» (Was stimmt, Anne ist übrigens noch gar nicht weit.)

Anne und Nina unterhalten sich über Stifte. Nina sagt, daß sie am 31. Mai Geburtstag hat. Sie malt weiter. Pustet über die frisch gemalten Flächen, damit sie trocken werden (sie malt mit Filzstiften).

Singh: «Ich bin schon hier» (er zählt die Seiten in seinem Leseheft), «eins, zwei, drei... sieben, acht.»

Lukas sortiert seine Stifte. Anne: «Äääh, ich hab die gleichen, du Klauer, du Stifteklauer!» Beide amüsieren sich, denn da ja die Stifte zweimal vorhanden sind, ist klar, daß das mit dem Klauer ein Scherz ist.

Singh: «Rat mal, wer gestern da war?» (an mich gerichtet). «Nicht verraten!» (an Lukas gerichtet). Ich versuche die Möglichkeiten einzugrenzen: «Ein Mensch?» Er verneint. «Ein Tier?» Er verneint. «Die Kindergartenkinder! Rat mal, von welchem Kindergarten?» Das kann ich nicht raten, da ich gar nicht weiß, welche Kindergärten es im Stadtteil gibt. Aber es dauert eine ganze Zeit, bis ich an seinen Augen sehe, daß er verstanden hat. Dann merkt er, daß er selbst nicht weiß, wie der Kindergarten heißt, und es mir also auch nicht sagen kann. (Vermutlich weiß er nur, wo der Kindergarten sich befindet.) Er geht zu Hannes und fragt ihn, kommt zurück und sagt: «Willenszoof.» Ich sage und schreibe: «Willemshof», aber damit ist er nicht einverstanden, hält meine Schreibweise für falsch. (Richtig muß es heißen: Wilhelmshof. Offensichtlich hat Singh das h von hof nicht gehört und wollte unbedingt, daß ich das langgezogene o deutlich kennzeichne.)

Zwischendurch schwappt wieder ein anderes Gespräch von anderen Tischen an unseren Tisch 4 über: «Der ist verknutscht.» Ich frage nach. Singh: «Niemand ist mit niemand verknutscht» (offensichtlich nicht für erwachsene Ohren bestimmt).

Singh liest und malt weiter: «Ich gehe auf die Wiese. Da sind viele Blumen. Da sind ganz viele Blumen (ganz steht nicht da). Stimmt's?» Er wiederholt die beiden Sätze auswendig. «Stimmt's? Ich hab gar nicht hingeschaut.» Er malt grünes Gras und bunte Blumen.

Es entsteht wieder ein Gespräch, wer wen liebt. Singh ruft plötzlich laut: «Elfter! Was vergessen!» Er rennt los zum Kalender und steckt die 11 für das heutige Datum an. (Gibt es einen Kalenderdienst und ist Singh dran, oder wollte er nur etwas in Ordnung bringen, auch wenn er nicht dafür verantwortlich war?) Lukas und Ole kommen am Kalender hinzu. Ich höre, daß es wieder mal um Geburtstage geht. Lukas (zu Singh): «Sei doch nicht immer so ungeduldig!» Dann geht es um Geschwister. Lukas besteht darauf, daß er einen Bruder hat, Torsten, wenn ich richtig verstanden habe.

Singh kommt zurück und sagt zu mir: «Weißt du was? Der Ole liebt die Meike. Die kannst du nicht kennen, die hat Sommersprossen.»

Nina hat inzwischen ihren Buchstaben-Papagei fertig. Sie hat sich mit Ayse zusammengetan und ist nun mit ihr in der «Bank» (wichtigstes Requisit: ein Kasten mit Spielgeld). Rebecca steht im Kaufladen und sortiert dort die «Waren». Singh als ersten Käufer wehrt sie ab: «Es ist zu!» – «Offen!» – «Zu!» – «Offen!» – «Zu!» Rebecca setzt sich durch. Singh versucht weiter, in die Kaufladengruppe hineinzukommen. Er steht nebendran, tritt von einem Fuß auf den anderen. Die anderen ignorieren ihn, aber ohne ihn wegzuschicken.

Die Lehrerin kommt. Singh soll erst seinen Platz aufräumen. Er geht an seinen Tisch zurück, holt sein Leseheft und verstaut es.

Rebecca ruft laut: «Wer will was kaufen?» Singh geht hin und fragt: «Jetzt?» Rebecca: «Ja.» (Recht ungeduldig, schließlich hat sie ja lauthals die Öffnung des Ladens verkündet.) Das Spiel beginnt. Ziemlich schnell weist Rebecca Singh zurecht: «Man darf nichts anfassen!» (Er hat über die Theke hinweg ins Regal gegriffen, und dort hat nur die Kauffrau was zu suchen!) ●

Singhs Versuch, dazuzugehören und beim **Rollenspiel** «Kaufladen» mitzuspielen, gelingt nur teilweise und nur, wenn er gewisse Reglementierungen der Mädchen ihm gegenüber akzeptiert. Seine Bereitschaft, sich hier den Mädchen anzupassen, ist um so bemerkenswerter, als Singh ja bei den schulischen Aufgaben die Hilfe der Mädchen meist nicht angenommen hat. Das belegt, wie attraktiv diese Spiele sind, wie wichtig es ist, dabeizusein, dazuzugehören. Und wie sehr die Freiwilligkeit verlangt, eine Einigung auszuhandeln. In der Simulation bleibt die Realität präsent (auch im Laden mit Bedienung darf man nicht einfach über die Theke greifen), gelernt wird also sachlich und sozial, oder noch genauer: Sachlich gelernt wird gerade in und durch die soziale Situation des Spiels und den Wunsch dabeizusein.

Nina ist bei Ayse am Tisch 3. Sie zeigt ihr am Kalender, daß sie am 31. Mai Geburtstag hat.

«Cool oder schwul» wird in der Klasse diskutiert. Die Studentin fragt zurück, was schwul heißt. Sandra: «Schwul ist, wenn man besoffen ist.» Norbert: «Ich weiß, was das ist, wenn zwei Männer sich küssen.» Ein anderes Kind fragt: «Wer hat seiner Mama einen Kuß gegeben? Wer hat der Frau Kurth einen Kuß gegeben?» Pit geht mit dem Gesicht ganz nah an die Tafel und malt einen Penis. Ayse gibt der Referendarin mehrere herzliche Küsse.

Cool oder schwul ist zunächst ein Wortspiel, wie Kinder es in diesem Alter, in dem sie die Gleichheit, Ähnlichkeit oder Verschiedenheit von Wörtern entdecken, lieben. Es ist aber zugleich auch Auseinandersetzung mit einem interessanten Thema, das um so interessanter wird, da es sich nur zu oft als Tabuthema erweist. Andeutungen und Stimmungen signalisieren, daß es sich bei dem Thema «schwul» um etwas Besonderes handelt. Im kindlichen **Reden und Spielen** wird ausprobiert, ob man bestimmte Reaktionen und Antworten provozieren kann. Die Rückfrage der Referendarin zeigt, daß keine klaren Vorstellungen vorhanden sind. Für Sandra ist nur klar, daß es sich um etwas handelt, was man nicht macht oder was zumindest einen Ausrutscher darstellt (schwul = besoffen). Norbert bringt schwul bereits mit körperlicher Berührung von Männern zusammen, wobei allerdings die Definition durch das Küssen zwiespältig ist, denn damit wird auch eine bei Begrüßungen und Gratulationen durchaus übliche Form der körperlichen Berührung, das Küssen, in diese Tabuisierung einbezogen. Das scheinen einige andere zu empfinden, wenn sie nun das Thema auf andere Situationen ausweiten (wer hat seiner Mama, der Frau Kurth einen Kuß gegeben?). Und Ayse zeigt direkt, was sie davon hält: Sie küßt ihre Lehrerin. **Körperkontakt** als Ausdruck der Zärtlichkeit und Zuneigung und Körperkontakt als Ausdruck geschlechtlicher Wünsche sind hier das Thema: Kinder müssen aus ihren Beobachtungen, aus aufgeschnappten Sprachfetzen und dem diffusen, nur zu oft Tabu signalisierenden Äußerungen der Erwachsenen erst ihre Vorstellungen entwickeln. Und Pit zeigt, daß ihm die direkte Beziehung dieses Themas zu geschlechtlicher Sexualität durchaus klar ist. Da keiner hier ärgerlich, abweisend oder zurechtweisend reagiert, ist die Situation eine wie viele, die bald durch andere Situationen, Fragen und Interessen überholt ist.

Nach der Pause. Singh kommt an Tisch 4. Dort fehlt an seinem Platz der Stuhl. Vermutlich ist er zum Rollenspiel in die «Bank» transportiert worden. Singh geht zu Tisch 5 und nimmt sich Benjamins Stuhl. Der aber kommt gerade, kriegt das mit und greift nach «seinem» Stuhl. Das Gerangel beginnt. Benjamin scheint, trotz seiner körperlichen Unterlegenheit gegenüber dem relativ großen Singh, wild entschlossen, seinen Stuhl zu verteidigen. Nina kommt mit einem anderen Stuhl und bietet ihn Benjamin an. Benjamin aber will «seinen» Stuhl. Nina: «Ist doch egal!» Die Lehrerin unterbricht. Benjamin gibt wütend nach.

In den Konflikten stoßen immer wieder Wünsche und Bedürfnisse einzelner Kinder auf die Wünsche und Bedürfnisse anderer Kinder. Im aktuellen **Konflikt** zwischen Singh und Benjamin geht es um die Stühle oder besser: um den eigenen Stuhl. Wiederum bietet Nina eine Lösung an: Sie bringt einen Stuhl. Dahinter könnte stekken, daß Nina sehr wohl weiß, wo Singhs Stuhl hingekommen ist (vermutlich wurde er als Requisit für das Rollenspiel «Bank» benutzt, bei dem Nina ja mitspielte), und sich deshalb für eine Konfliktlösung zuständig fühlt. Vielleicht sind es aber auch nur ihre Bereitschaft und Fähigkeit, soziale Situationen harmonisch zu gestalten, die sie hier tätig werden lassen. Benjamin wiederum weist dieses Angebot harsch zurück. Er will nicht *einen* Stuhl, er will *seinen* Stuhl. Der Konflikt wird nicht gelöst, sondern durch die Lehrerin unterbrochen. Er wurde wohl deshalb so scharf, weil der eigene Stuhl etwas mit dem gesicherten Platz im Sozialgefüge der Klasse zu tun hat. Der Stuhl ist so etwas wie ein eigenes Territorium, das einem niemand streitig machen darf. Und sosehr Benjamin in der Lage wäre, in einer anderen Situation, in der er nicht beteiligt ist, rational zu argumentieren, Stuhl sei Stuhl, die Hauptsache, man habe einen, sosehr versteift er sich hier auf seinen Stuhl, auf sein Recht.

Ein Rückblick auf das erste Schuljahr

Am Ende des ersten Schuljahres – so könnte man zusammenfassen – gibt es so etwas wie ein klar erkennbares Sozialgefüge «Klasse», in dem sich die einzelnen Kinder sicher bewegen. Sie kennen die Regeln, wissen, wie die Erwachsenen reagieren und welche Freiräume sie selbst haben. Sie haben einen klaren und einschätzbaren Platz im Sozialgefüge, von dem aus sie agieren und ihre eigenen Beziehungen und Handlungsvorstellungen gestalten können. Noch immer überwiegen die egozentrischen Reaktionen, aber es gibt auch schon viel Gegenseitigkeit, sei es im selbstverständlichen Helfen, in freundschaftlichen Beziehungen oder in Disziplinierungs- und Erziehungsversuchen.

Wichtig und für das erste Schuljahr typisch erscheinen uns aber vor allem folgende Punkte:

Durchgängig sind in einer Situation immer mehrere Ebenen präsent. Wichtige Themen wie Konkurrenz, Liebe und Sexualität, Freundschaftsbeziehungen wirken in jedes Unterrichtsthema hinein, durchziehen den gesamten Schultag, sowohl bei der Arbeit an den Gruppentischen als auch beim Spiel und in der Pause. Sie werden miteinander vermischt und treten immer wieder in anderen Zusammenhängen auf, werden variiert und durchgespielt.

Neben individuellen Unterschieden sind vor allem auch geschlechtsspezifische Unterschiede bedeutsam. Jungen agieren eher über Bewegung, Aktion und Konkurrenz, Mädchen eher sozial-harmonisierend, aber auch mit starken Beziehungswünschen und entsprechenden Auseinandersetzungen.

Die Gruppe der Kinder wird zunehmend bedeutsam für das Verhalten. Die Regulierung des Verhaltens erfolgt in vielen Situationen durch die Kinder selbst und untereinander. Die Kinder erziehen sich gegenseitig, weisen andere auf die Regeln und auf richtiges Verhalten hin.

Konflikte zwischen Kindern nehmen viel Zeit in Anspruch. Für Konflikte gibt es zwar inzwischen einige Lösungsmodelle, aber die funktionieren beileibe nicht immer. Und sosehr jedes Kind die allgemeinen Regeln kennt und auch bereit und in der Lage ist, sie anderen gegenüber zu benennen und durchzusetzen, sosehr werden dieselben Regeln zum Problem, wenn man selbst betroffen ist.

Das Rollenspiel gewinnt zunehmend eine wichtige Funktion auf dem Schnittpunkt zwischen inhaltlichem Lernen (was muß man beim Einkaufen, beim Verkaufen beachten, wie funktioniert eine Bank...), freundschaftlichen Beziehungen und den sozialen Beziehungen zwischen der ganzen Gruppe.

Das zweite Schuljahr

Vom Beginn des zweiten Schuljahres werden nachfolgend die beiden ersten Tage relativ genau dargestellt. Einerseits, weil diese Tage für die Kinder eine besondere Bedeutung haben: Sie erleben direkt, daß sie wieder größer geworden sind, einen neuen Status erlangt haben. Sie sind nun nicht mehr die Kleinsten in der Schule. Es gibt neue Schulanfänger, denen sie zeigen können, daß sie die Älteren sind und daß sie mehr können, z. B. schon das Alphabet beherrschen. Andererseits eignen sich die beiden ersten Tage besonders gut, um sie mit den ersten Tagen im ersten Schuljahr zu vergleichen und daran zu sehen, was sich verändert hat, was die Kinder gelernt, wie sie sich an die Schule angepaßt und sozial entwickelt haben.

Der erste Tag im zweiten Schuljahr

20. 8. 90. In diesem Schuljahr findet der Unterricht nicht mehr im Anfängertrakt statt, weil der ja für die nächsten Schulanfänger zur Verfügung stehen muß. Die Kinder sammeln sich vor dem Eingang zu den neuen Klassenräumen. Hannes spielt mit Said, Ole und einem anderen Jungen «Ochs am Berg». Die Mädchen stehen zusammen, direkt an der Tür. Ayse schaut etwas irritiert. Ich (G. B.) begrüße sie und frage, wann sie aus der Türkei zurückgekommen ist. «Gestern», und die Fahrt war so lang und so heiß, erzählt sie, mit fünf Personen und Gepäck in einem Pkw. Hannes, Benjamin und Norbert stehen beieinander. Sie vergleichen ihre Größe. «Soviel größer bin ich», sagt Hannes und zeigt mit den Händen, was er meint. Norbert legt den

Arm um Benjamin. Ein bißchen sieht es aus, als demonstriere er, wie klein Benjamin ist, und ein bißchen wirkt es wie eine Demonstration von Freundschaft (was soll's, daß du klein bist, ich mag dich).

Katrin und Rebecca kommen zu mir. Katrin: «Muß der Singh das 1. Schuljahr wiederholen?» – «Nein, wieso?» – «Weil er da drüben steht» (vor dem Eingang zum Anfängertrakt). «Sag ihm doch Bescheid.» Katrin und Rebecca rennen los und holen Singh. Der kommt nun, leicht irritiert, zu den anderen. Norbert, Ole und Jan fangen gleich an, ihn zu ärgern (fast nur über Körpersprache zu erkennen, was dabei gesprochen wird, kann ich nicht hören). Singh reagiert sauer, erst droht er, dann beginnt die Treterei (noch ohne jemand zu treffen). Als Singh sieht, daß ich ihn beobachte, hält er sich zurück. Es beginnt eine Art Nachlauf. Norbert «rettet» sich in meine Arme: «Hilfe, Frau Beck.» (Ich habe den Eindruck, er macht es extra, um Singh zu ärgern.)

Ole rennt auf mich zu und umarmt mich zur Begrüßung. Ich habe den Eindruck, daß er sich freut, wieder in der Schule zu sein.

Der Wechsel vom Anfängertrakt in die Klassenräume des 2. Schuljahres ist eine Statusveränderung, ein Aufstieg. Räumlich wird erfahrbar, daß man nun nicht mehr zu den Kleinsten in der Schule zählt. Der «Umzug» ist in den Ferien von der Lehrerin durchgeführt worden. Trotzdem wissen fast alle Kinder, wo sie sich aufzustellen haben, wo ihr neues Domizil ist. Ein ganzes Stück **funktionierender Sozialität** zeigt sich hier, das Bewußtsein dazuzugehören. Das Wissen, wie man sich hier verhält, bietet Sicherheit. Und daß Singh als einziger nicht weiß, wo das zweite Schuljahr sich trifft, zeigt deutlich, daß er immer ein bißchen am Rande der Gruppe steht. Typisch ist auch, daß gerade Katrin diesen «Fehler» Singhs bemerkt. Sie hatte ja selbst das 1. Schuljahr wiederholen müssen und fände es deshalb vielleicht ganz gut, wenn so etwas anderen auch passierte. In der neuen, nun «eigenen» Ecke des Schulhofs bilden sich die üblichen Spielgruppen, nach Jungen und Mädchen getrennt. Trotzdem muß man auch ein bißchen wieder zusammenfinden, da die Ferien und die Erlebnisse in dieser Zeit sehr verschieden waren. Kinder wie Ayse stehen noch unter dem Eindruck ihrer Erlebnisse, sind noch nicht ganz angekommen, Kinder wie Ole warten vielleicht schon seit Tagen darauf, daß die Schule wieder anfängt.

Dann kommt Frau Walter, und alle gehen in den neuen Klassenraum, der zu ebener Erde liegt. Aus den Fenstern kann man auf den Schulhof und in den Garten schauen. Im Klassenraum stehen drei 6er-Tischgruppen und eine 4er-Tischgruppe, und zwar so, daß man von allen Plätzen aus einigermaßen auf die Tafel blicken kann. An der hinteren Wand sind zwei Regale mit dem Rücken aneinandergestellt, durch die zur Gartenseite hin eine kleine Sitz- und Spielecke entsteht. Rechts davon steht der Kaufladen. Vor den Fenstern an der Gartenseite stehen die Schreibmaschinen. Sonst ist noch nicht viel «eingerichtet».

Die Lehrerin ruft alle in einen Kreis vor der Tafel und beginnt mit dem Satz: «Alle sind wieder da!» und begrüßt anschließend jedes einzelne Kind: «Die Katrin ist wieder da, der Singh ist da...» Alle Kinder, die die Lehrerin beim Namen nennt, antworten mit «Ja». Bei einzelnen Kindern fragt die Lehrerin etwas Persönliches (z.B. bei Hannes, der heiser ist, wo er seine Stimme gelassen habe) oder weist auf etwas hin («Die Ayse war weit fort!»). Die Lehrerin beendet die Nennung der Namen mit der Frage: «Und wir sind in der Klasse 2...?» Jemand sagt:«2a!»; aber Ole ist sich sicher: «2c!». Zum Schluß dieser Runde läßt die Lehrerin abzählen, ob alle da sind: 1, 2, ... 21. Benjamin, der als letzter dran ist: «21. Ich bin der Älteste!» Danach wird überprüft, ob auch die Stofftiere und Puppen alle da sind: Loni, Lino, Otto, Toni... Alle werden genannt und in die Mitte des Kreises auf den Boden gesetzt.

Auch am 1. Schultag vor einem Jahr gab es den **Kreis**. Der Kreis hat verschiedene symbolische Bedeutungen. Sie lassen sich aber wohl in einem Aspekt zusammenfassen: Er ist Sinnbild des In-sich-Geschlossenen. Im Kreis sitzen die, die dazugehören, die zusammengehören. Der geschlossene Kreis schützt vor der Außenwelt, indem er Ordnung schafft. Die Mitte des Kreises bleibt leer und wird erst später als Platz für die Stofftiere und Puppen benutzt. Die Lehrerin sitzt mit im Kreis. Das kann auch so verstanden werden, daß die Gleichheit betont wird und daß durch die Lehrerin die Gemeinsamkeit und der Schutz für alle gewährleistet ist.

Mit der Nennung der Namen hatte auch der erste Schultag vor einem Jahr begonnen. Damals waren die Namen auf Kärtchen geschrieben, und jedes Kind war sich nur seines eigenen Namens sicher. Jetzt sind alle Namen bekannt. «Rebecca ist wieder da», heißt: «Ich erkenne dich wieder.» und: «Du gehörst zu uns, ohne dich wären wir unvollständig.» Die Lehrerin stellt, indem sie reihum die Namen aller Kinder nennt, zwischen sich und den Kindern wieder die alte Beziehung her, eine Beziehung, die deutlich von ihr ausgeht, in die aber jedes Kind gleichermaßen einbezogen ist. (Eine denkbare Alternative wäre gewesen, die Kinder nach dem Namen der anderen zu fragen und sie sich gegenseitig nennen zu lassen. Aber ob dann alle gleichermaßen benannt worden wären?)

Gelegentlich durchbricht die Lehrerin die Regel, daß die Kinder erst in der zweiten Runde erzählen dürfen, und fragt einzelne. Das weist im Kern noch auf ein anderes spürbares Bemühen der Lehrerin hin, nämlich alle Kinder einzeln wahr- und ernst zu nehmen, sie hervorzuheben und sie dennoch gleich zu behandeln. Ein wichtiges Prinzip des Zusammenlebens in dieser Klasse wird wieder sichtbar und direkt erlebbar.

Mit der «2c» ist der Sozialverband, der Ort des gemeinsamen Lebens und Lernens benannt, in der 2c die gemeinsame Ordnung ins Bewußtsein gerufen. Zu dieser Ordnung gehören in diesem Fall aber auch die Stofftiere und Puppen. Auch sie werden einzeln aufgerufen, und mit den Stofftieren und Puppen wird zugleich ein spezifisches Stück Lebendigkeit ins Spiel gebracht, das die Kultur dieser Klasse charakterisiert. Die Lehrerin erzählt zu dem einen oder anderen Tier eine kurze witzige Geschichte oder einen witzigen Satz. Erkennbar wird, daß die Tiere dazugehören, daß sie Teil der Klassengemeinschaft sind, daß Schule mit ihnen Spaß macht.

«Wißt ihr denn noch, was der Otto gemacht hat?» fragt die Lehrerin und schlägt damit einen Bogen über die Ferien.

Jetzt darf jedes Kind, das möchte, etwas erzählen, aber jedes soll nur eine Sache erzählen, die für es besonders wichtig war oder ist. Ole erzählt, daß sie am Meer waren, und alle, auch die Erwachsenen hatten Angst, daß Haifische kommen, weil es so große Wellen gab. Und er hat einen Fisch gefangen, mit der Hand! Singh erzählt von einer Fahrt nach Bremerhaven und daß er Bauchschmerzen hatte und daß sie zwei Stunden Pause gemacht haben und auf dem Flohmarkt waren. Said erzählt von einer Fahrt nach Hamburg. Anne will nichts erzählen. Nina erzählt, daß sie in der DDR waren. Ayse erzählt eine längere Geschichte aus der Türkei. Nicht alles ist zu verstehen. Es geht um vier Räuber, die das Haus überfallen haben, als die Kinder allein waren, mit vielen Einzelheiten (eine Lampe in der Hand, ein Mann und noch ein Mann und eine Kuh, ein Hund...). Özgül will erst nichts erzählen. Dann erzählt sie doch vom Freund ihres Bruders in der Türkei, der sich dreimal mit dem Messer in den Arm gestochen hat und dreimal operiert werden mußte. Salia erzählt von einem Besuch aus Österreich, Rebecca, daß sie mit dem Papa auf dem Fußballplatz war. Sandra war in Schweden, und der Papa hat einen Elch (und noch andere Tiere) gesehen. Katrin erzählt, daß der Papa ins Krankenhaus mußte, er bekam keine Luft mehr, aber er kommt bald wieder raus. Benjamin erzählt, daß er Malnehmen gelernt hat. Hannes war in Spanien und erzählt, daß er einen Tintenfisch mit seinem Füller verwechselt habe und der ihn vollgespritzt habe. Benedikt: «Ich habe nur ein neues Meerschweinchen.» Frank will nichts erzählen. Norbert erzählt von einem Ferienhaus und einem Freibad mit Rutsche. «Und da hatte ich auch einen Freund.» Jan: «Jugoslawien. Mehr verrat ich nicht.» Sida erzählt von Berlin und vom Malen. Lukas will nichts erzählen. Markus: «Ich war nur zu Hause.» Pit: «Nein, du warst nicht zu Hause, du warst in DDR!» – «Nur vier Tage.» – Pit will nichts erzählen.

Viele der Erzählungen sind in ihrem Inhalt nicht klar und für die Zuhörer nicht verständlich. Aber sie haben wohl eine andere Funktion: Es geht nicht so sehr um die einzelnen Erlebnisse, sondern darum, überhaupt zu Wort zu kommen, sich darzustellen, **wahrgenommen zu werden und die anderen wieder wahrzunehmen.** Diese Funktion wird noch dadurch unterstützt, daß nicht nachgefragt, geklärt wird, was wirklich geschehen ist. Im Zentrum steht also die Bedeutung für die erzählenden Kinder. Für viele gehört hierzu, weit fort gewesen zu sein, etwas erlebt zu haben, was außerhalb des Sozialverbandes der Klasse liegt. «Weit fort» wird so zum Synonym für etwas Besonderes, teilweise sogar etwas Gefährliches. Jan sagt: «Wir mußten aber ganz schön lange fahren.» Die Konkurrenz darüber, wer am weitesten weg war, am längsten fahren mußte, hat zur gedanklichen Voraussetzung die Besonderheit und Einmaligkeit, ja Gefährlichkeit der Fahrt. Je weiter weg, desto größer die eigene Bedeutung und die eigene Leistung.

Und entsprechend reagieren die Kinder, die nicht über solche weiten und gefährlichen Abenteuer berichten können, als könnten sie *nur* über etwas Minderwertiges erzählen. Benedikt hat *nur* ein neues Meerschweinchen bekommen. Vor allem aber die Bemerkung von Markus, er sei *nur zu Hause* gewesen, macht das Mißverständnis deutlich: Markus, der mit seiner Mutter im Oktober 1989 aus der DDR gekommen war, empfindet die Fahrt dorthin noch immer als eine Fahrt «nach Hause», und eine Fahrt «nach Hause» wiederum kann ja nichts Besonderes sein, selbst wenn sie länger dauert und in eine weit entfernte Region führt (vgl. die Reaktion von Nina, die in der DDR war und das als erzählenswert empfindet). Benjamin wiederum hat einen guten «Trick» gefunden: Er kann und will zwar auch nicht von einer weiten Reise berichten, aber er hat etwas gelernt, was seine Stellung als Mathe-Spezialist in der Klasse verstärken kann: Er hat Malnehmen gelernt, etwas, was die anderen jetzt noch vor sich haben. Damit stellt er sich nicht nur dar als einer, der in den vergangenen Ferien außerhalb der Schule etwas Besonderes erlebt hat, sondern auch als einer, der in der nahen Zukunft in der Schule besonders leistungsfähig sein wird.

Nachdem jedes Kind, das wollte, etwas erzählen konnte, holt die Lehrerin aus dem Korb eine hölzerne Maus, die den Kopf bewegen kann (Marionette). «Ich bin schon alt», sagt die Maus und erzählt, daß sie früher schon mal in der Schule war. Özgül: «Wo warst du die ganze Zeit?» – «Bei der Frau Walter.» Hannes: «Da warst du noch jünger.» Özgül holt Mimi, die Stoffmaus, und setzt sie so hin, daß die beiden Mäuse sich sehen können. Hannes will die neue Maus anfassen. Frau Walter: «Vorsichtig! Du weißt, ich bin alt.» Dann erklärt die Lehrerin, daß es im 2. Schuljahr jeden Montag eine Kinderzeitung gibt, in der auch Aufgaben stehen, die bis zum Freitag gemacht werden sollen (Wochenplan), und teilt die Nr. 1 aus. Darauf steht auch, «wie die neue Maus heißt» (der Name wird nicht genannt, es wird erwartet, daß jedes Kind ihn lesen kann). Außerdem werden zwei Blätter ausgeteilt, ein Brief an die Eltern und eine Materialliste. Und alle Kinder sollen noch den Stundenplan abschreiben.

Die Holzmaus wird vorgestellt wie die anderen Stofftiere und Puppen, die ja für die Kinder «lebendig» sind. Özgül und andere gehen darauf ein. Gleichzeitig ist diese Maus auch ein **Zeichen, das man verstehen muß**: das Signet einer Klassenzeitung. Das heißt, es gibt die Maus viermal: 1. als reale Maus, 2. als Stofftier, das der realen Maus noch sehr ähnlich sieht, 3. als stilisierte Holz-Marionette und 4. als Signet. Jede dieser Formen ist gegenüber der vorherigen eine Abstraktion. Diese Ebenen sind für die Kinder gleichzeitig präsent, in der konkreten Situation ist es aber notwendig zu wissen, auf welcher Ebene die Lehrerin oder andere Kinder gerade denken und handeln, um sich in die Interaktionen einfädeln zu können.

Jetzt im zweiten Schuljahr wird bereits einiges an Können vorausgesetzt. Die Kinder müssen z. B. in der Lage sein, die Zeitung zu lesen, sonst wissen sie nicht, wie die neue Maus heißt. Was gelernt wurde, braucht man nun, denn für die zukünftige Arbeit in der Klasse – das macht die Zeitung deutlich – ist Lesenkönnen eine Voraussetzung. Wer jetzt nicht lesen kann, wird Schwierigkeiten haben, seine Aufgaben oder wichtige Mitteilungen zu verstehen.

Kinderzeitung

Nr. 1

Hallo, Kinder!

Willkommen in der 2. Klasse. Diese Zeitung kommt jetzt jede Woche mit vielen Geschichten, Rätseln und Aufgaben zu euch. Bis zum Freitag soll dann immer alles fertig sein. Ihr habt Zeit, in der Schule und zu Hause daran zu arbeiten. Heute bekommt ihr den Stundenplan, und ich habe aufgeschrieben, was ihr alles im 2. Schuljahr braucht.

Viel Spaß in der Klasse 2c!

In der 2. Klasse zu sein heißt also nicht nur, größer und angesehener zu sein, sondern auch bestimmte Dinge können zu müssen.

Dann geht es in die Gymnastikhalle zum Üben für morgen, für die Aufnahmefeier für die Schulanfänger. Die Zweitkläßler sollen/wollen den Flummitanz und den Robotertanz (vgl. 6. 10. 89) sowie einige Paartänze vorführen. Außerdem haben sie große Pappschilder mit Buchstaben (N = Nashorn, P = Papagei…) gemalt und kleine Buchstabenverschen dazu gelernt. In der Gymnastikhalle üben nicht nur die Kinder der 2c, sondern auch andere Zweitkläßler. Said macht nicht mit. Die Lehrerin hatte ihn beim letztenmal ausgeschlossen, weil er nur Unsinn gemacht hatte. Heute hat sie ihn nun gefragt, ob er mitmachen wolle. Said hat lange überlegt, weil er wußte, daß «Mitmachenwollen» auch bedeutete, sich anzupassen und einzufügen, keinen Quatsch zu machen, und er hat sich für Nichtmitmachen entschieden. Während der langen Übungszeit für die Buchstabenverschen bleiben alle relativ diszipliniert. Özgül übernimmt wieder eine Hilfslehrerfunktion und ruft immer auf, welcher Buchstabe nun dran ist, verschläft aber dann ihren eigenen Buchstaben.

Erstaunlich ist, wie die Kinder, die ja jetzt sechs Wochen lang nicht geübt haben, sich in die gemeinsame Aufgabe einfügen können, wie sie trotz der langen Zeit ihre Buchstabenverschen beherrschen. Das hängt wohl damit zusammen, daß der Auftritt vor den Schulanfängern und deren Eltern eine ernsthafte Herausforderung darstellt: Wichtig sein, etwas leisten können, anerkannt sein, eine Bedeutung haben – das ist wohl die Motivation, die die mühsame Probenarbeit gelingen läßt.

Daß Said nicht mitmacht, hängt mit einer typischen Verhaltensweise der Lehrerin zusammen: Kindern, die Schwierigkeiten haben, sich einzuordnen und **Selbstdisziplin** zu üben, erlaubt sie, nicht mitzumachen (nicht im Kreis zu sitzen…), sie verlangt nur, daß sie die anderen nicht stören. Dadurch wird erreicht, daß die Kinder ihr eigenes Verhalten ein Stück weit selbst in die Hand nehmen, entscheiden, was ihnen lieber ist: sich anzupassen oder sich auszugrenzen. Das funktioniert so nur, weil alle wissen, daß es dabei nicht um eine Strafe geht, sondern um eine Entscheidung, die zu akzeptieren ist, und weil das Dabeisein in der Regel positiv besetzt ist – auch das ein Teil der sozialen «Kultur» dieser Klasse.

Erster Schultag für die neuen Schulanfänger

21.8.90. Witterungsbedingt findet die Feier diesmal in der Turnhalle statt. Die Zweitkläßler trudeln langsam ein. Die Kinder sind zum Teil besonders hübsch angezogen (für den Paartanz waren weiße Hemden und Blusen erwünscht). In der Turnhalle wird noch einmal das gesamte Programm geübt. Das dauert von 8.00 Uhr bis kurz nach 9.00 Uhr. Teilweise sind die drei zweiten Klassen gleichzeitig in der Halle.

Kurz vor 10 Uhr beginnt dann der Strom der Schulanfänger und Besucher. Die Halle füllt sich schnell. Die Schulanfänger sitzen auf Bänken rund um die Fläche, auf der die Vorführungen stattfinden sollen. Die Erwachsenen und die übrigen Kinder stehen drum herum. Die Zweitkläßler sammeln sich im Umkleideraum, wo die Mädchen auch ihre einheitlichen Röckchen anziehen. Özgül pendelt zwischen Turnhalle, Umkleideraum und Schulhof hin und her: Ihr Bruder wird eingeschult, und deshalb will sie überall gleichzeitig sein. Im Umkleideraum geht es z. T. recht lebhaft zu, vor allem, weil jemand die zwei Tüten Gummibärchen entdeckt hat, die die Lehrerin als Belohnung spendieren will. Außerdem gibt es wieder mal sexuelle Schimpfwörter. Singh: «Der hat Hurenficker zu mir gesagt.» Und als sich ein Mädchen aus der 2a weiße Strumpfhosen und eine Hasenmütze anziehen soll, wollen sich einige Jungen verkitzeln, und Özgül benutzt den langen Mantel einer Lehrerin, um beim Umziehen die Blicke der Jungen abzuwehren (und dadurch gerade auf sich zu ziehen).

Flummitanz und Robotertanz eröffnen die Veranstaltung. Sie klappen beide prima. Dann werden die Gymnastikreifen schnell eingesammelt. Jedes Kind muß sein Buchstabenschild holen, das an der Wand hinter den Zuschauern steht, mit dem Schild in den Flur gehen und sich dort in alphabetischer Reihenfolge aufstellen. Drinnen begrüßt der Rektor die neuen Schüler und deren Eltern. Draußen vor der Tür ist es nicht einfach, Ruhe herzustellen, vermutlich weil die Spannung sehr groß ist und die Kinder nicht im Saal dabei sind; so wird ihnen nicht klar, warum sie ruhig sein sollen, und die Enge des Flurs, die Aufregung und der enge Kontakt zwischen den verschiedenen Klassen erzeugen einigen Wirbel.

Dann werden die ersten Kinder mit den Buchstabenbildern und -sprüchen hereingerufen. Die Sprüche vorzulesen oder aufzusagen klappte besser als jemals zuvor, obwohl (oder weil) so viele Zuschauer und Zuhörer da sind. Dann müssen die Buchstabenbilder schnell abgelegt werden, damit alle die abschließenden Paartänze vorführen können. In der Umkleidekabine gibt es zur Belohnung Gummibärchen, und dann gehen alle, jeder mit «seinem» Buchstabenschild in der Hand, zurück in die Klasse.

Die Aufführung der Zweitkläßler für die Schulanfänger macht deutlich, wie sehr Theaterspiel und Tanz dazu beitragen, den einzelnen in die Gruppe zu integrieren und zu einem Verhalten zu veranlassen, das eigene Bedürfnisse zurückstellt hinter die Disziplin, die die gemeinsame Sache erfordert. Erstaunlich ist, wie gut dies auch zwischen den «fremden» Kindern (der drei Parallelklassen) klappt. Es ist allerdings auch eine höchst reizvolle Aufgabe, der sich die Kinder hier stellen: Noch vor einem Jahr waren sie selbst die Anfänger, jetzt vertreten sie quasi die Schule, stellen den Anfängern und deren Eltern dar, was man in dieser Schule alles lernen kann, zeigen, was sie gelernt haben: die Tänze, die Lieder, das Alphabet, das freie Sprechen, die gemeinsame Bewegung nach der Musik. **Aus der amorphen Kindergruppe ist in einem Jahr eine Schulklasse geworden, in der die einzelnen Kinder sich in die Gruppe einordnen können, in der aber auch jedes einzelne Kind sich**

selbstbewußt mit seiner Leistung darstellen und damit zum Vorbild für die neuen Schulanfänger werden kann.

Es ist schon interessant, wenn man vergleicht, was die Kinder am ersten Schultag des letzten Jahres getan haben bzw. tun sollten oder durften (vgl. 29.8.89) und was sie heute alles können und leisten. Wie sehr sie sich dessen selbst bewußt sind, zeigt auch eine kleine Beobachtung am Rande: Unser Protokoll der beiden ersten Tage vermerkt, daß wir Benjamin als sehr viel entspannter erlebt haben als bisher im ganzen ersten Schuljahr. Wahrscheinlich genießt er es, daß es nun endlich Kinder gibt, die kleiner sind als er selbst, kann sich durch seine Rolle als Zweitkläßler größer und vor allem anerkannter und kompetenter fühlen.

Zur Entwicklung von Gerechtigkeitsdenken

Daß die Entwicklung von Gerechtigkeitsdenken direkt mit der Fähigkeit zum Perspektivwechsel (vgl. Zur Entwicklung des sozialen Verstehens S. 22) zu tun hat, ist einsichtig: Man muß erst lernen, andere und deren Bedürfnisse und Ansprüche wahrzunehmen, um darüber nachdenken zu können, ob etwas gerecht oder ungerecht ist. Ohne Bezug darauf, daß der einzelne seine Grenzen in den Rechten eines anderen oder dem Recht aller findet, und ohne daß jedes Kind eine Vorstellung von den anderen Kindern in der Gruppe entwickelt hat, scheint es kaum möglich, Gerechtigkeitsprobleme wahrzunehmen, zu bearbeiten und zu lösen. Für entsprechende Lernprozesse braucht das Kind viele Gelegenheiten, mit anderen Kindern zu leben und sich auseinanderzusetzen. Und es braucht gemeinsame Regeln, auf die sich jeder Beteiligte beziehen kann. Entsprechend tauchen in unseren **Beobachtungen** Charakterisierungen wie «Das ist gemein!» oder «Unfair!» erst allmählich im Laufe des ersten Schuljahrs auf. Das entspricht auch den Ergebnissen solcher Untersuchungen, die die Vorstellungen von Kindern über Gerechtigkeit durch **Befragungen** ermittelt haben.

Damon (1982, 125 f) faßt die Entwicklung aufgrund seiner Befragungen wie folgt zusammen:

Niveau 0
Die Kinder wünschen sich etwas Bestimmtes und argumentieren entsprechend («Ich muß das bekommen, weil ich das will.»). Diese Argumentation wird dann ergänzt durch bestimmte Zuordnungen (z. B. «Wir müssen das kriegen, weil wir Mädchen sind.»). Derartige Rechtfertigungen werden allerdings eher der vollendeten Handlung nachgeschoben und dienen letztlich dem eigenen Interesse.

Niveau 1
Gerechte Verteilungen leiten sich von der Vorstellung strikter Handlungsgleichheit ab (d. h., jeder soll das gleiche bekommen). Gleichheit wird als Mittel gesehen, Beschwerden, Kämpfe, Meckern und andere Konflikte zu vermeiden. Allmählich entwickelt sich die Vorstellung von Handlungsreziprozität: Man soll, im guten wie im schlechten, Gleiches mit Gleichem vergelten.

Niveau 2
Aus dem Verständnis, daß verschiedene Personen unterschiedliche Ansprüche mit gleichem Recht anmelden, entwickelt sich ein relatives Moralprinzip. Die Ansprüche von Personen mit besonderen Bedürfnissen werden besonders gewichtet. In der Folge werden dann die Ansprüche verschiede-

ner Personen und die Erfordernisse der spezifischen Situation berücksichtigt, d. h., die allgemeine Norm und die spezifische Anwendung können gleichermaßen bedacht und gegeneinander abgewogen werden.

Ähnliche Stufen lassen sich auch feststellen, wenn Kinder gefragt werden, ob eine Strafe gerecht oder ungerecht sei. (Valtin, 1991, 125 ff)

Diese unterschiedlichen Verhaltensweisen oder Argumentationsstrategien entstehen zwar in der hier genannten Reihenfolge nacheinander, aber sie werden je nach Situation und nach dem Verhalten der beteiligten anderen höchst unterschiedlich eingebracht, je nachdem, mit welcher Strategie eine positive Ko-Konstruktion am ehesten möglich erscheint.

«Weißt du, daß Frau Walter Geburtstag hat?»

Aus den ersten Wochen des zweiten Schuljahres wird nachfolgend über einen Tag genauer berichtet, an dem mehrere Themen anklingen, die in den folgenden Wochen und Monaten wichtig wurden.

28. 9. 90. In der ersten Stunde ist Mathematik. Der Lehrer arbeitet zunächst mit allen im Kreis vor der Tafel. Dann schickt er die Kinder an ihre Plätze. Sofort geht es los: «Weißt du, daß Frau Walter Geburtstag hat?» Und während sich der Kreis auflöst, beginnen einige Mädchen (vor allem Rebecca, Özgül, Salia und Ayse), eine Geburtstagsfeier vorzubereiten. Der Rollwagen wird in die Mitte des Kreises gefahren und mit einer Decke bis zum Boden verkleidet. Darauf werden kleine Geschenke arrangiert. Rebecca sucht die aufblasbare

Geburtstagstorte, die immer auf dem Rollwagen steht, wenn ein Geburtstag gefeiert wird. Özgül geht zum Schrank, macht ihn auf und schaut hinein. Offensichtlich traut sie sich aber nicht, ihn auszuräumen (es ist der Schrank der Lehrerin). Ich (G. B.) gehe zum Schrank, nehme einige Dinge heraus und rufe Özgül. Sie findet die Torte, zieht sie heraus und ruft triumphierend: «Ich hab sie gefunden!», und sofort danach: «Wir haben sie gefunden!» Die Torte wird eifrig aufgeblasen und auf dem Rollwagen arrangiert. Dann kommen die Mädchen zu mir mit einem Block und einem Stift und diktieren mir die Geburtstagskarte für die Lehrerin. Dieser Gückwunsch wird von allen unterschrieben und in die Mitte des Geburtstagstisches gestellt.

Jan schlägt vor, der Lehrerin ein Lied zu singen: «Happy Birthday». Ich stimme das Geburtstagslied «Heute kann es regnen, stürmen oder schnei'n...» an. Einige singen sofort mit. Sie kennen es offensichtlich vom Kindergarten. Gemeinsam rekonstruieren wir den Text der ersten Strophe. Jemand meint, das sei ein Babylied (vermutlich, weil es schon im Kindergarten gesungen wurde). Der Lehrer holt seine Gitarre. Benjamin amüsiert sich über das Wort «Geburtstagskind» (im Liedtext), auf Frau Walter angewandt. Said zieht die Vorhänge am Fenster zu, damit Frau Walter nicht von außen sehen kann, was innen vorbereitet wird. Er selbst schaut nach draußen, «Ich rufe, wenn sie kommt!» Alle sind reichlich aufgeregt, als der Lehrer sie in den Kreis ruft und wir gemeinsam noch zweimal das Lied üben.

Bestimmte Rituale wie die Geburtstagsfeiern gehören zum Schulleben, und in dieser Klasse gelten sie für die Kinder und die Erwachsenen gleichermaßen. Vor einem Jahr hat allerdings kein Kind den Geburtstag der Lehrerin registriert: Das Ritual hatte sich noch nicht verfestigt, es war noch keineswegs klar, daß in dieser Klasse Geburtstage immer in einer bestimmten Form gefeiert werden, und es war auch noch nicht klar, in welcher Form und wann hier Kinder und Erwachsene gleich behandelt werden. Nun aber kennen die Kinder das Ritual, und sie wollen es von sich aus auch auf die Lehrerin anwenden. Die selbständige Planung und Organisation geht von den aktiven Mädchen der Klasse aus, aber fast alle beteiligen sich daran. In diese Planung werden auch die neuen Kenntnisse und Fertigkeiten (lesen und schreiben können) einbezogen, und wenn man befürchtet, nicht gut genug oder nicht schnell genug schreiben zu können, organisiert man sich die Hilfe eines Erwachsenen.

Özgül gerät in einen Zwiespalt, als sie die Geburtstagstorte suchen will: Es gibt feste Regeln, an welche Schränke und Materialien die Kinder ungefragt gehen können und welche für die Erwachsenen, speziell für die Lehrerin, reserviert sind. Interessant ist auch Özgüls Reaktion, nachdem sie die Torte gefunden hat. Zunächst jauchzt sie: «Ich hab sie gefunden!», verbessert sich dann aber selbst sofort: «Wir haben sie gefunden!» Die erste egozentrische Reaktion kann inzwischen von Özgül als solche erkannt und in eine empathische, prosoziale verändert werden. **Regeln sind nun bewußt, und sie werden als «gleiches Recht für alle» eingesetzt** und angewandt (vgl. Zur Entwicklung des sozialen Verhaltens S. 46). Und mit diesem Regelbewußtsein entwickelt sich auch der Sinn für Gerechtigkeit und Fairneß.

Diese Entwicklung ist sicher auch dadurch unterstützt und gefördert worden, daß alle Erwachsenen in der Klasse sich um symmetrische Beziehungen und Reaktionen bemühen, daß sie sich ein Stück weit als Gleiche innerhalb der Gemeinschaft definieren, aber vor allem, weil die Erwachsenen den Kindern viel Raum und Zeit für die Auseinandersetzungen untereinander zur Verfügung stellen. So gehen in dieser Szene der Mathelehrer und die Forscherin auf die Ideen der Kinder ein, verlassen eigene Planungen und Vorhaben und lassen sich in die von den Kindern initiierte gemeinsame Arbeit einbeziehen.

«Sie kommt!!!» Alle sind mäuschenstill. Es klopft. Die Lehrerin macht die Tür auf, und wir fangen an zu singen. Es klappt recht gut (für nur zweimal geübt). Die Lehrerin freut sich und will das Lied ein zweites Mal hören. Benjamin: «Irgendwas mit 40 (bezieht sich wohl darauf, wie alt die Lehrerin heute wird). Müßte eher Geburtstagsfrau heißen.» Die Lehrerin: «Ich bin doch auch ein Kind. Ich habe doch auch Eltern. Jedes Kind hat Vater und Mutter.» Hannes: «Gar nicht! Ich habe nur eine Mutter.» Die Lehrerin: «Aber du hattest auch einen Vater, ich hab ja jetzt auch keinen mehr.» Jan steht auf, streicht einigen Kindern in seiner Nähe über den Kopf und sagt: «Wie schön, daß du geboren bist» (Zeile aus dem Lied). Ich (G. B.) streiche ihm über den Kopf und wiederhole auch die Zeile aus dem Geburtstagslied. Er grinst verschämt.

Gemeinsames Erleben schweißt zusammen, Kinder untereinander wie auch Kinder und Erwachsene. Und damit verbunden sind immer zugleich die eigenen, ganz subjektiven Gefühle, das Bewußtsein, keinen Vater zu haben, der Wunsch, beliebt zu sein. Für Jan ist dieses Gefühl so stark, daß er es in Spiel und Bewegung übersetzen muß. In Wirklichkeit wünscht er sich wohl, selbst als liebenswert akzeptiert zu werden. Erfahrungen wie diese Geburtstagsfeier geben **Mut und Hoffnung, anerkannt zu sein, dazuzugehören, sich akzeptiert zu fühlen.** Und sie lassen zu, daß man Gefühle zeigen darf, daß man auf andere zugehen kann, sich positiv einbezogen erlebt.

Alles quirlt durcheinander. Die Lehrerin hat zur Feier des Tages auch etwas mitgebracht: Kuchen und Stifte. Sie läßt jedes Kind sich eine Papierserviette und ein Stück Kuchen nehmen und schickt alle an die Tische, geht dann von Tisch zu Tisch und stellt auf jeden Tisch ein kleines Glas mit einigen dickeren Filzstiften, Zahl und Farben zufällig verteilt.

Nach der Pause und einer Vorleserunde sollen die Kinder kontrollieren, ob sie alle Arbeiten des Wochenplans erledigt haben.

Tisch 1 (Markus, Singh, Katrin, Nina, Said, Pit). Alle malen jetzt an einem Bild zu Gullis Abenteuer im Odenwald. Es entstehen auf jedem Blatt ein Teich und darüber Wolken. Benjamin (der eigentlich an

Tisch 2 sitzen müßte) sitzt neben Katrin. Katrin: «Ich und Benjamin machen was.» Beide malen, jeder mit einem Stift, auf einem gemeinsamen Blatt. Katrin: «Sandra, ich mal mit dem Benjamin!» Sandra kommt sofort von Tisch 3 herbei, um zu gucken, was da geschieht, geht aber gleich wieder zurück an ihren Tisch. Benjamin: «Wollen wir Schilf malen?» Katrin: «Ehhh?» Benjamin: «Weißt wohl gar nicht, was das ist?» Katrin schüttelt den Kopf. Benjamin: «Schilf ist so was ähnliches wie Gras im Wasser.» Benjamin und Katrin genießen es offensichtlich, umeinander herumzumalen (Katrin sitzt rechts und malt auf der linken Blatthälfte, Benjamin sitzt links und malt auf der rechten Blatthälfte).

Während dieser Arbeitsphase entsteht immer wieder Unruhe. Einzelne Kinder laufen zu anderen Tischen, wollen einen Stift ausleihen. Benjamin will von Said den dicken grünen Stift (von den neuen Stiften der Lehrerin) haben. Said: «Besetzt!» Benjamin: «Aber nur das kleine Stückchen» (das Said bereits durch Umrisse markiert hat, soll er noch ausmalen dürfen). Said: «Arschloch!», Benjamin: «Arsch mit Ohren!» Said: «Du bist eine fette Kuh!» (und das für den kleinen zierlichen Benjamin!). «Nein, du bist ein ganz dünner Esel!» Özgül kommt an Tisch 1. Sie bittet Said um den dicken grünen Stift. Said: «Selber!» (meint: Ihr habt doch selber einen). Özgül: «Nein, wir haben keinen, komm doch mit!» (Und überzeug dich selbst.) Said: «Der Benjamin will die Grün!» (Also kann ich sie dir nicht geben!) Benjamin: «Brauch sie nicht mehr.» Said verweigert sie trotzdem. Özgül: «Bitte!» (mit starker Betonung). Said verweist an Tisch 2. Özgül, die durchschaut, daß es dort wahrscheinlich auch kein Grün zu holen gibt: «Bitte! Bitte!» Sie trollt sich ohne Stift. Kurz darauf kommt sie wieder und bettelt um «die Blau». Said: «Nein, die gehört dem Benjamintisch.» (Und das, nachdem er gerade Benjamin den Stift verweigert hat!)

Katrin zu Benjamin: «Die Sandra liebt dich.» Benjamin zuckt mit den Schultern. Katrin: «Wen liebst du denn?» Benjamin (sehr pointiert): «Ich lieb meine Mama und meinen Hund und meinen Vogel» (und kein Mädchen!).

An Tisch 3 entsteht ein Streit um das «Verleihen» der neuen Stifte. Sandra will von Salia einen Stift haben, die will ihn nicht hergeben.

Die Lehrerin schaltet sich ein, verlangt, daß Stifte weitergegeben werden.

Zwischen Salia, Anne und Said entsteht schon wieder eine Diskussion, wohin ein dicker blauer Stift gehört. Salia: «Egal, wenn man nur eine Blau hat.»

Das **Thema Gerechtigkeit** hat sich heute an dem Thema «die Stifte» konkretisiert. Da die Verhaltensweisen «Dinge weitergeben, gemeinsam nutzen, sich etwas ausleihen» in dieser Klasse zur sozialen «Kultur» gehören, verwundert es zunächst, warum plötzlich so viele Reibereien um die neuen Stifte entstehen. Zeigen sich hier Gruppenegoismen? Geht es um das «Tischeigentum»? Sucht Özgül Vorteile für sich und ihren Tisch, indem sie an anderen Tischen Stifte besorgt? Auch die Diskussion zwischen Tisch 1 und 2 und das Argument mit dem Benjamin-Tisch könnte auf Gruppenegoismen deuten. Als schließlich auch noch Tisch 3 am Gerangel um die Stifte beteiligt ist, schaltet sich die Lehrerin ein: Stift ist Stift, es macht nichts, wenn einer einen mehr hat, man kann ja tauschen. Salias Satz «Egal, wenn man nur eine Blau hat» könnte auf den ersten Blick zwar auch gedeutet werden als: Stift ist Stift. Aber sie sagt ja nicht: «Hauptsache man hat einen Stift», sondern sie sagt: «wenn man nur eine *Blau* hat».

Es geht ihr, wie allen anderen Kindern, die sich am Tausch beteiligt haben, nicht um den Stift, sondern um die Farbe. Das Problem bestand darin, über grüne und blaue Stifte verfügen zu können. Denn gemalt werden sollten Bilder zu «Gullis Abenteuer im Odenwald». Die von den Kindern gemalten Bilder zentrieren sich um zwei Themen: «Gulli fiel ins Wasser» und «Gulli fiel den Abhang hinunter». Es ist einsichtig, daß man für beide «Fälle» unbedingt die Farben Blau und Grün und möglichst auch noch Braun benötigt. Außerdem waren die neuen Stifte dicker und man konnte mit ihnen schneller eine große Fläche gleichmäßig ausmalen. «Gerecht» in dieser Situation wäre die gleichmäßige Verteilung der Farben Blau, Grün und Braun auf die Tische gewesen. Die

Auseinandersetzung um die Stifte enthält also durchaus Momente eines fortgeschrittenen Verständnisses von Gerechtigkeit: unter Einbeziehung subjektiver Bedürfnisse und situativer Bedingungen (vgl. Niveau 2 bei Damon, S. 92/93).

Aber hier läßt sich auch deutlich machen, wie dieses fortgeschrittene Verständnis entstehen kann: Im Grunde genommen stößt hier die egozentrische Sichtweise der einzelnen Kinder an bestimmte Bedingungen des gemeinsamen Arbeitens. Jedes Kind will für sich die dicken blauen (oder grünen) Stifte. Es kann aber unter den gegebenen Bedingungen seinen Wunsch am besten verwirklichen, wenn es sich auf allgemeine Prinzipien (Dinge gemeinsam benutzen und ausleihen ist gut!) beruft. Zugleich erweisen sich diese allgemeinen Prinzipien in der konkreten Situation aber auch als nicht ausreichend. Wenn man ihnen folgt, kann nicht jeder mit einem dicken blauen (oder grünen) Stift malen. Aus dieser Handlungssituation entsteht ein Problem. Wenn solche Probleme häufiger auftreten, muß das allgemeine Prinzip modifiziert werden. Noch sind es in dieser Situation die eigenen Bedürfnisse, die in Konflikt mit dem allgemeinen Prinzip geraten. Aber inzwischen ist ja die Fähigkeit zum Perspektivwechsel und das Bewußtsein der Zusammengehörigkeit so weit entwickelt, daß in der Folge zunehmend allgemeine Prinzipien und die Ansprüche verschiedener Personen und die Erfordernisse spezifischer Situationen gegeneinander abgewogen werden können.

Kein Erwachsener ist in der Lage, in jeder Situation die besondere Bedeutung (oder alle Bedeutungen) für die Kinder (oder für einzelne Kinder) zu berücksichtigen. Nur zu oft erleben die Erwachsenen Reaktionen der Kinder, ohne in der Situation, in der sie ja zum direkten Handeln gezwungen sind, die Ursachen erkennen zu können. Die pädagogisch vertretbare Lösung scheint zu sein, die eigene Autorität zurückzunehmen zugunsten verabredeter Regeln bzw. klar formulierter Zielbestimmungen, d.h. klare Strukturen zu schaffen, innerhalb derer die Kinder sich selbständig zurechtfinden und auseinandersetzen können.

«Bist du noch meine Freundin?»

Die Szenen um die Stifte sind Schlüsselszenen, wie durch Regeln und in der Diskussion um Regeln (vgl. S. 46 ff, 91 ff) eine Auseinandersetzung um Moral und Gerechtigkeit entsteht, die zunehmend differenzierter und mit mehr Argumenten geführt wird.

Aber nicht nur das Thema Gerechtigkeit durchzieht diesen Tag, sondern auch das **Thema Freundschaft, Liebe und Kooperation**. Seit Beginn gab es in dieser Klasse eine besondere Beziehung zwischen Sandra und Benjamin. Beide waren die Kleinsten, Benjamin der kleinste Junge, Sandra das kleinste Mädchen, Benjamin allerdings noch ein bißchen kleiner als Sandra. Und Sandra hat von Anfang an versucht, eine Beziehung zu Benjamin aufzubauen. In dieser Situation kann man sich fragen, ob Katrins Malaktion mit Benjamin nicht vor allem darauf abzielt, Sandra zu ärgern, denn gleichzeitig und parallel läuft seit langem der Versuch von Katrin, eine

Gruppe von Mädchen um sich zu scharen und in dieser Gruppe den Ton anzugeben. Sie muß noch immer die Verletzung verarbeiten, die die Nichtversetzung ihrem Selbstwertgefühl zugefügt hat, und älter sein, die Schule kennen, sind ihre Vorteile, anderen sagen, wo es langgeht, ist ihre Strategie der Selbstbestätigung, die allerdings höchst ambivalente Folgen zeitigt. Denn mit solchen Dominierungsversuchen schafft man sich nicht unbedingt Freunde und Freundinnen.

Katrins Ruf «Sandra, ich mal mit dem Benjamin!» zeigt deutlich, wie wichtig es ihr ist, daß Sandra von der gemeinsamen Malaktion erfährt, und der Hinweis «Benjamin, die Sandra liebt dich!» zeigt wohl am deutlichsten den Sinn der Szene.

Benjamin reagiert wie immer in solchen Situationen: Er entzieht sich. Daß er auf die Frage, wen er liebe, seine Mama, den Hund und den Vogel nennt, hat sicher einerseits mit Benjamins besonderer Beziehung zu seiner Mutter zu tun, aber auch damit, daß er bewußt verweigert, Liebe auf gleichaltrige Kinder oder gar Mädchen zu beziehen, obwohl dieser Sprachgebrauch unter den Kindern üblich ist. Diese unterschiedlichen Reaktionen von Katrin und Benjamin verweisen darauf, daß Mädchen sozial weiter entwickelt sind und ihr Interesse früher und intensiver auf Freundschaft und Liebe richten, eine Entwicklung, die noch dadurch verstärkt wird, daß Katrin mehr als ein Jahr älter ist als Benjamin.

Freundschaftsbeziehungen und das Verständnis von Freundschaft

Vorstellungen von Kindern über Freundschaft sind vor allem mit Hilfe von Befragungen untersucht worden. Die Antworten der Kinder in diesen Interviews wurden dann kategorisiert. Damon (1982, 123) faßt die dabei gefundenen Ergebnisse wie folgt zusammen:

«Kurzbeschreibung der frühen Freundschaftsniveaus:

Niveau 1

Freundschaft wird aufgrund materieller, fürsorglicher Handlungen begründet, z. B. durch das Geben und Teilen von Nahrung, Spielzeug und anderen geschätzten Gütern. Eine Freundschaft kann wegen eines materiellen oder physischen Aktes beendet werden, z. B. durch den Diebstahl eines Spielzeugs, durch Schläge oder durch die Weigerung, etwas zu teilen.

Niveau 2

Freunde sind Personen, die einander entweder spontan oder nach der Äußerung eines Bedürfnisses helfen. Demgemäß wird Freundschaft als eine Beziehung betrachtet, die im gegenseitigen Interesse beider Interaktionspartner liegt. Freundschaft wird durch die Erfahrung begründet, daß man sich aufeinander verlassen kann: Ein bestimmendes Element dieser Relation ist gegenseitiges Vertrauen. Freundschaft kann dadurch beendet werden, daß Hilfe verweigert oder eine Handlung ausgeführt wird, die als nicht vertrauenswürdig erachtet wird.

Niveau 3

Freunde sind Personen, die einander verstehen und sich ihre innersten Gedanken, Gefühle und andere Geheimnisse mitteilen. Freundschaft ist hier eine exklusive und langfristige Beziehung, die man für eine bestimmte Zeit mit besonderen Menschen eingeht und durch ein wechselseitiges (Mit-)Teilen persönlicher Interessen, privater Gedanken und physischen Wohlbefindens aufrechterhält. Da Freunde einander verstehen und verzeihen können, reicht nur der wiederholte Beweis von Mißtrauen oder Abneigung für die Beendigung einer wirklichen Freundschaft aus.»

Youniss (1982) betont, mit Bezug auf Sullivan, daß Regeln und moralische Vorstellungen um so eher übernommen und verinnerlicht werden, je wichtiger die Personen sind, die sie vertreten. Und hier gibt es nun den Unterschied zwischen der Beziehung zu den Eltern (und der Grundschullehrerin) und der Beziehung zu den Freunden: Zwischen den Erwachsenen und den Kindern besteht eine unilaterale, unsymmetrische Beziehung, zwischen den Kindern, die sich freundschaftlich aufeinander beziehen, eine bilaterale, symmetrische Beziehung. Aus diesen Beziehungen leitet sich auch das Bild von sich selbst und vom anderen ab, das sich entwickelt.

Weil Eltern (und erst recht Lehrer) Beurteilende sind, die aus ihrer autoritativen Sicht der Gesellschaft heraus Zustimmung verteilen, lernen Kinder Schwächen zu verstecken und Stärken herauszustreichen. Konsequenterweise trägt die Beziehung nicht zum ehrlichen Selbstverständnis bei, sondern treibt die Kinder in einen Prozeß subjektiver Erdichtungen oder, wie Piaget es formuliert, in einen unbewußten Soziozentrismus. Entsprechend sind **Freundschaftsbeziehungen zwischen Kindern äußerst wichtig.** Sie ermöglichen durch wechselseitige Darstellung von Ideen und Gefühlen, durch deren offene Verhandlung und Klärung, daß Unterschiede zwischen Personen erkannt und zugelassen werden, eine Fähigkeit, die sich nach den Belegen von Youniss etwa im Alter von neun Jahren einstellt.

Dabei hat Youniss bei seinen Befragungen dreierlei Reaktionen auf solche Unterschiede festgestellt:

« – «Mit einem Zustand konfrontiert, der sich vom eigenen Zustand unterschied, konnte das Kind diesen Unterschied ausnutzen, um den anderen, der sich in einer schwächeren

Position befand, in Verlegenheit zu bringen oder zu verletzen.

– Die zweite Möglichkeit war das Ignorieren des anderen und die Konzentration auf die eigenen Interessen.

– Die dritte schließlich bestand darin, auf die Bedürfnisse des anderen einzugehen, indem man ihm entweder Hilfe anbot oder zeigte, daß man sich um ihn sorgte...

Es ist offensichtlich, daß die Wechselseitigkeit der Beziehung dazu führt, eigene Schwächen und Stärken zuzugeben. Bemerkenswerterweise können Freunde Schwächen akzeptieren, ohne sie auszunutzen oder zu ignorieren. Stärken werden auf der anderen Seite in Beziehung zu Vorzügen des anderen wie auch zu eigenen Mängeln gesehen. Vielleicht besteht das Entscheidende darin, daß Freundschaft den Kindern erlaubt, den Wert gegenseitiger Anpassung zu entdecken, da in dem Augenblick, in dem Stärken und Schwächen miteinander verbunden werden, die beiden Freunde Gewinn erzielen, der jenseits dessen liegt, was jeder für sich allein hätte erreichen können... Kurz und bündig, die Kinder lernen, daß sie, so wie sie sind, mit ihren realen Vorzügen und Mängeln wertvoll sind.» (Youniss, 1982, 104f)

«Wollen wir teilen?»

14.12.90. Frühstückszeit. Katrin kommt zur Lehrerin und beschwert sich: «Die Sandra hat mir das (einen Müsli-Riegel) geschenkt, und jetzt will sie es wiederhaben.» Die Lehrerin fragt Sandra, die besteht darauf, daß sie ihren Riegel zurückhaben will. Die Lehrerin versucht, beide zum Teilen zu veranlassen, aber das klappt nicht: «Die will ja nicht», sagen beide. Nun wird es schwierig, weil kein Kompromiß sichtbar ist. Die Lehrerin geht mit Sandra hinter das Spielgitter. Sie setzt sich mit ihr auf zwei kleine Stühlchen und versucht, mit ihr zu sprechen. Sie weist darauf hin, daß Sandra den Riegel doch verschenkt habe, und bietet wieder als Hilfe an, den Riegel zwischen Sandra und Katrin zu teilen. Sandra schaut nur verstockt auf den Boden. Salia und Rebecca wollen gucken, was da passiert, ich (G. B.) halte sie zurück. Sida hat sich neben Sandra gestellt und hält ihr ein Bonbon hin, als Trost und Ersatz sozusagen. Aber Sandra schüttelt nur den Kopf. Ayse kommt hinzu und schlägt vor, zu teilen. Özgül kommt und schenkt Sandra eine Tüte Orangensaft. Die Lehrerin empfiehlt Sandra, noch mal darüber nachzudenken, und geht weg.

Sandra bleibt sitzen und schaut auf den Boden. Salia kommt hinzu. Sandra zu Salia: «Ist die Kati noch da?» Salia: «Ja», sie ruft «Kati!» Katrin geht zum Waschbecken und schaut in den Spiegel (sie hat ein wollenes Stirnband aufgesetzt), geht dann an mir vorbei: «Guck mal!» Ich frage: «Willst du nicht das mit der Sandra in Ordnung bringen?» Sie zuckt mit den Schultern und geht an ihren Platz. Salia ruft wieder. Katrin geht zum Spielgitter. Sandra fragt: «Wollen wir teilen?» Katrin: «Du willst ja nicht!» Sie dreht Sandra den Rücken zu. Sandra macht die Verpackung des Riegels auf, bricht ihn durch, steht auf und bietet Katrin ein Stück an. Beide setzen sich hin und beginnen zu knabbern. Dann verziehen sich alle zu ihren Plätzen, Sandra und Katrin bleiben zusammen, Katrin holt das Bonbon und den Orangensaft, den Sandra als Ersatz geschenkt bekommen hatte. Die Lehrerin sieht, daß der Konflikt gelöst ist und lobt Sandra, daß sie es geschafft hat zu teilen.

Freundschaft heißt, nicht alles nur auf sich selbst beziehen, sondern andere einbeziehen, sich auf andere einlassen. Aber das ist nicht einfach und will mühsam erprobt und gelernt sein. Für Mädchen ist dabei offensichtlich die Zweierbeziehung mit einem hohen Anteil an Intimität sehr früh wichtig. Und Intimität heißt auch immer Ausgrenzung anderer und Schaffung einer besonderen Verletzbarkeit. Sandra hat sich in eine Sackgasse manövriert. Sie will die Freundschaft mit Katrin, aber die muß sie manchmal teuer bezahlen: Sie muß nur zu oft Katrin versprechen, daß Salia (oder Rebecca oder...) nicht ihre Freundin ist, sie muß sich oft den

Wünschen von Katrin fügen, und sie muß mit ihr teilen. Was wirklich dazu geführt hat, daß sie in dieser Situation plötzlich ihr Geschenk zurückhaben wollte, haben wir nie herausbekommen. Aber sie hat dadurch Katrin in eine starke und sich selbst in eine äußerst schwierige Position gebracht: Geschenkt ist geschenkt, gegen diesen Grundsatz ist kaum anzukommen, er wird nicht nur von der Lehrerin vorausgesetzt und akzeptiert, sondern auch von den anderen Kindern.

Daß Sida und Özgül etwas als Ersatz anbieten (Bonbon und Saft für Müsli-Riegel), heißt einerseits, daß sie sich mit Sandra solidarisieren. Es heißt aber auch, daß sie die Regel «Geschenkt ist geschenkt» nicht anzweifeln (der Riegel gehört Katrin, auch im Verständnis der Kinder, die sich mit Sandra solidarisieren). Der Ausweg, den die Lehrerin und Ayse anbieten, ist das Teilen, aber gerade das würde für Sandra ja wieder einmal Unterwerfung bedeuten und ist, zumindest für eine längere Zeit, für sie nicht akzeptabel. Interessant ist, daß ausschließlich Mädchen auf diesen Konflikt reagieren. Das entspricht unserer Beobachtung (und vielen Untersuchungsergebnissen), daß **Freundschaft in diesem Alter für Mädchen sehr stark durch Ausschließlichkeitsansprüche (dann bist du nicht mehr meine Freundin) gekennzeichnet** ist.

Die stärker auf soziale Beziehungen eingestellten Mädchen arbeiten sich richtig in diese Rolle ein, durch ständige Erprobung und Diskussion solcher Beziehungen. Zugleich zeigt die Szene aber auch, daß hier Schule nicht nur als Raum für Lernen und Unterricht verstanden wird, sondern als Lebensraum, der den Kindern die Möglichkeit bietet, ihre konkreten Probleme, die zumeist Beziehungsprobleme sind, zu behandeln. Die Lehrerin hält sich zurück. Sie bietet wiederum die Regel als Richtschnur und Hilfe an, besteht aber nicht auf deren Einhaltung, sondern läßt Sandra und den anderen Mädchen die Zeit, die sie benötigen, um sich mit dem Problem selbständig auseinanderzusetzen.

«Ich bin die Maus, wollt ihr meine Freunde sein?»

Am gleichen Tag (14. 12. 90) will die Lehrerin nach der Pause mit den Kindern ein kleines Puppen-Theaterstück für die Adventsfeier üben, die am Nachmittag mit den Eltern zusammen stattfinden soll. Das Spielgitter ist vor der Tafel aufgebaut und mit Tüchern und zwei Strahlern bestückt. Ayse steht neben der Lehrerin als Regieassistentin. Die Lehrerin zu Özgül: «Özgül, jetzt kann niemand mehr reden und singen. Ihr seid ja Tiere.» Die Tiere sind Schattenrißfiguren aus Pappe, die mit einem Stock geführt werden. Jedes Kind hat ein solches Tier. Jetzt kommen alle Kinder hinter die Bühne. Asam (ein jordanisches Mädchen, das seit den Herbstferien neu in der Klasse ist und noch kaum deutsch spricht) will nicht so recht, wird aber von der Lehrerin mit nach vorne geholt. Das Spiel beginnt. Die Lehrerin und Ayse, jede mit einer Maus, sagen gemeinsam an, daß jetzt ein Stück gespielt wird: «Die Maus fühlt sich allein und sucht einen Freund». Eine Plastikschlange, von Norbert geführt, jagt den beiden Angst ein, und sie verschwinden.

Es erscheint eine Maus (aus Papier ausgeschnitten). Hannes spielt die Maus: «Ach, ich bin so allein, ich habe keinen einzigen Freund. Ich bin die Maus, wollt ihr meine Freunde sein?» Özgül: «Das geht nicht, ich habe schon 5, 6 Freunde. Du findest bestimmt einen anderen.» Benjamin spielt ein Krokodil (das Pappkrokodil ist nicht sehr groß geraten, es hätte Schwierigkeiten, die Maus zu fressen): «Du bist zu klein und zu schwach für mich. Ich möchte gern dein Freund sein, aber das geht nicht.» Ayse als Fisch: «Das geht nicht, du kannst nicht tauchen, kannst nicht die Luft anhalten unter Wasser.» Hannes: «Du kannst es mir ja beibringen.» Salia und Katrin als Eichhörnchen: «Du kannst ja nicht auf die Bäume klettern.» Markus als Elefant: «Außerdem bist du so klein.» Hannes: «Alle nennen mich klein, ich find mich aber groß!» In dem Moment kommt die Katze. «Hilfe!!» Die Maus verschwindet, taucht dann wieder auf und jammert, daß keiner sie zum Freund haben will. Singh (für drei Pferde): «Nein, du bist nicht so wild wie wir, außerdem sind wir nämlich Wildpferde!» Hannes:

«Dann such ich mir einen neuen Freund, wenn ich überhaupt welche finde.» Rebecca als Vogel: «Nein, du kannst nicht fliegen.» Hannes: «Du kannst mich auf den Rücken nehmen.» Rebecca: «Nein, das geht nicht!» Hannes: «Warum nicht?» Rebecca: «Geht eben nicht!» Rebecca spricht für Asam, die eine Giraffe in der Hand hält: «Du hast nicht so einen langen Hals.» Hannes zum nächsten Tier: «Was für ein schönes Reh.» Pit als Reh: «Nein, du kannst nicht so schnell rennen.» Lukas als Löwe: «Ich bin der König der Tiere. Ich will nicht so ein mickriges, dreckiges Tier als Freund.» Anne als Vogel: «Weil ich schon einen Freund habe.» Zum Schluß Norbert als Maus: «Ja, ich hab nämlich keinen Freund!» Kaum haben sich die beiden Mäuse gefunden und Freundschaft geschlossen, kommt eine große Schlange (Ole und Frank): «Ich hätte gerne 'ne Maus gefressen.» Die beiden Mäuse flüchten, das Spiel ist aus.

Die Lehrerin berichtet später, wie das Stück entstanden ist. Sie hat den Anfang erzählt – eine Maus sucht einen Freund –, die Kinder haben sich Antworten überlegt und die Tiere gemalt und ausgeschnitten. Und die Geschichte ist auch heute an etlichen Stellen verändert worden. Das merkt man deutlich, alles wirkt spontan und lebendig. Erstaunlich, wie die Kinder sich alle in der Enge hinter dem Spielgitter aufhalten und auf ihren jeweiligen Auftritt einigen können. Einige kommen nach ihrem Auftritt hinter dem Gitter hervor, damit sie besser zuschauen können.

Ein Konflikt um Freundschaft und ein Spiel um die Schwierigkeit, Freunde zu finden – es war sicher Zufall, daß beides an einem Tag zusammentraf. Aber es war sicher kein Zufall, daß und wie die Kinder das Angebot der Lehrerin «Die Maus sucht einen Freund» angenommen und fortgeführt haben. **Freunde finden ist eins der wichtigsten Themen für alle Kinder im Grundschulalter**, auch wenn die einzelnen Kinder individuell unterschiedlich damit umgehen. Und das Spielangebot macht es möglich, sich ein Stück weit klarzuwerden, wer man selbst ist, welchen Freund man sucht, aber auch und vor allem, wie die anderen einen selbst sehen. Perspektivwechsel, ohne den Freundschaft nicht zustande kommen kann und der umgekehrt ohne Freundschaft nur schwer vollzogen werden kann, wird hier spielerisch geübt. Und wenn man die Auswahl der Tiere und die Antworten zusammennimmt, erkennt man bei mehreren Kindern, wie sie ihre eigene Situation und sich selbst sehen und einschätzen, von Özgüls Aussage «Ich hab schon so viele Freunde» über Benjamins Aussage «Du bist zu klein und zu schwach für mich» und Rebeccas «Geht eben nicht» bis zu Lukas' «König der Tiere». Das hat sicher auch sehr viel damit zu tun, daß in dieser Klasse eine spezifische soziale Kultur gepflegt wurde und die Lehrerin mit hoher Sensibilität Themen der Kinder zur Sprache hat kommen lassen.

«Wieso können die Menschen nicht ohne Krieg auskommen?»

Am 17.1.91 begann der Golfkrieg, der den Irak zwingen sollte, das besetzte Kuwait freizugeben – ein für die Kinder bedeutsames Ereignis, das auch in der Schule seinen Niederschlag fand.

18.1.1991. Katrin an der Klassentür: «Gell, der bringt sich selber um mit seinen Bomben!?» Hannes: «Wer?» – «Der Saddam, der hat da Raketen und Bomben losgelassen, die sind da wohin geflogen.» Der Mathelehrer hängt eine Landkarte (Europa, Mittelmeer und Naher Osten) an der Tafel auf und versammelt die Kinder im Kinositz davor. Rebecca meldet sich als erste und fragt: «Wer ist an dem Krieg schuld?» Der Lehrer stellt die Frage zurück. Said: «Amerika hat eine Bombe losgelassen im Irak.» Frank: «Die Amerikaner sind an dem Krieg schuld.» Markus: «Das ist viel weit weg (recht aufgeregt), die hätten sich gar nicht einmischen sollen, eigentlich untereinander...» Hannes: «Die Amerikaner fühlen sich so stark. Die müssen sich doch nicht so stark fühlen.» Norbert: «Warum ist der Saddam Hussein so geizig? Der will immer ein Land haben.» (Auf Rückfrage: Hat er aus dem Fernsehen.) Benjamin: «Irgend jemand 'ne Rakete, mehr als tausend Kilometer!» Katrin: «Da hat ein Ölfeld gebrannt, ist hochgegangen, voll ekelhaft!»

Der Lehrer fragt, ob sie mit den Eltern über das sprechen, was sie gesehen haben. Markus: «Ja, der Krieg wär gar nicht entstanden, wenn sie sich nicht eingemischt hätten.» Norbert: «Wir reden schon. Am Morgen alle zusammen, dann sprechen wir darüber.» Hannes: «Mein Bruder sagt immer, das verstehst du nicht. Dann ärgere ich mich nur.» Katrin: «Mama und Papa reden darüber, aber sie sagen: Du verstehst doch eh nichts.» Hannes: «Mutti sagt es mir immer.» Rebecca: «Wir reden immer darüber, für was der Krieg gut ist.» Einige rufen «Für nichts!», was Rebeccas Satz wohl auch gemeint hat. Benjamin fragt mit Bezug auf die Landkarte: «Wie tief, wie hoch?» Er geht vor und versucht abzulesen. Frank: «Meerestiefen.»

Ole erzählt, daß er immer mit den Eltern Fernsehen schaut, «aber die sagen nichts». Nina: «Gar nichts, gucken immer Fernsehen, Papa und Mama» (meint: die Erwachsenen reden nicht mit ihr über das, was gemeinsam angeschaut wird). Ayse: «Kein Fernsehen, ein Nachbar kam und hat uns geholt, und wir haben gebetet.» Der Lehrer spricht einige Kinder direkt an. Jan will nicht reden. Auch Pit, der gestern gesagt hat, Krieg sei gut, will heute nichts sagen. Norbert: «Mami weckt uns um 6 Uhr, dann schauen wir ZDF-spezial, Krieg am Golf, und wenn ich nach Hause komme, das Mittags-Magazin.» (Erstaunlich, wie genau er die Namen der einzelnen Sendungen beherrscht!) Jan: «Irgendwo Krieg, Türkei oder Saudi-Arabien» (meint wohl: Er hat mitgekriegt, daß Türkei und Saudi-Arabien in den Nachrichten genannt wurden, kann aber nicht genau einordnen, was da geschieht.). Rebecca: «So ein Mann in den Nachrichten hat gesagt, er ist froh, daß Krieg ist.» (Sie imitiert die Handbewegungen der Kuwaitis, die sich in einem Kairoer Hotel zum Kriegsbeginn geäußert haben, Rebeccas Stimme signalisiert Empörung.) Frank: «Ich könnt ihn (vermutlich: Präsident Bush) umbringen.» Norbert: «Ich auch.» Said: «Bei uns zu Hause haben wir fast immer Nachrichten. Manchmal alle.» (Meint wohl: Ich schaue mit den Eltern zusammen.) Frank: «Amerikaner wollen den Krieg.» Markus: «Wollen immer die Stärksten sein.» Said: «Die helfen!» Markus: «Nicht ganz. Die wollen immer Krieg gewinnen. Sonst würden die nicht helfen. Die haben noch viel mehr Länder angegriffen.» Lukas: «Angegriffen haben sie nicht. Die greifen doch nicht an.» Said: «Amerika hat Afghanistan geholfen Krieg machen gegen die Russen!»

Der Lehrer kommt auf Rebeccas Frage zurück, wer da schuld hat. Said: «Saddam! Ich hab im Fernsehen gesehen, einmal betet und einmal Krieg machen, paßt nicht zusammen, neee!» Allmählich wird es unruhiger. Jemand sagt: «Die sind alle so laut.» Markus: «Die haben nur ein bißchen Angst, daß die sagen, die geben auf, Angsthase, dann sagen sie nicht über Nacht: kein Krieg.» (Gemeint ist wohl: Gesichtsverlust bei Kapitulation.) Rebecca: «Der Mann hat erst gesagt, er macht keinen Krieg, und jetzt macht er doch!» Said: «Amerika hat die beste Bombe auf Irak geschossen.» (Soll wohl Lob für militärische Leistung sein.)

Der Lehrer versucht das Thema «eigene Angst», das gestern wohl vorrangig war, erneut ins Spiel zu bringen. Rebecca erzählt von einer Rakete und daß ein Flugzeug abgestürzt ist. Ole erzählt, daß «jemand geheult» hat, «von der Türkei oder so». Ayse hat «ganz viele Menschen gesehen, die schon tot sind. Ganz kleine Baby.» Markus: «Wenn die Ölfelder brennen, dann kann der ganze... auch brennen.» Hannes: «Wieso können die Menschen nicht ohne Krieg auskommen? Alle wollen die Macht.» Frank: «Wir tun uns auch manchmal streiten.» Benjamin: «Dasselbe! Aber ohne Waffen.» Katrin: «Der Gorbatschow hat gesagt, er will bald aufhören. Eine Frau hat fast geheult.» (Hier ist wohl der Konflikt zwischen Rußland und Litauen gemeint.) Said hat auch einen Mann gesehen, der den Krieg gut fand. Norbert: «Ich und meine Brüder streiten uns immer. Dann hau ich ihn und schließ mich im Badezimmer ein. Er brüllt, er bringt mich um.» Ayse: «Ich hätte ihm nicht die Hand geküßt, sondern auf die Backe gehaut!» (Bezieht sich wohl auf ein Fernsehbild, das zeigte, wie jemand Saddam die Hand küßte.) Jan: «Wir streiten uns auch immer. Ich spiel dann im Wohnzimmer um den Tisch herum Fangen.»

Das Gespräch hat etwa 25 Minuten gedauert. Fast eine halbe Stunde sprechen Zweitkläßler über ein politisches Ereignis. Das war – wie der Gesprächsverlauf zeigt – durchaus notwendig, denn die Kinder sind voll von Eindrücken, die sie je nach häuslicher Situation gefiltert oder unverarbeitet mit sich herumtragen. Einige Besonderheiten lassen sich feststellen:

Bei den **Kindern, die mit den Eltern gemeinsam Nachrichten schauen** und bei denen auch darüber gesprochen wird, gibt es detaillierte Informationen und gleichzeitig die Übernahme der elterlichen Positionen. Sehr deutlich bei Said, in dessen Elternhaus offensichtlich den Amerikanern deren Hilfe in Afghanistan hoch angerechnet wird, und bei Markus, der die antiamerikanische Haltung seiner Familie, die ja bis vor eineinhalb Jahren in der DDR gelebt hat, wiedergibt.

Kinder, die ein solch erklärendes Gespräch nicht erfahren, scheinen äußerst bruchstückhafte Bilder im Gedächtnis zu behalten (brennende Ölfelder, weinende Menschen, tote Babys). Die Bilder lösen Angst aus, bleiben unerklärlich und damit äußerst bedrohlich. Um so wichtiger ist das Gespräch in der Klasse.

Rebecca ist in diesem Gespräch lebhafter und stärker beteiligt als sonst. Das eher zurückhaltende Kind (soweit es um Wissen und Beteiligung am Wissensaustausch geht) zeigt sich lebhaft, gut informiert, selbstsicher. Rebecca hat in diesem Gespräch mindestens soviel beigetragen wie die Sachunterrichtsspezialisten Markus und Frank. Das könnte damit zusammenhängen, daß sie als serbisches Kind von kriegerischen Auseinandersetzungen in besonderem Maß **selbst betroffen** ist. Demgegenüber war z. B. von Benjamin, der sonst bei allen Sachthemen viel zu sagen hat, nur sehr wenig zu hören, und wenn, hat er alles nur «weit weg» erlebt oder wünscht es dahin.

Erstaunlich ist, wie die Kinder von sich aus (der Lehrer hat kaum steuernd eingegriffen) das Gespräch «geführt» haben. Immer wieder finden sich Rückbezüge auf etwas, was zuvor gesagt wurde, Antworten, Widerspruch, Zustimmung… Trotzdem waren alle in der Lage, die unterschiedlichen Meinungen hinzunehmen. Das hat sicher auch damit zu tun, daß der Lehrer sich mit Wertungen und einer **Führung des Gesprächs** in eine bestimmte Richtung stark zurückhielt. Es zeigt aber auch, wieviel die Kinder inzwischen im sozialen Miteinander gelernt haben und daß sie sich insgesamt als Klasse oder Gruppe verstehen.

Interessant ist auch, daß die Kinder von sich aus den **Vergleich mit eigenen Streitereien** (der Stärkste sein wollen, nicht nachgeben wollen) herstellen. Auch wenn dieser Vergleich hinkt, zeigt er doch, daß die Kinder inzwischen über sich selbst nachdenken können, das heißt, Distanz gewonnen haben und zum Perspektivwechsel immer häufiger fähig sind.

Im weiteren Verlauf des Tages wurde überhaupt nicht mehr über den Krieg gesprochen. Den Bedürfnissen der Kinder, ihre Ängste und Erfahrungen darzustellen, war Rechnung getragen, und damit konnte für den Rest des Tages wieder «normal», sprich unabhängig von den Ereignissen, gearbeitet werden.

«Guck mal, was die süße Sachen hat!»

Im Februar 1991 begann eine andere Entwicklung, die hier genauer dargestellt werden soll, weil sie in ähnlicher Weise wohl immer wieder in Erscheinung tritt: das Sammeln von Stickers. Bereits am 28.9.90 findet sich ein erster Hinweis und am 2.11.90 steht in unserem Protokoll: *Vor dem Unterricht, auf dem Schulhof. Singh und Özgül tauschen Sticker, Barbie-Bilder und ähnliches. Singh hat auch ein Heft mit eingeklebten Bildern. Die Bilder kann man am Kiosk kaufen.* Aber im Februar 1991 ging es richtig los und wurde auch im Klassenraum und während des Unterrichts bedeutsam.

Stickers tauschen

8.2.90. Katrin und einige andere Mädchen schauen ein Sticker-Album an, ein kleines, bonbonfarbenes Heft mit glatten Blättern, in dem kleine selbstklebende Bildchen gesammelt werden können, die man ohne Schwierigkeiten auch wieder entfernen kann.

Der Matheunterricht beginnt. Katrin rechnet: «5 mal 5 gleich 5, 10, 15, 20, 25», sie zählt dabei an den Fingern die einzelnen Rechenschritte ab, greift dann nach ihrem Sticker-Album. Sie will etwas dazu erzählen. Özgül kommt hinzu. Der Lehrer geht vorbei. Katrin wendet sich wieder ihrer Rechenaufgabe zu. Die Aufgaben fallen ihr nicht leicht. Die nächste Aufgabe heißt: 4 mal 5 Pfennige. «Oh, Mann!! Wie geht das?» stöhnt Katrin.

Katrin läuft mit ihrem Stickerheft zu Sandra. Benjamin, mit Babystimme: «Am nächsten Schultag bring ich auch ein Heft mit!» Die Mädchen sind beim Stickerbewundern. Sida hat ein besonders bestauntes Sticker-Album, weil da viele metallisch glänzende Bildchen drin sind. Ich (G. B.) besitze Sticker von eigenen Hundefotos und biete Katrin ein Bildchen an. Daraufhin kriege ich ein anderes: Stikkers werden nicht verschenkt, sondern getauscht!

Nach der Pause zeigt mir Katrin, welche Sticker sie in der Pause auf dem Schulhof getauscht hat. Özgül betrachtet das Sticker-Album von Katrin, Sandra das von Sida.

Die Kinder sollen in den Kreis kommen. Katrin: «Sanni, komm, wir setzen uns da hin» (meint: zusammen in den Kreis, damit wir weiter Stickers gucken können). Asam, Ayse, Özgül, Sida, Katrin und Salia setzen sich im Kreis nebeneinander und stecken die Köpfe zusammen, um Stickers anzuschauen und zu bewundern. Sie vergleichen, wer was hat und was morgen (jemand verbessert: Montag) getauscht werden soll. Es wird ein Treffen nach der Schule vereinbart. Özgül fährt mit dem Finger einzelne Figuren nach. Ayse: «Ich hätte gern das.» Özgül: «Ich das und das und das!» (Sie deutet jeweils auf ein Bildchen.) «Guck mal, Ole!» Sie hält ihm das Sticker-Album hin. Ayse hält mir Sidas Sticker-Album hin: «Guck mal, was die süße Sachen hat!» Auch auf den Schönschreibheften kleben Stickers. Immer wieder stecken die Mädchen die Köpfe zusammen, um eins der Bildchen zu bewundern.

Stickers ermöglichen mehreres: Man kann sie anschauen und anfassen und vor allem **sammeln**, sich einen kleine Schatz zulegen und sich immer wieder daran ergötzen, wie unterschiedlich die verschiedenen Formen und Farbgestaltungen sind. Und man kann sie anderen zeigen, kann sich damit der Gemeinsamkeit mit anderen versichern (z. B. in der Einschätzung, was «geil» und «toll» ist) und zugleich sich selbst darstellen. Und man kann Stickers tauschen. Beim **Tauschen** muß man in Kontakt zu anderen treten, man kann die eigenen Wünsche (einen bestimmten Sticker zu besitzen) nur befriedigen, wenn man die Interessen und Bedürfnisse der anderen erkennt und sich auf sie einläßt, wenn man eine realistische Beziehung herstellt zwischen den eigenen Wünschen und denen der anderen. Noch sind es nur einige Mädchen, die Stickers und ein Sticker-Album besitzen. Und es ist sicher typisch, daß Katrin hier eine besonders aktive Rolle spielt.

Einerseits ermöglichen ihr die Stickers, sich in den Mittelpunkt der Aufmerksamkeit der anderen Kinder zu bringen, und andererseits sind sie für sie eine Möglichkeit, der Frustration des schulischen Alltags, vor allem bei den ungeliebten Mathe-Aufgaben, zu entkommen. Daß auch Sida, die sonst kaum etwas sagt, hier aktiv beteiligt ist, hängt wohl mit ihrer Vorliebe für Bilder zusammen (sie gilt unter den Kindern als Expertin im Bereich des Zeichnens und der Darstellung von Menschen, die allerdings auf uns Erwachsene sehr klischeehaft wirken).

Durch das Bedürfnis, die Stickers anderen zu zeigen, werden immer mehr Kinder aufmerksam, wird bei immer mehr Kindern der Wunsch geweckt, so etwas auch zu besitzen, beim Tauschen mitmachen zu können. Interessant erscheint noch, wie Benjamin auf die Animation durch die Mädchen reagiert. Spielt er nur Baby bzw. Kleinkind, oder findet er die Sticker-Heftchen wirklich attraktiv? Sicher habe ich selbst (G. B.) die Stickers-Mode in dieser Klasse mit angeheizt, weil ich beim Tauschen mitgemacht habe. Zugleich war es mir durch diese Beteiligung aber möglich, die Tauschmechanismen genauer kennenzulernen.

22.2.91. In der Frühstückspause entwickelt sich eine wahre Stikkers-Tauschorgie. Ich lerne: Für einen großen Igel muß ich zwei kleine Bildchen opfern. Besonders beliebt sind die «Stoff»-Bilder (rauhe Oberfläche). Manche Kinder haben einfache Hefte mit normalem Papier zu Sticker-Alben umfunktioniert. Said ist der einzige Junge, der bisher mittauscht. Er hat 18 Bildchen in einem normalen Heft, das er aber außen wunderschön verziert hat. Einige Bildchen kleben schon nicht mehr, weil sie häufiger mit schweißigen Kinderhänden und auch mit normalem Papier konfrontiert wurden. Anne rät, in solchen Fällen die Rückseite mit «Labello»-Lippenstift einzureiben. Said zeigt mir ein «Nerino»-Bild, Nerino sieht er auch immer, im Fernsehen, Kanal 8.

15.3.91. Benjamin klebt die Stickers nach Themen. «Das ist Paradies», sagt er und zeigt mir eine fröhlich-bunte Seite, auf der allerlei Tiere in Beziehung zueinander gesetzt sind. Dann bettelt er um eine «Klitzer-Karotte» und klebt sie zu einem Meerschweinchen. Benedikt hat nach den klassischen Kategorien (Glitzer, Wackel, Leucht, Stoff...) geordnet. Er hat eine Hologramm-Weltkugel und tauscht sie gegen einen WWF-Panda, obwohl er nur ein solches Hologramm-Bild besitzt. Immer mehr Kinder kommen hinzu. Der Panda ist sehr beliebt. Katrin sortiert offensichtlich innerhalb der Kategorien noch einmal, z. B. nach «Familien» (große und kleine Seehunde aus Stoff...). Markus hat seine Stickers in einer festen Klarsichthülle, «wasserdicht», wie er sagt. Er hat einen «Wackel-Apfel» (einmal sieht man den vollen Apfel, einmal einen durchgeschnittenen).

Stickers sammeln, das ist einerseits so etwas wie die Knopfschachtel, mit der ich als Kind gespielt habe. Immer wieder entdeckt man Neues, Gemeinsamkeiten, Unterschiede, Größen, Formen, Farben..., der Möglichkeiten ist kein Ende gesetzt, aber es gelingt zunehmend, Ordnung in diese Vielfalt zu bringen. Und hier liegt wohl eine Erklärung für die Faszination. Als Kind erlebt man die Vielfalt der umgebenden Welt als nicht bewältigbar, als ständige Bestätigung, wie klein und schwach man selbst ist, wie wenig man kann und weiß. Und **Ordnung in diese Vielfalt zu bringen, heißt, sich sicherer, kompetenter zu fühlen, die Gewißheit zu entwickeln: Damit werde ich fertig, das schaffe ich.** Und das ist sicher einer der Gründe, warum die Sammelleidenschaft bei Kindern immer wieder auftritt, gleichgültig an welchen Objekten, wenn sie nur vielgestaltig genug sind.

Zu diesem individuellen Spaß am Sammeln kommt bei den Stikkers aber noch die soziale Komponente hinzu: die **Möglichkeit der**

Selbstdarstellung, der Gemeinsamkeit mit anderen, der spielerischen und realen Balance zwischen eigenen Wünschen und den Wünschen anderer.

Und ein Drittes darf nicht übersehen werden: Sticker (und ähnliche Modeartikel) sind **Konsumgüter**, die eigens produziert werden, um Kinder als Käufer zu gewinnen. Durch die neuen Medien hat sich die sozialisatorische Beeinflussung durch Konsumartikel für Kinder noch verschärft. Zu neuen Fernsehserien gibt es zeitgleich nicht nur Videokassetten, sondern auch Stofftiere (vgl. Alf), Abziehbildchen, Comics, T-Shirts... Und es entsteht so etwas wie ein Gruppenzwang, solche Dinge zu besitzen, wenn man anerkannt sein will, ein Zwang, der auch finanziell beachtenswert ist. Der Preis für ein Sticker-Album bedeutet für einige Kinder viel Geld. Die Bildchen selbst kann man zwar durch geschicktes Tauschen vermehren, aber ohne «Eigenkapital» kommt man nicht ins Geschäft.

Es ist aber interessant, daß die Kinder noch relativ lässig und kreativ mit diesem Zwang umgehen. Nicht alle besitzen die teuren Stickers-Alben aus glattem Papier, sie versuchen sich auf anderen Wegen zu helfen. Allerdings bedeuten solche Notbehelfe, daß man damit nicht so «angeben» kann, nicht so angesehen ist. Umgekehrt hängt es wiederum vom Selbstbewußtsein des einzelnen und von seinem Ansehen in der Gruppe ab, ob solcher Widerstand gegen den Konsumzwang und alternative Umgehensweisen von den anderen akzeptiert werden. Insgesamt waren in diesem Fall die Mädchen stärker mit gekauften Büchern und vielen Stickers ausgestattet, die Jungen eher durch alternative Sammlungen in geringerem Umfang beteiligt. Und: Die Mode dauerte nicht lange. Insgesamt finden sich nur an neun Beobachtungstagen in der zweiten Hälfte des zweiten Schuljahres Hinweise auf die Sticker-Sucht und nach zwei sparsamen Hinweisen zu Beginn des 3. Schuljahrs überhaupt keine mehr.

«Das sieht so geil aus!»

Die folgende Szene, die wir wie die letzte Sticker-Szene am 15.3.90 protokolliert haben, ist typisch für die Art, wie die Kinder im 2. Schuljahr mit ihren Aufgaben umgehen und wie sie die gemeinsame Arbeit selbständig regeln. Und sie steht zugleich für die zunehmende Bedeutung des Themas Liebe und Sexualität.

Im Sandkasten soll eine Osterlandschaft entstehen. Hierzu sind gekochte und ausgeblasene Eier, Klopapierrollen und buntes Papier besorgt worden, die von den Kindern nun benutzt werden sollen, um Eier zu bemalen, Osterhasen und Blumen zu basteln. Ayse malt erst rot, dann lila, denn «das sieht so geil aus» ... Ayse beginnt zu mischen. Özgül schaut bei Ole zu, der etwas auf seine rosa Pappe schreibt. «O und K, Ole und Katrin!» Singh kommt vorbei und schaut ebenfalls zu. Said: «Natali, Ole liebt die Natali mehr als die Sani» (Abkürzung für Sandra). Sandra: «Gut so.» Sie scheint wenig interessiert. Özgül hört und schaut interessiert zu und amüsiert sich... Ayse mischt derzeit Blau und Rot. «Sieht geil aus!» Immer neue Farben entstehen, nicht nur bei Ayse, sondern nun auch bei den anderen. Immer wieder werden neue Farbtöne als geil bezeichnet. Özgül malt Hellblau (Blau und Weiß gemischt) über ihr rotes Ei. Özgül: «Ayse, schubs mich nicht!» Kurz drauf: «Ole liebt Ayse.» Ole: «Nein!» Özgül: «Lüg doch nicht, du hast gesagt, die sieht schön aus.» Ole: «Wer glaubt, daß ich einen Ex-Bruder habe?» Özgül: «Glaub ich nicht! Ihr müßt zusammen wohnen.» Lehrerin im Vorbeigehen leise zu Özgül: «Ihr stört mich.»

Özgül: «Ich sag mal einen Witz.» Sie erzählt sehr schnell «Fritzchen soll herausfinden, wie der Eierladen heißt. Er fragt seinen Vater. Der weiß es auch nicht. Er sagt: ‹Geh in den Keller, und das erste, was du sieht, ist der Name vom Eierladen.› Fritzchen geht in den Keller. Er findet eine alte Unterhose vom Vater, geht zurück und erzählt das dem Vater. Der sagt: ‹Dann heißt der Eierladen halt Unterhose.› Am nächsten Tag in der Schule fragt die Lehrerin: ‹Wer weiß, wo es die schönsten und dicksten Eier gibt?› Fritzchen: ‹In Vaters Unterhose.›» Dann erzählt Katrin einen Witz: «Die Oma geht mit Fritzchen spazieren. Der will was von der Erde aufheben. Die Oma sagt: ‹Man hebt nichts auf, was am Boden liegt.› Fritzchen findet 1 DM und will sie aufheben. Die Oma sagt: ‹Man hebt nichts auf, was am Boden liegt.› Fritzchen findet eine Bananenschale und will sie auf den Müll werfen. Die Oma sagt: ‹Man hebt nichts auf, was am Boden liegt.› Die Oma rutscht auf der Bananenschale aus und fällt hin. Ein Briefträger kommt vorbei und sagt zu Fritzchen: ‹Warum hilfst du denn deiner Oma nicht?› Fritzchen: ‹Man hebt nichts auf, was am Boden liegt.›»

Der Mathelehrer ist in die Klasse gekommen. Said, verwundert: «Herr Eilers?» (Was hast du jetzt hier zu suchen?) Özgül: «Eilers fängt nicht mit A an, E i.» Özgül gibt ihren Karton-Eierständer wieder Ayse zum Halten und geht neues Wasser holen. Der Mathelehrer bewundert derzeit die «Werkstatt». Ich erzähle ihm, daß hier «der geile Farben-Tisch» ist. Der Mathelehrer bewundert die geilen Farben. Ole: «So etwas darfst du nicht sagen!» – «Warum?» – «Weil du zu alt bist.» Was er sonst sagen dürfe, fragt der Mathelehrer. «Cool» und «schwul» werden genannt. Der Mathelehrer fragt zurück, was schwul heißt. Özgül: «Schwul? Mann und Mann», sie hustet bedeutungsschwanger. Der Lehrer will wissen, woher sie das weiß. »Im Fernsehen gesehen, zwei Männer haben sich geküßt, da hab ich weggeschaut, eklig.» Ole: «Was ist denn dabei, küssen sich doch alle.»

Im Abschlußkreis darf jedes Kind vorstellen, was es heute gemacht hat. Besonders gelobt wird Frank, weil er einen Klopapierhasen mit Fell bekleidet und mit Fellohren versehen hat. Frank steht stumm und steif da, er weiß mit dem Lob nicht so recht etwas anzufangen. Özgül zeigt ihr Ei. Die Lehrerin schickt sie eine Klopapierrolle holen, damit sie das Ei draufsetzen kann, und schlägt vor, die Rolle mit weißer Spitze zu verkleiden. Özgül: «Whau! Hochzeit. Die heiraten gleich!» Zum Schluß wird für alle geklatscht.

Zur psycho-sexuellen Entwicklung

Kohlberg (1974, 334 ff) geht in seiner Theorie zur kognitiven Entwicklung des Kindes davon aus, daß Geschlechtsidentität ein Produkt des kognitiven Wachstums sei, und unterscheidet dabei qualitativ unterschiedliche Phasen. Während jüngere Kinder durchaus meinen, sie könnten ihr Geschlecht ändern, wenn sie es wollten oder wenn sie sich verkleideten, weil sie noch keinen Begriff von der Konstanz des eigenen Körpers bzw. von der Unveränderbarkeit ihrer Geschlechtszugehörigkeit haben, entwickelt sich bis zum fünften Lebensjahr eine stabile Geschlechtsidentität. Diese fundamentale Selbstkategorisierung als «Junge» bzw. «Mädchen» determiniert fundamentale Wertungen, die dazu führen, daß die Kinder zunehmend nach geschlechtstypischen Verhaltensweisen Ausschau halten und versuchen, sich wie ein Junge bzw. ein Mädchen zu verhalten.

Geschlecht wird verstanden «als eine der wichtigsten sozialen Repräsentationen, welche die Konstruktion einer ersten sozialen Identität über die Geschlechtszugehörigkeit leitet. Die Selbstkonstruktion des Kindes als Mädchen oder Junge und die Geschlechtsunterscheidung mit zugehörigen Symbolen ermöglichen seine Einordnung in die soziale Welt. Die sich entwickelnden Konzepte davon gehen bestärkend, wunschlenkend, mögliche Vorbilder markierend in die weiteren Tätigkeiten des Kindes ein.» (Bilden, 1991, 282)

Kinder kommen in der Regel mit einer stabilen Geschlechtsidentität in die Schule. Die Grundschulzeit entspricht der Phase, in der diese Geschlechtsidentität erprobt und ausdifferenziert wird: In ständigem Beobachten und Versuchen wird ein Verhalten entwickelt, das für Jungen bzw. Mädchen als «gut» und «richtig» gilt.

Untersuchungen, die nicht nur die geschlechtsspezifische Sozialisation, sondern auch die psycho-sexuelle Entwicklung zum Thema haben, sind allerdings selten. Daß auch Kinder erotische Erfahrungen haben, daß sie Geschlechtsneugier zeigen, wird selten zugegeben und kaum besprochen, geschweige denn untersucht. Und auch die Tiefenpsychologie, die ja vor allem in der Nachfolge von Freud von einer frühkindlichen Sexualität ausgeht, interpretiert das Alter der Sechs- bis Zwölfjährigen als die Latenzphase, in der die Sexualität praktisch keine Rolle spiele. Dem widerspricht Bornemann (1981, 218 ff): «Um ihre Ängste vor dem anderen Geschlecht zu verbergen, entwickeln beide Geschlechter in diesem Lebensalter ein gewisses Imponiergehabe. Es äußert sich bei den Buben im Angeben, im Prahlen und in Hahnenkämpfen, die eine Hackordnung innerhalb der Schulklasse oder der heimatlichen Spielgruppe festlegen sollen. Wettrülpsen und Wettpupsen sind harmlose Regressionen auf die orale und anale Phase. Eindeutig genital ist die Tatsache, daß die Mädchen mit gefüllten Gummiblasen, mit Wasserpistolen oder gar mit gefüllten Präservativen bespritzt werden. Die Mädchen dagegen versuchen die Buben in der Schule zu überholen und entwickeln bei ihrer Rivalität oft einen geradezu aggressiven Lerneifer.» All diese Formen sind für Bornemann «Versuche, die eigene Identität zu finden. Und die läßt sich nur finden, indem man den eigenen Körper von dem eines anderen Menschen abgrenzt... Die... Neigung der Kinder dieser Altersstufe zum ‹Schweinigeln›, d. h. zum Aussprechen ‹verbotener› Worte der Umgangssprache, zeigt sich auch in der Schule, und zwar besonders im 2. Schuljahr... Offensichtlich dient die Latenzperiode in unserer Kultur vor allem der Ich-Stärkung» (Bornemann, S. 218 ff).

«Würden Sie Ihren Freund im Stich lassen?»

Gegen Ende des 2. Schuljahres tritt eine neue Entwicklung häufiger in den Vordergrund. Zunehmend wird Gleichheit auch auf die Beziehung zu Erwachsenen angewandt. Dafür zwei Beispiele:

24.5.91. Die Kinder sitzen im Kreis. Die Lehrerin bespricht einige «ernsthafte Dinge». Das bezieht sich vor allem auf Ordnungsfragen: das Einheften der Arbeitsblätter in die richtige Mappe, die pünktliche Weitergabe der für die Eltern gedachten Informationen und die Beachtung der Unterrichtsanfangszeiten. In diesem Zusammenhang erzählt Norbert, warum er zu spät gekommen ist. Er hat Jan abholen wollen, aber der war noch nicht fertig. Und da sind sie halt beide zu spät gekommen. Die Lehrerin meint, Norbert hätte allein gehen können, um pünktlich in der Schule zu sein. Norbert antwortet empört: «Würden Sie Ihren Freund im Stich lassen?!» Die Lehrerin entgegnet, daß Jan ja den Schulweg kennt und Norbert ihn deshalb nicht im Stich gelassen hätte, wenn er allein zur Schule gegangen wäre. Auch Katrin schlägt sich auf Norberts Seite und argumentiert, daß es wichtiger sei, auf den Freund zu warten, als pünktlich in der Schule zu sein.

Während die Kinder gegenüber anderen Kindern bereits in der Lage sind, das formale Prinzip der Gleichheit individuell zu modifizieren, gelingt es ihnen gegenüber Erwachsenen erst jetzt, das Prinzip «Gleiches Recht für alle» anzuwenden. Damit gewinnen sie ein Instrument, sich gegen deren Übermacht zur Wehr zu setzen. Regeln und Prinzipien erhalten nun zunehmend die Funktion, für **Gleichheit zwischen Kindern und Erwachsenen** zu sorgen. Wenn Norbert sagt «Würden Sie Ihren Freund im Stich lassen?!», so ist dies für ihn keine akademische Frage. Der Konflikt, in dem er steht, verläuft nicht nur zwischen den abstrakten Prinzipien «Pünktlichkeit» und «Freundschaft». Vielmehr muß er abwägen, ob er zu dem Unterricht der Lehrerin unbedingt rechtzeitig kommen muß oder ob er die sich gerade anbahnende Freundschaft mit Jan aufs Spiel setzen soll. Norbert hat sich vielleicht für die Option entschieden, bei der er am meisten Verständnis zu erwarten hoffte, also für die Freundschaft und das Zuspätkommen. Oder er hat soweit gar nicht vorausgedacht, nutzt aber jetzt die Situation, um seine Freundschaft zu Jan und sein Ansehen in der Kindergruppe zu festigen und einen kleinen Machtkampf mit der Lehrerin auszufechten.

Das eigene Recht gegenüber Erwachsenen zu vertreten oder für das Recht eines anderen zu kämpfen, dabei wird Autonomie erprobt und durchgesetzt, um die zunächst zwangsläufig unsymmetrische Beziehung allmählich in eine symmetrische verändern zu können. Insofern ist diese Entwicklung als ein Fortschritt in Richtung auf Gleichheit und Selbstverantwortung zu sehen, auch wenn die in diese Machtkämpfe verwickelten Erwachsenen es in der Situation als kontraproduktiv erleben.

Man kann davon ausgehen, daß die Beziehung zu anderen Kindern, und speziell die enge freundschaftliche Beziehung, eine Voraussetzung dafür ist, auch die Beziehungen zu Erwachsenen als symmetrische Beziehungen zu begreifen und zu gestalten (vgl. auch Youniss, 1982, 90ff).

In der von uns untersuchten Klasse setzt diese Entwicklung relativ früh ein, was wohl damit zusammenhängt, daß den Kindern große Freiräume für ihre Beziehungsarbeit zur Verfügung gestellt wurden und daß die beteiligten Erwachsenen sich immer wieder um Reziprozität und Gleichheit der Beziehungen bemühten. Regeln und Rituale erhielten die Funktion, diese Gleichheit für alle sicherzustellen.

Zur Bedeutung der Peer-group (Gruppe der gleichen)

Im Laufe der beiden ersten Schuljahre und verstärkt im zweiten Schuljahr wächst die Bedeutung der anderen Kinder für das soziale Lernen, werden zunehmend die Normen und Regeln der Kindergruppe wichtig, handeln einzelne Kinder immer häufiger, um von anderen oder einer Gruppe von anderen anerkannt zu werden. Allerdings bezieht sich die Forschung zur Bedeutung der «Peer-group» (die Übersetzung «Gleichaltrigengruppe» ist ungenau, weil es nicht um das Alter, sondern um die tendenzielle Gleichheit der Mitglieder geht) meist auf etwas ältere Kinder und Jugendliche. Die in den Peer-groups vorhandenen Gruppenstrukturen werden meist mit soziometrischen Methoden untersucht, d.h., die Kinder werden z.B. gefragt, neben wem sie sitzen oder wem sie ein besonders gelungenes Bild zeigen wollen. Aufgrund der dabei genannten Wahlen wird auf Freundschaften und Gruppenbeziehungen geschlossen. Petillon kam bei seiner Untersuchung, die er zu Beginn und zum Ende des ersten Schuljahres und zum Ende des zweiten Schuljahres durchführte, zu dem Ergebnis, daß die durchschnittliche Anzahl der abgegebenen Wahlen ebenso ansteigt wie der Anteil wechselseitiger Nennungen und daß der Anteil von Kindern, die nicht genannt werden, kontinuierlich sinkt. «Es ist anzunehmen, daß die Kinder im Sinne eines sozialen Anspruchsniveaus allmählich Vorstellungen darüber entwickeln, welche Spielpartner ihnen aufgrund ihres eigenen Status ‹zustehen›. Durch ein solches Wahlverhalten entsteht eine Gruppenstruktur, die deutlich zwischen einflußreichen und einflußlosen Teilgruppen trennt» (Petillon 1993a, 89, 91f).

Wir konnten im zweiten Schuljahr noch keine klar definierten «Gruppen» mit Außengrenze, interner Struktur, Solidarität und eigenen regulativen Normen und Zielen beobachten, wohl aber eine steigende Bedeutung der anderen Kinder insgesamt. Diese Beobachtung wird auch durch die Untersuchung von Oswald und Krappmann (1988, 52f) gestützt, die folgerichtig nicht von einer Gruppe, sondern von einem «Geflecht» sprechen und feststellen, «daß die durch soziometrische Messung festgestellte zeitliche Instabilität von Kinderfreundschaften unter anderem deshalb überschätzt wird, weil das Auf und Ab von Freundschaften in Gruppierungen des Typs ›Geflecht‹ dazu führt, daß Kinder, die durchaus eine dauerhafte Beziehung haben, aber sich zeitweise nicht Freundin bzw. Freund nennen, für diese Zeitpunkte fälschlich als ohne Beziehung miteinander eingestuft werden.»

Man könnte es also als vordringliche Aufgabe des sozialen Lernens im 1. und 2. Schuljahr bezeichnen, viele Kontakte zu anderen Kindern zu knüpfen, die es ermöglichen, in lockerer und fester Form Beziehungen aufzubauen und dadurch Selbstbewußtsein, z. B. auch der eigenen Geschlechtsidentität, und Selbstvertrauen sowie die Fähigkeit zu gleichberechtigter Kooperation zu entwickeln. Diese Kontakte und Beziehungen zu anderen Kindern sind auch die Voraussetzung für die Loslösung von den Erwachsenen und die Generalisierung des Prinzips symmetrischer Beziehungen.

Das dritte Schuljahr

Das 3. Schuljahr hat begonnen. Es gibt ein neues Kind in der Klasse: Meral, eine Jordanierin, die vom jetzigen 4. Schuljahr ins dritte zurückversetzt worden ist.

Wiederum soll hier ein Tag aus der ersten Schulwoche genauer beschrieben werden, diesmal vor allem deswegen, weil an diesem Tag bereits alle Themen auftauchten, die für das 3. Schuljahr wichtig und bestimmend waren: Noten, Geschichten schreiben, Jungen – Mädchen, Streit und Konflikte, Streiche und Ironie, Gleichheit zwischen Kindern und Erwachsenen.

Wir haben an dieser Stelle zunächst überlegt, ob es für die weiteren Beschreibungen besser sei, einzelnen Themen zu folgen und dazu jeweils mehrere Szenen aus dem 3. Schuljahr zu präsentieren. Wir haben uns jedoch entschieden, weiterhin der Chronologie zu folgen, und zwar mit folgender Begründung: Die Kinder erleben die einzelnen Themen keineswegs getrennt, sondern immer eingebettet in höchst komplexe Zusammenhänge. Um diese Komplexität bewußt zu machen und damit auch aufzeigen zu können, wie kompliziert soziales Lernen in den realen Handlungssituationen ist, folgen wir weiterhin dem Zeitverlauf, so wie ihn ja auch die Kinder erlebt haben.

«Ich will überhaupt keinen Fehler machen!»

16.8.91. Die Lehrerin ist krank. Der Mathelehrer und die Referendarin machen heute den Unterricht. Nach einem Spiel im Kreis schickt der Lehrer die Kinder an ihre Plätze, um am Mathe-Wochenplan zu arbeiten. Ich höre, wie Ayse mit Asam und Meral diskutiert: «Aber du zeigst ihr alles!» (Betonung auf «alles», gemeint ist wohl: So hilfst du ihr nicht, daß sie es lernt; richtig wäre Hilfe zur Selbsthilfe).

Ich setze mich zu Tisch 2. Özgül hat vor sich ein Arbeitsblatt und ein Heft, in das sie verschiedene Reihen des Einmaleins geschrieben hat. «Der Herr Eilers darf noch nicht zu mir kommen. Ich habe noch was zu tun!» Sie vergleicht und überprüft offensichtlich, ob sie richtig gerechnet hat. Als der Lehrer dann kommt, sagt Özgül: «Ich will überhaupt keinen Fehler machen, sonst krieg ich eine schlechte Note!» Der Lehrer fragt: «Ist das so wichtig?» Özgül will eine «1» haben. Markus: «Ich will auch eine 1, dann krieg ich 5 Mark!» Özgül: «Ich will keine schlechte Note haben» (Betonung auf: keine). Özgül will vom Lehrer die Bestätigung, daß sie eine «1» in Mathe kriegen kann. Der Lehrer sagt: «Vielleicht gibt es im 3. Schuljahr noch keine Noten.» Özgül: «Hoffentlich gibt's welche!»

Özgül trägt heute weiße lange Trikothosen mit Muster und darüber ein bräunliches Baumwollhemd, das durch eine Gürteltasche vor dem Bauch in der Taille zusammengerafft ist. Das Haar ist nackenfrei geschnitten. Sie bewegt sich – so mein Eindruck – sehr grazil und selbstsicher, selbstbewußt, und wirkt auf mich eher jugendlich als kindlich.

In der zweiten Stunde dauert es im Kreis eine ganze Zeit, bis die Referendarin anfangen kann. Ayse will ein Foto von ihrem Haus in der Türkei zeigen. Sie wird auf «später» vertröstet: «Dann brauchen wir das!» Ayse setzt sich und liest ihre Geschichte noch einmal durch, Özgül lehnt sich an Ayse, hört zu und liest mit den Augen mit.

Die Referendarin diszipliniert mehrfach Kinder, die ihr zu unruhig sind. Salia fängt einmal an: «daß Lehrer immer so schnell...», aber ein Blick der Referendarin läßt sie aufhören.

Gerade bei den Mädchen zeichnet sich eine Änderung des Verhaltens ab. Da ist nicht nur die Zentrierung des Interesses auf die Noten (Özgül wird in der Folge immer mehr Schwierigkeiten mit der Mathematik bekommen, weil sie sich vor Fehlern fürchtet und sich nicht mehr traut, etwas auszuprobieren), da ist vor allem ein anderer Umgang mit sich selbst, dem eigenen Körper und der Beziehung zu den anderen (Intimität mit anderen Mädchen, deutliche Selbstdarstellung und Provokation in Richtung Jungen). Und es findet sich häufiger Widerspruch oder Kritik gegenüber Erwachsenen, in diesem Fall sogar von Salia an der auch bei ihr äußerst beliebten Referendarin.

Im Kreis werden selbstgeschriebene Texte vorgelesen. Sie waren angeregt worden durch die Geschichte von Jonas, der sich selbst gemalt hat und dessen Bild plötzlich als Doppelgänger lebendig geworden war. Zunächst kommt Norbert dran. Sein Doppelgänger ist ein «böser Bube»: Er sagt in der Schule ganz schlimme Wörter, und zu Hause verwüstet er die Wohnung. Jonas bekommt zur Strafe Hausarrest. Hannes' Doppelgänger ist offensichtlich ein «lieber Junge», aber in der Schule lachen sie über ihn. Nur Jonas' Freund lacht nicht. Dieser Freund ist ein «guter Kumpel». Dann kommt Lukas dran. Sein Doppelgänger liefert in der Schule schlechte Arbeit. Er sagt zu Jonas, daß er «kein Bild malen kann». Jonas ist beleidigt. Er will den Doppelgänger wegradieren, aber der hat den Radiergummi geklaut.

In den Doppelgängertexten wird die eigene Situation projiziert und bearbeitet. Insgesamt zeigen diese freien Texte auch ein großes Vergnügen an Regelverletzungen, die Untaten des Doppelgängers sind schlimmer als die, die die Kinder sich selbst leisten. In der Phantasie kann man ausleben, was in der Realität nicht möglich wäre. **Freie Texte haben damit eine Sublimierungsfunktion:** Sie ermöglichen es, den Gedanken und Wünschen freie Bahn zu lassen, und zwar in einer sozial verträglichen Form, bei der Regelverletzungen Ansehen bei anderen einbringen, ohne jemandem zu schaden.

«Der Kartoffelarsch, der kann mich mal!»

In der Frühstückspause (16.8.91) bewegen sich Özgül und Ayse in Tanzhaltung (Gesicht zueinander, an beiden Händen angefaßt) durch den Raum. Benedikt und Frank fangen die beiden mit einem Seil ein und versuchen, sie zusammenzubinden. Die beiden Mädchen befreien sich. Frank: «Wen nehmen wir uns denn jetzt?» Benedikt: «Keinen – erst mal Pause.» Benedikt steckt das Tau in die Hosentasche. Benjamin springt auf Benedikts Rücken und läßt sich tragen.

In der Frühstückspause. Özgül und Ayse setzen sich auf ihren Platz, um Rummikub (ein Zwischending zwischen Karten- und Rechenspiel) zu spielen. Ole kommt und sucht Körperkontakt zu Özgül. Die wehrt ihn ab, er geht weg. «Du hast einen Kartoffelhintern!» ruft sie ihm nach. Er kommt zurück und kippt Özgüls Stuhl samt Özgül nach hinten (wirkt genau kontrolliert, absolut spielerisch). Özgül hält sich am Tisch fest, Ayse hält Özgül fest. Ole läßt los. Özgül feiert den Sieg: «Der Kartoffelarsch, der kann mich mal!» Ole kommt zurück (so daß sein Vorhaben nicht auffällt), klaut Özgül den Ranzen und versteckt ihn. Ole geht hinter dem Stuhl von Özgül vorbei. Özgül steht auf und kneift ihn in den Arm. Ole, empört: «Die petzt die ganze Haut auf!» Jan kommt hinzu und will mitmischen, Özgül haut ihm auf den Kopf. Jan geht rückwärts und mault: «Hat die einen Schlag drauf!» Pit: «Özgül, dein Ranzen!» Sie holt ihn sich zurück. Ole geht zu Özgül und sagt: «Ich sag Entschuldigung!» Dabei macht er eine Geste (Ring aus Zeigefinger und Daumen der linken Hand, den Zeigefinger der rechten Hand durch den Ring gesteckt). Er setzt sich an seinen Platz, schaut aber zu Özgül und Ayse, die weiter versuchen, ihr Rummikub-Spiel in Gang zu kriegen. Ein Spielstein fällt runter. Er hebt ihn auf und legt ihn auf den Tisch. Ayse: «Hör auf!» Ole: «Hab gar nichts gemacht!» Dann geht Ole mit anderen Jungen nach draußen, Ayse und Özgül spielen kurz, gehen dann auch nach draußen.

Immer deutlicher wird, daß die Mädchen, zumindest die Gruppe der älteren Mädchen, in dieser Klasse dominieren. Sie stellen sich und ihren Körper dar, demonstrieren Selbstbewußtsein. Die Jungen reagieren darauf häufig mit Streichen (hier: einfangen, festbinden, Stuhl umkippen), d.h., sie suchen die körperliche Nähe, versuchen aber zugleich, ihre körperliche Stärke gegenüber den Mädchen herauszustellen. Das gelingt aber nur zum Teil, da vor allem Özgül sich verbal und auch mit körperlicher Gewalt zur Wehr setzt, obwohl sie, von Größe und Gewicht her, unterlegen sein müßte. Das Erstaunlichste an dieser Szene ist, daß Ole und Jan sich das gefallen lassen, ja sogar mit so etwas wie Bewunderung reagieren. Ole verbindet allerdings seine Unterwerfung mit einer magisch-sexuellen Geste, die wohl bedeuten soll, daß die Unterwerfung nicht ernst gemeint ist und er sich doch in die Position der Stärke wünscht.

«Früher hab ich immer gedacht, Spasti sei nur ein Schimpfwort!»

Als die Pause zu Ende ist, gibt es Diskussionen um Said, der ein kleines Mädchen geschlagen haben soll. Die Episode ist nicht ganz aufzuklären.

Auch solche Szenen, Konflikte auf dem Schulhof, die dann zu nachfolgenden Szenen in der Klasse führen, häufen sich nun. Genauere Interpretationen sowie Beschreibungen, wie die Erwachsenen in dieser Klasse damit umgegangen sind, werden im weiteren Verlauf des 3. Schuljahres dargestellt.

Die Referendarin fordert die Kinder auf, von den Ferien zu erzählen oder aus dem Ferientagebuch vorzulesen. Wiederum, wie im zweiten Schuljahr, dienen die Geschichten eher dazu, daß jeder etwas sagen kann. Lukas Geschichte ist sehr lang. Die Referendarin unterbricht und vertröstet ihn auf Montag. Norbert: «Hast du gestern auch gesagt, daß wir heute lesen!»

Özgül und Ayse kabbeln sich mit Jan. Özgül (zu Jan): «Halt die Klappe, du Spastiko!» Aggressiv ist eigentlich nur die Wortwahl, nicht der Tonfall. Aber das Wort scheint Jan nicht sonderlich zu beeindrucken, denn er reagiert nicht.

Zur Interpretation wollen wir diesmal dem Geschehen vorgreifen: Anfang des 4. Schuljahres wird Benjamin bei einer ähnlichen Gelegenheit sagen: «Früher hab ich immer gedacht, Spasti sei nur ein Schimpfwort. Und dabei gibt's das wirklich!» – eine Szene, die deutlich macht, daß viele der Schimpfwörter der Kinder, die wir Erwachsenen schlimm finden, für Kinder nur ein Mittel sind, mit dem man andere ärgern kann, die aber keinerlei weitere und tiefere Bedeutung und erst recht keinen Realitätsbezug besitzen. Sicher entspricht dieses Verständnis auch einer eher egozentrischen Haltung, die die Existenz der Objekte außerhalb der eigenen Person noch nicht in jedem Fall wahrnimmt und die Gefühle anderer noch nicht einkalkuliert. Im 4. Schuljahr ist Benjamin dann in der Lage, sich die reale Bedeutung zu vergegenwärtigen und sich auch in die möglichen Gefühle eines so Beschimpften hineinzuversetzen.

«Ich werde die Ayse erst nackt malen!»

Nun haben die Kinder die Aufgabe, etwas aus ihren Ferien zu malen. Daraus soll dann ein großes Gemeinschaftsbild entstehen. Özgül und Ayse beraten, was sie malen wollen. Offensichtlich haben sich die beiden Familien in der Türkei getroffen. Es gibt zwei gemeinsame Erlebnisse, von denen die beiden Mädchen heute häufiger gesprochen haben: Sie waren gemeinsam am Strand, und sie haben ein Baumhaus gemalt. Nachdem das Meer blau ist, malt Özgül den Strand beige. Dann diskutiert sie mit Ayse, was noch alles am Strand gemalt werden muß. Es entstehen: ein Sonnenschirm, eine Decke, eine Sonnenbrille, der Kopf von Ayse mit langem Haar («Das hat sie sich erst schneiden lassen!»). «Ich werd' die Ayse erst nackt malen!» Sie baut mit ihrem Mäppchen ein Mäuerchen, damit keiner die nackte Ayse sieht. Pit spielt mit, schaut übers Mäuerchen und ruft: «Ich hab sie nackt gesehen!» Özgül macht eine Abwehrbewegung, das Wasser fällt um. Özgül rettet das Bild, wischt das Lineal an ihrem Hemd ab («Ist eh so!», d.h., das Hemd hat auch eine verwaschene, blaugraue Farbgebung), ruft: «Vorsicht, Bild!» (Ayse soll ihr Bild retten, es wäre – im Gegensatz zu ihrem Hemd – wirklich schade, wenn dem Bild was passierte), leert den Rest von Wasser aus dem Glas auch noch auf den Tisch, holt einen Schwamm und wischt das Wasser auf. Dann geht die Malarbeit weiter.

Der eigene Körper, gerade auch der nackte Körper, **ist ein wichtiges Thema für die Mädchen** – ein Thema, das aber zugleich benutzt wird, um die Jungen zu provozieren. Diese Provokation hat allerdings, im gemeinsamen Verständnis aller Beteiligten, etwas Spielerisches, eine ironisierende Distanz: Im Spiel kann man darstellen und thematisieren, was sich sonst der Kommunikation entzöge. Özgül und Pit wissen sehr wohl, daß Ayse hier nicht nackt zu sehen ist, trotzdem baut Özgül einen Sichtschutz und versucht Pit diese Barriere zu überwinden, um dann triumphierend zu erklären, er habe «Ayse nackt» gesehen. Durch die Ironie zeigt man, daß man es nicht ernst meint, und gewinnt so die Möglichkeit, Dinge zu sagen oder zu tun, von denen man weiß, daß sie Tabus verletzen. Diese **ironische Brechung** im bewußt spielerischen Umgang mit Situationen zeigte sich bereits ab der zweiten Hälfte des 1. Schuljahres vereinzelt, zunehmend dann im 2. Schuljahr, und sie wird jetzt im 3. Schuljahr immer stärker kennzeichnend.

«Stimmt's?»

23.8.91. Matheunterrricht. Nach der Einführungsphase gehen die Kinder an ihre Plätze. Özgül hat sofort ihr Arbeitsblatt vor sich und sortiert zusammen mit Ayse die Plättchen (Rechenmaterial) auf dem Tisch. Sie schreibt ihren Namen und das Datum auf das Arbeitsblatt und beginnt zu arbeiten. Sie liest die Aufgabe auf dem Arbeitsblatt, schaut unter den Tisch und schreibt dann das Ergebnis hin. Özgül hat unter dem Tisch ihr Heft auf dem Schoß, in das sie die Einmaleins-Reihen eingeschrieben hat. Sie rechnet also nicht, sondern liest das Ergebnis in einer Tabelle ab. Es gibt Aufgaben, die sie «kann», da schreibt sie sofort das Ergebnis hin (etwa 2er- und 3er-Reihe). Dann ist Özgül mit den Mal-Aufgaben fertig und will das nächste «Päckchen» anfangen. «Geteilt! Frau Beck, wie geht das?» Es handelt sich um Ergänzungsaufgaben, die einen Rückschluß verlangen: $\_ : 4 = 3$. Özgüls Strategie des Nachschlagens funktioniert nicht mehr. Ayse empfiehlt ein ausprobierendes Verfahren. Özgül ist irritiert. Nach einiger Zeit sagt Ayse: «Kommt 12 hin!» Özgül traut dem Frieden nicht: «Herr Eilers!» Sie steht auf und geht zum Mathelehrer. Ich bekomme nicht mit, was die beiden verhandeln. Özgül kommt zurück, schreibt die 12 hin, soll dann rechnen: $\_ : 2 = 9$. Sie schreibt 18 hin und fragt mich: «Stimmt's?» Ich versuche, ihr die Kontrolle mit Hilfe der Rechenplättchen zu empfehlen. Sie reagiert ungeduldig: «Stimmt's?»

Hier setzt sich das **Thema «Noten»** fort. Özgül ist zunehmend unfähig zu rechnen. Probleme, denen sie sich im 2. Schuljahr ausprobierend genähert hätte, lösen nun Irritation und Nervosität aus. Sie will nicht wissen, wie sie die Aufgabe lösen kann, sondern nur, ob sie das richtige Ergebnis hat. Sie traut ihren eigenen Fähigkeiten nicht mehr und sucht bei jedem Ergebnis die Bestätigung durch einen Erwachsenen. Sie gewinnt ihr Selbstbewußtsein nicht aus dem Wissen, etwas zu können, ihr einziges Interesse ist: keine Fehler zu machen und eine gute Note zu kriegen. Es entsteht ein Teufelskreis: Je mehr sie sich darauf konzentriert, gute Noten zu bekommen, um so weniger wird sie in der Lage sein, sich locker und konzentriert den Aufgaben zu stellen, um so schwieriger wird es werden, gute Noten (oder vergleichbare Gratifikationen der Erwachsenen) zu bekommen. Woher kommt diese Orientierung auf die Noten? Noch immer gehören im Bewußtsein vieler Eltern und älterer Geschwister Noten zur Schule dazu. Und obwohl die Kinder in den beiden ersten Schuljahren keinen direkten Leistungsvergleich (Klassenarbeiten) erfahren haben und ihre Leistungen nicht benotet wurden, gab es immer wieder Hinweise auf die Möglichkeit, die Lehrerin könne die Versetzung in die nächste Klasse verweigern. Dieses Gefühl der Abhängigkeit, verbunden mit dem Wissen, daß es ab dem 3. Schuljahr Noten gibt, aktiviert nun plötzlich die allgemeinen Erwartungen gegenüber Schule und Noten und damit einen Leistungsdruck, mit dem die einzelnen Kinder höchst individuell umgehen.

«Ayse hat gewonnen!»

Anfang September 1991 konnten wir eine Szene protokollieren, die belegt, wie klar die Kinder inzwischen ihre eigene soziale «Verortung» kennen, wie gekonnt sie damit umgehen und wie sehr sie immer wieder auf unterschiedlichen Ebenen gleichzeitig leben und handeln (vgl. die Gesprächsszene vom 24. 11. 89 und deren Interpretation).

6. 9. 91. Der Mathelehrer hat Spiele mitgebracht und läßt im Kreis erraten, was mit welchem Spiel los sein könnte. Dabei ist «Das lustige Leiterspiel», ein selbst hergestelltes Spiel, bei dem die Ziffern von 1 bis 100 einer Schlangenlinie folgend angeordnet sind. Zwischen einzelnen Ziffern, die jeweils rot markiert sind, gibt es eine Leiter. Der Lehrer sagt, daß nun an jedem Tisch mit einem Spiel gespielt werden soll. Nach einer Viertelstunde soll gewechselt werden.

«Das lustige Leiterspiel»

Ich setze mich zu Tisch 2. Dort sitzen Ayse, Özgül, Nina, und gegenüber von Ayse und Özgül sitzen Markus und Lukas. Sie haben das lustige Leiterspiel bekommen und eine Dose mit Spielsteinen und Würfeln. Es werden keinerlei Regeln vereinbart, sondern jeder sucht sich sofort einen Spielstein. Dann wird ein Würfel herausgefischt, und es geht los. Gewürfelt wird in folgender Reihenfolge: 1. Özgül, 2. Ayse, 3. Lukas, 4. Markus, 5. Nina, 6. Özgül... – also nicht reihum nach der Sitzordnung, sondern offensichtlich nach anderen Kriterien (erst die «führenden» Mädchen, dann der «führende Junge», dann Markus und Nina). Diese Reihenfolge wird das ganze Spiel lang durchgehalten, obwohl dabei manchmal Schwierigkeiten und Verwirrungen entstehen. Als Özgül eine 6 würfelt, sagt Markus: «6 noch mal!» Özgül würfelt noch mal. Diese Regel wird beibehalten (vermutlich von «Mensch ärgere dich nicht!» übernommen). Ayse kommt durch einen zweiten Wurf auf die rote 9 und rutscht sofort über die Leiter rauf zur 15. Markus: «Gut!»

Es wird sehr schnell und zügig gespielt. Dabei passieren auch manchmal Fehler, d.h., ein Kind zählt die Spielfelder falsch ab, und zwar nicht nur zum eigenen Vorteil, sondern auch zum eigenen Nachteil. Aber es kommen kaum Beschwerden oder Korrekturen. Ich habe den Eindruck, im Mittelpunkt stehen das eigene Handeln und das Vorwärtskommen.

Als das erstemal zwei Spielsteine auf dem gleichen Feld stehen, wird keine Regel daraus gemacht (z.B. Rauswerfen wie bei «Mensch ärgere dich nicht!»). Als eins von den Mädchen wieder auf eine Leiter kommt und nach oben rutscht, sagt Lukas: «Die Mädchen haben immer soviel Glück!» Er selbst liegt lange Zeit in Führung und spielt mit viel Engagement, bangt jedesmal, wenn ihm jemand näher kommt, ärgert sich, wenn er eine kleine Zahl würfelt... Özgül erreicht die 94 und sagt stolz: «Ich bin die Älteste!» Nina (bei 46): «Ich bin die Jüngste!» Markus jammert: «Jetzt bin ich älter als die Ayse! O je, o je!» Özgül, noch näher am Ziel: «Ich sterbe bald!» Irgend jemand meint, man könne das Spiel ja auch wieder rückwärts spielen. Özgül kommt als erste ans Ziel, hat aber eine Würfelzahl, die über die 100 hinausreicht. Kurze Diskussion, dann geht sie bis zur 100, d.h. ins Ziel, und den Rest wieder zurück. Und das wiederholt sich so lange, bis irgendwann die Zahl genau aufgeht.

Das Teuflische dieser Regel ist, daß man wieder auf eine Leiter geraten und zurückrutschen kann. So haben alle anderen die Möglichkeit, näher heranzukommen, und kurz vor dem Ziel entsteht ein Gedränge. Dadurch und durch die Rutscherei über die Leitern rauf und runter verändert sich die Reihenfolge ständig. Özgül sitzt auf der 91 und sagt (und zeigt): «Neunzehnhunderteinundneunzig.» Markus: «Junge Oma!» Özgül: «Ich bin hier geboren!» Sie zeigt auf die 81. Markus sitzt auf der 99 und muß noch das Ziel passieren. Er würfelt eine Drei, muß also nach der von Özgül vorgespielten Regel 1 vor und 2 zurück, was ihn auf eine Leiter bringt und nach unten rutschen läßt. Er will nicht und sagt: «Die (Ayse) hat gesagt, es gilt nicht!» Aber die anderen bleiben hart. Lukas ist genau im Ziel und freut sich: «Beim nächsten Mal zurück!» Jan kommt an den Tisch, sagt zu einem der Kinder, die inzwischen vom Ziel aus wieder rückwärts laufen: «Jetzt wirst du wieder jünger!» Özgül kommt auf die 77: «Älter als mein Opa!» Markus kommt auf ein Spielfeld, auf dem schon Ninas Spielstein sitzt: «Jetzt zerquetsche ich dich!» Er spielt, Ninas Stein zu zerdrükken. Singh ist hinzugekommen und steht hinter Lukas. Es entsteht eine Streit zwischen Özgül und Lukas, ob Özgül richtig gezogen hat. Özgül: «Ich hab bessere Augen!» Irgendwann in dem Streit schauen sie zu mir. Ich deute auf das Spielfeld, daß ich es als «richtig» gesehen habe. Beide akzeptieren mich als Schiedsrichter. Markus muß wieder zurück: «Ich mach nicht mehr mit!» Kurz drauf wieder Unstimmigkeiten. Singh mischt sich ein, er hat gesehen, wer «recht» hat und will das durchsetzen. Sofort kehren sich die Spieler gemeinsam gegen ihn. Markus schubst ihn weg, Singh besteht auf seiner «richtigen» Lösung, wird dann auch handgreiflich, Markus haut ihm leicht auf dem Kopf. Singh wird wild. Der Mathelehrer greift ein und schickt ihn fort. Singh geht, sehr wütend. Özgül sagt: «Guck, Lukas, 5.» Sie geht die Schritte noch einmal. Lukas akzeptiert diese Lösung. Dann vergißt Lukas, den Würfel an Markus weiterzugeben. Özgül: «Markusa, du bist dran!» Markus boxt leicht Richtung Özgül, bevor er würfelt. (Dieses «Markusa» kommt an diesem Tag später noch mehrfach vor.)

Inzwischen entsteht immer mehr Hektik: Der Lehrer wollte ja eigentlich die Spiele wechseln lassen. Er kommt mehrfach und fragt, ob das Spiel noch nicht zu Ende ist. Das Hallo an unserem Tisch wirkt sich offensichtlich auch auf andere Tischgruppen aus, deren Rechenspiele nicht so viel Spaß machen und zum Teil bereits zu Ende gespielt sind.

Immer wieder kommen Kinder an den Tisch, schauen zu, versuchen «einzudringen». Ole und Jan stehen neben Markus. Jan hat ein T-Shirt an, auf dem eine Schildkröte und das Wort «turtle» zu sehen sind. Er stopft sich einen Softball unter das Hemd, so daß die Schildkröte sich plastisch als Kugelbauch abhebt. Ole sagt: «Guck mal, der hat ein Baby.» Özgül: «Wie willst du ein Baby kriegen, wenn du keine Frau hast?» Jan sagt: «Törtel-Ballon.» Lukas wird immer nervöser, je näher das endgültige Ziel kommt. Vor lauter Spannung vergißt er wieder, den Würfel nach rechts an Markus zu geben. Der beschwert sich, nennt aber dann selbst gleich die Lösung: «Ich zweimal, und die Nina», denn die war auch übergangen worden. Die Lösung wird kommentarlos akzeptiert und praktiziert.

Inzwischen ist die Lehrerin schon in der Klasse, und die Hektik wird immer größer. Die Lehrerin entscheidet: «Jeder soll noch einmal würfeln, und dann soll der Sieger festgestellt werden.» Aber auch nach einer Runde geht es weiter. Als Ayse zum zweitenmal (nach dem Einwurf der Lehrerin) drankommt, fegt sie mit zweimal Würfeln und Überspringen einiger Felder ins Ziel und schreit: «Schluß!» Özgül: «Ayse hat gewonnen!» Die anderen meutern zwar, zählen dann aber doch aus, wer welchen Platz einnimmt. Markus: «Vierter», mit einer Stimme, die deutlich die Enttäuschung signalisiert. Das Spiel wird weggepackt. ●

Es ist verblüffend, auf wieviel Ebenen gleichzeitig die Kinder in dieser Szene «gelebt» haben. Da ist zunächst die **Ebene des Spiels** selbst, auf der es wichtig ist, schneller zu sein als die anderen, und auf der es also zu Freude, Wut, Ärger... kommt, je nach Würfelzahl und Spielverlauf. Auf dieser Ebene kann Markus seine entstandene Wut ausleben, indem er spielt, Ninas Stein zu zerdrücken. Auf dieser Ebene muß man addieren und subtrahieren können (übt also, ohne es zu merken für die schulischen Lernziele), und man muß nebenher die Regeln vereinbaren und auf deren Einhaltung bedacht sein (und übt so das Verständnis für Regeln und deren Folgen sowie Selbst- und Fremdkontrolle). Das gelingt überraschend schnell und reibungslos, teilweise ohne daß überhaupt diskutiert wird, welche Regel angewandt werden soll.

Daneben gibt es zeitgleich die **Beziehungsebene der Spieler untereinander.** Auf dieser Ebene ist die merkwürdige Reihenfolge zu erklären oder auch eine Kategorisierung wie «Die Mädchen haben immer soviel Glück». Auf dieser Ebene liegt ebenfalls die Anrede «Markusa» für Markus – auch hier der bewußt spielerische, ironisierende Umgang miteinander, denn die Anrede Markusa wirkt ja gerade und nur dann, wenn sich alle Beteiligten einig sind, daß es eigentlich Markus heißen muß. Auf dieser Beziehungsebene basiert auch die Tatsache, daß man eine Reihenfolge aufstellen kann, in der Lösungsvorschläge akzeptiert werden: Wenn Özgül, Ayse und Lukas etwas sagen, gilt es mehr, als wenn Markus und Nina etwas vorschlagen. Die Entscheidung der Forscherin wird gesucht und sofort akzeptiert, die Hinweise von Singh, der nicht zur Spielgruppe gehört, werden vehement abgewehrt. Und Ayse versteht es, das Spiel zu beenden und damit der Anweisung der Lehrerin Folge zu leisten und zugleich sich selbst zur Siegerin zu machen, eine Reaktionsweise, die wahrscheinlich keinem anderen Kind gestattet worden wäre.

Auf wieder einer anderen Ebene liegt die Herstellung von **Beziehungen zum eigenen Leben außerhalb des Spiels.** Hier sind vor allem die Bezüge auf das Lebensalter zu nennen, wobei «älter sein» teilweise als positiv erlebt wird (höhere Zahl = Vorteil, weil man näher am Ziel ist), teilweise als negativ («Jetzt bin ich älter als die Ayse. O je, o je!»). Aber schließlich ist Ayse in der Realität bekanntermaßen die älteste. (Im Februar 1990 hatte Pit im Laufe eines Gesprächs über Singh gesagt: «Der ist acht, und wir sind sieben, dann ist der früher tot.» Singhs Antwort lautete: «Nee, die Ayse wird früher sterben» – d. h., es war sehr früh klar, daß Ayse die älteste ist.) Auf dieser Ebene spielt auch die Geschichte mit Jan, der aus seinem T-Shirt und einem Ball einen Turtle-Ballon macht, bzw. die Sache mit Ole, der das sogleich als Schwangerschaft interpretiert, und die Reaktion von Özgül, die sofort das Babykriegen den Frauen zuweist.

Und noch eine Ebene wird sichtbar, sobald andere Kinder oder die Lehrer von außen ins Spiel eingreifen wollen, die **Ebene des Gruppengefühls.** Hier entsteht eine reale Spielgemeinschaft, die sich gegen andere verteidigt, zumal sie ihr Spiel als etwas Begehrtes, als «Privileg» erlebt, denn es ist ja gelungen, die Planung des Lehrers im wahrsten Sinne des Wortes zu «überspielen». Das Interesse der anderen signalisiert, daß man selbst etwas Tolles in Besitz hat. Singh ist vielleicht ein Opfer dessen geworden, daß ich selbst noch eine weitere Ebene mit ins Spiel gebracht habe: Ich war ein Außen, das akzeptiert wurde, weil es nicht als potentiell das Spiel beendend erlebt wurde, sondern sogar zur Aufrechterhaltung des Spiel beigetragen hat (eventuell hätte der Lehrer das Spiel abgebrochen, wenn er nicht von meinem besonderen Interesse an dieser Szene ausgegangen wäre). Singhs Eingreifen wiederum wurde anders interpretiert (und war ja auch anders gemeint) und entsprechend abgewehrt. Singh hätte zu gerne selber mitgespielt und symbolisierte damit die Gefahr, daß das Spiel an andere weitergegeben werden müßte.

Dies alles gleichzeitig in Balance zu halten erscheint uns als besondere Leistung und verdeutlicht, wie komplex soziales Verhalten ist und wie gut man im Rahmen von Spielen lernen kann, diese Komplexität zu bewältigen.

«Ich bin der größte Zauberer der ganzen Welt!»

Am gleichen Tag (6.9.91) gab es noch eine Szene, an der sich die besondere Bedeutung des Themas «Geschichten schreiben» deutlich machen läßt. An einem der vorhergehenden Tage hatte die Lehrerin den Kindern ein Arbeitsblatt ausgeteilt, auf dem ein Flugzeug (Draufsicht) zu sehen war und auf dem ein Satzanfang stand, der die Kinder dazu anregen sollte, sich in die Position des

Piloten Josef hineinzuversetzen und sich vorzustellen, was dieser wohl alles sieht. Dazu konnten sie ein Bild malen und einen Text verfassen.

Die Lehrerin zeigt einige Ergebnisse. Özgül sagt: «Die Nina hat das toll!» Quer unter dem Flugzeug ist ein Fluß zu sehen, daneben Felder. Alles sehr perfekt, auch die Farben (die Felder changieren zwischen grün und gelb). Die Lehrerin legt Ninas und Benjamins Heft auf die eine Seite (Benjamin hat mit Buntstift viele kleine Felder unter das Flugzeug gemalt) und andere Hefte auf die andere Seite. Ihr geht es offensichtlich darum, herauszuarbeiten, daß einige Bilder die Landschaft aus der Vogelperspektive zeigen, andere in Form einer Ansicht. Sie fragt, ob die Kinder sich denken können, was die jeweiligen Arbeiten gemeinsam haben. Es werden vor allem inhaltliche Gemeinsamkeiten genannt: «Fluß und Fluß», «Meer und Meer». Nur Hannes stellt fest: «Hier ist es unten drunter.» Keiner geht auf sein Argument ein. Die Lehrerin will Hannes' Argument bewußtmachen und fragt Benjamin, warum er die Felder unter das Flugzeug gemalt hat. Benjamin: «Wieso? Ich hatte nicht mehr Platz zum Malen. Da sieht man mehr, daß das 'ne Kugel ist.»

Die Lehrerin schickt die Kinder an ihre Plätze, sie sollen ihre Geschichte fertig schreiben und malen. Ich frage Nina, ob ich ihre Geschichte lesen darf. Ich darf. Die Geschichte handelt von einem Spaziergang am Main. Überschrift: Am Main. Nina: «Meine Mutti war mal dort.» Ich frage: «Hat sie dir geholfen?» Nina: «Ein bißchen.» Ayses Geschichte lautet (rechtschreibmäßig korrigiert): «Josef flog in der Luft. Er sah: Alles ist klein. Aber Sonne und Wolken waren zu groß. Eigentlich sollten die Sonne und Wolken klein sein, und die Häuser müßten groß sein. ‹Ich glaube, das ist Zauberei. Das habe ich gemacht! Ist das nicht toll? Das erzähle ich jedem. Ich bin der größte Zauberer in der ganzen Welt!›»

Schreibanlässe wie der hier vorgestellte bieten Kindern die Möglichkeit, eigene Assoziationen, Erfahrungen, Gedanken, Vorstellungen aufzuschreiben und dabei diese zugleich zu bearbeiten. In der Geschichte vom Piloten geht es um Perspektiven, um die Aktivierung von Vorstellungskraft, und es wird auch das Wissen um

Perspektiven angesprochen. Zunächst signalisiert das Bild, daß der Betrachter von oben auf das Flugzeug schaut. Der Textanfang wiederum stellt den Betrachter ins Flugzeug hinein, d.h., er soll sich vorstellen, was der Pilot sieht. Das ist eine Herausforderung an die Abstraktionsfähigkeit der Kinder: sich vorzustellen, wie sich der Blick verändert, wenn man aus einem Flugzeug von oben auf die Welt schaut, und dies zugleich in ein konkretes Bild zu übertragen. Das gelingt den Kindern unterschiedlich gut.

Ninas Geschichte «Am Main» zeigt deutlich, daß der **Perspektivwechsel**, sich in den Piloten hineinzuphantasieren, nur teilweise gelungen ist. Auf der Bild-Ebene hat sie eine Draufsicht gemalt, im Text hat sie die Position des Piloten verlassen und eine Geschichte von einem Spaziergang am Fluß geschrieben. Ob letzteres damit zusammenhängt, daß Nina die Aufgabenstellung nicht verstanden hat, oder damit, daß die Mutter ihr geholfen hat, läßt sich nicht mehr aufklären. Ayses Text hingegen enthält eine verblüffende Erzählung vom Perspektivwechsel: Normal, aus der Sicht der Menschen am Boden, sind Häuser groß und die Sonne und die Wolken klein. Im Flugzeug verändern sich die Verhältnisse: Man sieht die Häuser klein und die Wolken groß. Das wiederum erklärt sich der Pilot, der diese verblüffende Entdeckung macht, als Zauberei, die er selbst bewirkt (was ja irgendwie stimmt, denn seine durch Ortswechsel veränderte Wahrnehmung ist es, die die Dinge anders erscheinen läßt), und dies will er anderen erzählen. Damit kommt die Veränderbarkeit durch eigene Aktivität, in diesem Fall durch Wahrnehmung, mit ins Spiel. Hier wird die Beteiligung der erzählenden Person in der Erzählung besonders deutlich, und zugleich die verfremdende Distanz, denn jeder Zuhörer weiß – so wie der Text gemacht ist –, daß der Pilot nicht der größte Zauberer der Welt ist, aber man versteht auch, daß hier ein Mensch offen ist für verblüffende Wahrnehmungen und zugleich sich stark und sicher fühlt. Eine faszinierende Form, sich selbst, die eigene Weltsicht und Kreativität in den Text (Aufgabe: Geschichten schreiben) der Schule einzubringen!

Noten in der Grundschule

Auf einem Elternabend am 12.9.1991 informierte die Lehrerin die Eltern, daß sie beim Kultusministerium den Antrag stellen wollte, im 3. Schuljahr noch keine Noten geben zu müssen. Die Eltern mußten diesem Antrag zustimmen. Man merkte der Lehrerin an, daß diese Frage ihr sehr wichtig war. Sie war recht aufgeregt. Aber es ging alles viel glatter als befürchtet.

Zunächst erzählte die Lehrerin von ihrer Beobachtung, daß Kinder jetzt im 3. Schuljahr nur noch nach Noten fragen und vor lauter Angst vor schlechten Noten schlechter in ihren Leistungen werden. Damit begründete sie, daß sie am liebsten die Möglichkeit ausnutzen würde, beim Kultusministerium zu beantragen, auch im 3. Schuljahr keine Noten zu geben. Sofort meldeten sich einige Mütter und plädierten vehement gegen Noten. Eine Mutter meinte, ihr Kind hätte aber gerne Noten. Auf die Rückfrage, warum, sagte sie, die Oma würde ihr für gute Noten Geld versprechen. Ein Vater erzählte, er habe seiner Tochter einen Computer versprochen, wenn sie im 3. Schuljahr gute Noten bekäme: «Ich weiß jetzt erst, was ich falsch gemacht habe.» Einige Eltern meldeten den Wunsch an, genauer zu wissen, wo ihr Kind steht. Diesem Wunsch versprachen die Lehrerin und der Mathelehrer durch genauere Information (durch Gespräche oder schriftliche Kommentare) nachzukommen. Am Ende des Abends erklärten die Eltern sich ohne Gegenstimme mit dem Antrag an das Kultusministerium einverstanden.

Leistung, Leistungsbeurteilung und soziales Lernen

Dispositionen für Leistungsverhalten werden bereits in der frühen Kindheit vorbereitet. Schon im Säuglingsalter erfährt das Kind, daß etwas, was es tut, zu bestimmten Wirkungen in seiner Umwelt führt: Als Leistung wird empfunden, was einem selbst Mühe macht oder nicht ganz leicht fällt, was aber einen Erfolg bewirkt oder von anderen als gut empfunden und begrüßt wird. Ermutigung und positive Erfahrungen führen zu Neugier und Anstrengungsbereitschaft. Zu diesen Erfahrungen können aber auch andere hinzukommen: Das Kind erfährt den Verlust von Zuwendung, weil etwas, was es getan hat, Mißfallen erzeugt. Oder es erfährt, daß das, was es getan hat, mit der Leistung anderer verglichen wird und ein Erfolgserlebnis davon abhängig ist, daß die eigene Leistung als besser eingestuft wird. Die Angst vor dem Versagen kann zu Unsicherheit und zum Aufbau von Lernbarrieren führen. Wenn die eigene Leistung immer wieder als etwas erfahren wird, das durch andere bewertet und belohnt wird, kann das, was man für die Leistung erhält, wichtiger werden als die Leistung selbst. Die Motivation richtet sich dann nicht mehr auf die Sache selbst (intrinsische Motivation), sondern auf die Gratifikation (extrinsische Motivation). Im letzteren Fall werden andere Kinder als Konkurrenten um die Gunst der Gratifikationen verteilenden Personen erlebt.

Noten sind ein Mittel der Gratifikation, die nicht die Leistung des einzelnen beurteilt, sondern festlegt, welchen Platz der oder die Beurteilte auf einer Skala von gut bis schlecht im Vergleich mit anderen einnimmt. Noten sagen also immer, daß jemand besser oder schlechter ist als ein anderer, ohne daß dies der Realität entsprechen muß (drei Wochen später könnte das anders aussehen, in unterschiedlichen Situationen könnte das anders aussehen...) und ohne daß immer klar ist, was «gut» oder «befriedigend» eigentlich im einzelnen beinhaltet. Pädagogisch entsteht damit die Situation, daß nicht mehr die Entwicklung von Selbstbewußtsein, Anstrengungsbereitschaft und Leistungsfähigkeit im Vordergrund steht, sondern die Beurteilung einer aktuellen Leistung, die zu einem bestimmten Zeitpunkt mit den zu diesem Zeitpunkt möglichen Leistungen anderer verglichen wird und daß dies zu Konsequenzen für die Entwicklung (im Denken und im sozialen Verhalten) der Kinder führt. Damit sind Noten ein zentrales Problem der Grundschularbeit und auch des sozialen Lernens: Noten beeinflussen das Selbstbild und die soziale Positionierung.

Petillon (Das Sozialleben des Schulanfängers, 1993, 123) faßt **entsprechende Forschungen** wie folgt zusammen: «Zahlreiche empirische Untersuchungen weisen einen engen Zusammenhang zwischen Schulleistung und sozialer Anerkennung durch die Mitschüler nach... Bereits Schulanfänger berücksichtigen die Schulleistung bei der Wahl von Sitznachbarn (Horstmann). Besonders ungünstig ist die soziale Situation von Repetenten (Ingenkamp).» In seinen eigenen Untersuchungen kommt Petillon (1993a, 177) zu dem Ergebnis: «70% der Kinder, die zum Schulanfang von den Mitschülern gemieden wurden, fanden auch zum Ende des zweiten Schuljahres keinen Anschluß an die Gruppe.»

Die Ergebnisse dieser Untersuchungen sind sicher **abhängig vom konkreten Unterricht**. Aufgrund unserer eigenen Untersuchung gehen wir davon aus, daß ein Unterricht, bei dem Leistungsvergleiche im Vordergrund stehen (häufige Einschätzungen durch den Lehrer als richtig oder falsch, häufige Vergleichsarbeiten...), verstärkt dazu führt, daß die soziale Stellung eines Kindes in der Gruppe sich nach seinen Schulleistungen und vor allem nach der Beurteilung seiner Leistungen richtet. Dagegen kann durch Unterrichtsformen, die gezielt auf Leistungsvergleiche verzichten und statt dessen darauf hinarbeiten, die unterschiedliche Leistungsfähigkeit jedes einzelnen Kindes zu fördern und Freiräume für vielfältige Kontakte der Kinder untereinander zu schaffen, eher eine soziale Ausgrenzung vermieden werden.

Entgegen den Untersuchungsergebnissen von Petillon gab es in der von uns beobachteten Klasse bis ins 3. Schuljahr hinein zwar Kinder mit Schwierigkeiten, aber keine sozialen Außenseiter. Alle Kinder waren in der Klasse verortet, in das «Geflecht» (vgl. S. 126) einbezogen. Das hing sicher auch damit zusammen, daß in den ersten zwei Schuljahren direkte Leistungsvergleiche vermieden wurden. Diese offene, auf vielfältige spielerische Kontakte der Kinder untereinander angelegte Unterrichtsweise wurde in den beiden ersten Schuljahren auch von den meisten Eltern akzeptiert und unterstützt. Ab dem 3. Schuljahr war hier deutlich eine Veränderung zu spüren. Zwar war die Mehrheit der Eltern der Auffassung, daß auch im 3. Schuljahr keine Noten erteilt werden sollten (oder sie ließen sich von den überzeugten Eltern entsprechend beeinflussen), aber immer häufiger spielten Probleme wie Hausaufgaben, Rechtschreiben und Leistungsbeurteilung in den Gesprächen und auf den Elternabenden eine Rolle.

Daß für die Kinder gerade zu Beginn des 3. Schuljahres, mit der Erwartung von Noten und mit den ersten, wenn auch unbenoteten Klassenarbeiten sich hier einiges ändert, ist daher zu erwarten. In den bisher vorgestellten Protokollausschnitten wurde das vor allem an Özgül deutlich, deren Leistungsfähigkeit sank, weil sie Angst vor Fehlern entwickelte. In der Folge war das aber auch an anderen Kindern zu beobachten, die bisher eine gut verankerte soziale Position in der Klasse hatten und die nun durch die Leistungsvergleiche zunehmend Schwierigkeiten mit ihrem Selbstbewußtsein und in der Folge auch mit ihrer sozialen Positionierung bekamen. Die Bezahlung der Noten (durch Geld oder Geschenke) durch die Eltern und Großeltern verstärkt diese Entwicklung. Vermutlich war auf dem Elternabend in der Schule die Übermacht der Argumente der Lehrerin und der bewußten Notengegner unter den Eltern so groß, daß sich alle Eltern überzeugen ließen und dem Antrag gegen Noten zustimmten. Aber man muß nach den Äußerungen einzelner Eltern und Kinder bezweifeln, ob diese Entscheidung mit einer überzeugten und konsequenten häuslichen Pädagogik korrespondierte.

«Wenn ich eine 2 kriege, bin ich nur halb so gut!»

13.9.91. Am Tag nach dem Elternabend redet der Mathelehrer im Kreis mit den Kindern über Noten. Özgül: «Wenn man immer Sechser, Fünfer, Vierer hat, dann bleibt man sitzen.» Hannes: «Warum bleibt man sitzen, warum nicht eine Klasse wiederholen?» Lehrer: «Said, was hat dein Papa dir erzählt?» Said: «Ich hab ihn gefragt, kriegen wir Zeugnisse? Hat er ja gesagt, aber mit Noten. Daß wir Zwischenzeugnis kriegen und Zeugnisse.» Der Lehrer erklärt die Begriffe «Zwischenzeugnis» und «Zeugnis», «Aber es geht ja darum, was da drin steht.» Frank: «Wir kriegen dieses Jahr noch keine Noten, weil, es gibt die Neuen, und die können noch gar nicht so viel Deutsch. Manche können ganz gut, manche nicht, manche gar nicht gut, manche sehr gut.» Lehrer: «Frank hat es schon ganz gut gesagt, wir wissen es noch nicht ganz genau, ob wir im 3. Schuljahr Noten geben oder nicht, oder ob wir es so machen...» Said dazwischen: «Und die anderen, die haben ja gekriegt im 3. Schuljahr!» (im Sinne von: Gleiches Recht für alle! Wenn die anderen Noten gekriegt haben, dann stehen sie uns auch zu!)

Lehrer: «... da überlegen wir uns, ob wir euch einen großen Brief geben, wo drin steht, was ihr alles könnt, wo ihr besonders toll wart – wie damals (im 1. und 2. Schuljahr). Ich hab aber gemerkt, daß einige von euch gerne Noten hätten, warum eigentlich?» Markus: «Weil ich von meiner Mutti 5 Mark kriege.» Ayse: «Wenn ich Noten kriege, krieg ich immer von meinem Vater Gold oder sonst was.» Lehrer: «Wenn du ein anderes Zeugnis hast, dann nicht?» Ayse: «Nee!» Frank: «Ich find's besser mit Noten.» Lehrer: «Sag mal, warum? Warum findest du es besser, wenn da steht 3 oder 2, statt, daß du im Rechnen gut bist?» Frank: «Da müßt ihr nicht so viel schreiben.» Lehrer: «Das ist doch nicht dein Grund?!» Özgül: «Weil man dann gucken kann, ob man gut in der Schule oder schlecht ist.» Lehrer: «Woran siehst du das?» Özgül: «Wenn ich eine 2 kriege, bin ich nur halb so gut.» Ein Kind dazwischen: «Nee, bei einer 3.» Özgül weiter: «Wenn ich eine 1 kriege, weiß ich, daß ich gut bin. Wenn ich eine 6 kriege...» Ein Kind dazwischen: «'ne 2 plus ist am besten.» Benjamin: «Weil ich mich dann besser freuen kann. Weil ich weiß, ich hab was Gutes gemacht, dann kann ich mich besser freuen.»

Lehrer: «Du freust dich mehr, wenn da steht, das ist eine 2 oder eine 1, dann kannst du dich besser freuen? Und wenn da steht, du kannst das Einmaleins ganz prima und bis 100 rechnen... da kannst du dich nicht so freuen. Warum nicht?» Benjamin: «Weil es immer so war.» Jan: «Wenn ich eine 3 kriege oder 4, dann krieg ich vielleicht nur was Kleckerles, wenn ich so 'ne 3 hab.» Jan zeigt mit den Händen einen kleinen Abstand. Lehrer: «Und wenn du eine 1 hast – so was», hält die Arme auseinander. Kinder lachen. Jan: «Mountainbike oder so was.» Lehrer: «Wünschst du dir das oder hat es der Papa, die Mama so gesagt?» Jan: «Ich wünsch mir das.» Said: «Wenn ich eine 2 kriege oder eine 1; bei 1 krieg ich einen Computer, bei 2 einen Game-boy.» Ayse: «Wenn man eine 6 hat. Da kann man wissen, ob man schlecht ist oder gut, oder eine Einser.» Lehrer: «Und Ayse, wenn ich unten drunter schreibe, du mußt das Einmalneun noch üben, das kannst du noch nicht?» Özgül: «In der Türkei ist die 6 sehr gut, und 'ne 1, das ist ganz ganz schlecht.» Markus: «Dann mußt du 'ne 6 von hier da hin tun.»

Nach einer Viertelstunde bricht der Lehrer die Diskussion ab. Es ist auch inzwischen ziemlich unruhig.

Von den Anfangssätzen abgesehen, die wohl eher ein Stück Anpassung an das sind, was der Lehrer vermutlich hören will (vgl. vor allem Franks Äußerungen), sprechen sich die meisten Kinder (zumindest die, die gesprochen haben) für Noten aus. Die Gründe dafür sind unterschiedlich und recht komplex. Noten sind Statussymbole. Benjamin benennt am deutlichsten, daß Noten im herkömmlichen Verständnis noch immer zur Schule dazugehören und daß die Kinder das Gefühl haben, erst «richtige Schulkinder» zu sein, wenn es Noten gibt. Größer werden, heißt benotet zu werden – scheint er zu denken –, ein für ein körperlich kleines, aber leistungsstarkes Kind durchaus naheliegender Gedanke. Bei vielen anderen Kindern steht im Hintergrund die Befürchtung, nicht genau zu wissen, wo man steht, die Unsicherheit, was einem durch die allmächtigen Erwachsenen widerfahren kann.

Die Angst vor dem Sitzenbleiben scheint bei einigen immer latent vorhanden. Inwieweit diese Angst durch Noten verstärkt wird oder inwieweit man von Noten größere Klarheit über die Situation erwartet, bleibt offen, aber man kann davon ausgehen, daß die Kinder nicht meinen: Ich will Noten haben, sondern: Ich will gute Noten haben. Hinzu kommt, daß einigen Kindern die Bedeutung der Noten gar nicht wirklich klar ist (eine «2 plus» ist am besten, wiederholen ist nicht gleich sitzenbleiben, eine 1 ist gut...). Am deutlichsten spricht aus allen Aussagen der Wunsch «gut» zu sein, Erfolg zu haben, anerkannt zu werden (vgl. Özgüls Aussage, daß eine 2 nur halb so gut ist).

Insgesamt haben vor allem die Kinder gesprochen, die sich von Noten eine neue Aufwertung versprechen, von den anderen, die von Noten eher eine negative Erfahrung zu befürchten haben, war in dieser Diskussion nichts zu hören. Klar ist außerdem, daß Ziffernnoten nicht als Symbole verstanden werden, sondern als Materie, die sich tauschen läßt. Die Prämien, die man für die Zeugnisse erhält, werden am häufigsten als Begründung für den Wunsch nach Noten genannt. Daß die Kinder bei ihren Überlegungen die sozialen Folgen der Noten nicht thematisieren, hängt wohl einerseits mit ihrer immer noch egozentrischen Weltsicht zusammen (man denkt zunächst an die eigene Bestätigung) und andererseits damit, daß die sozialen Folgen ja nicht sofort sichtbar sind und die gedankliche Vorwegnahme sehr viel Abstraktions- und Einfühlungsvermögen verlangt.

Leistungserziehung und -beurteilung muß zweierlei leisten: Sie muß für jedes Kind Erfolgserlebnisse und Anerkennung sicherstellen und zur Entwicklung aller Kräfte des Kindes beitragen, und sie muß jedem Kind helfen, sich selbst besser zu verstehen und sich selbstbewußt in der Gruppe zu verankern.

«Geteilt mußt du noch üben!»

Der Lehrer sprach noch einmal mit den Kindern über die erste Mathearbeit, die er in dieser Woche hatte schreiben lassen. Dann sollte am Wochenplan weitergearbeitet werden.

Ich setze mich zu Tisch 1, weil mich Katrins Reaktion auf die Mathearbeit interessiert. Am Tisch sitzen außerdem Asam, Meral, Ole und Rebecca. Katrin schaut sich das erste Arbeitsblatt für die nächste Woche an und rümpft die Nase: «Geteilt, kann's nicht mal (meint: Malnehmen) sein, Herr Eilers?!» Ich frage nach, ob geteilt für sie besonders schwer ist. Sie zeigt mir ihr Testblatt und erklärt mir daran, welche Aufgaben sie fertig hatte und welche nicht. Inzwischen sind alle Aufgaben fertig und verbessert, und sie beschwert sich, daß die Mutter das nicht erkannt und anerkannt hat. Die Mutter hat wohl nur auf den Satz des Lehrers reagiert, der drunter geschrieben hatte: «Geteilt mußt du noch üben.» Rebecca schaut sich die Punktzahl an, die unter Katrins Test steht (es sind nur 13 von 34 möglichen Punkten), und bohrt sofort nach, denn sie hat ziemlich viele Punkte bekommen. Katrin wehrt sich: «Du hast ja auch nachgeschaut, da war's ja für dich viel leichter als für mich!» (Mit Nachdruck, aber ernst und ohne Aggression.) Rebecca: «Brauchst nicht gleich schimpfen!»

Rebecca wirkt auf mich schadenfroh und schnippisch, während ich den Eindruck habe, daß Katrin sich drei- bis vierfach getroffen fühlt; zum einen, weil sie wirklich so wenige Punkte im Test hat und damit auch Ängste hochkommen, daß sie wieder – wie schon im ersten 1. Schuljahr – versagen könnte; zum zweiten, weil die Mutter ihr offensichtlich ihre Unzufriedenheit signalisiert hat, und drittens, weil Katrin ihre Freundschaften bzw. ihre Stellung in der Mädchengruppe in Gefahr sieht. Sie wirkt blaß, traurig und hilflos. Rebecca wiederum benutzt die Mathearbeit, um ihre Position gegenüber Katrin auszubauen und sich damit stark fühlen zu können, eine Stärke und Überlegenheit, die das etwas korpulente und relativ zurückhaltende Mädchen sonst nicht oft erleben kann.

Die Vergleichsarbeiten bringen ein völlig neues Moment in das Zusammenleben. Eine von außen kommende Festlegung, quasi unangreifbar, weil über Fehlerzahl und Punkte nachrechenbar, ermöglicht es, daß die Kinder sich selbst und die anderen neu kategorisieren: als gute und schlechte Schüler, als Könner und Versager. Und über diese Festschreibung, die nur zu schnell zur Stigmatisierung geraten kann, gewinnt man die Möglichkeit, neues **Selbstwertgefühl durch Abwertung anderer** zu gewinnen. Dieses Mittel wird nicht oder kaum von den Kindern benutzt, die selbstbewußt und ich-stark sind, es wird vor allem von den Kindern ausgenutzt, die sich sonst oft schwach, hilflos und ungeliebt vorkommen.

«Damit der Erste Weltkrieg aufhört!»

Ein besonders aufregender Tag für alle Beteiligten war der 17.1.92. Zunächst begann er völlig normal mit der Mathe-Stunde. Das erste aufregende Ereignis war, daß wir an diesem Tag zum erstenmal eine Videokamera einsetzten, um Reaktionen der Kinder genauer festhalten und analysieren zu können.

Zeichensprache zwischen Frank, der an Tisch 4 mit Jan Armdrükken spielt, und Hannes, der an Tisch 2 sitzt. Beide vereinbaren, ein «Rotes Kreuz» zu malen. Frank erklärt mir: «Wir haben nämlich Streit mit der Gegenüber-Klasse.» Said bekreuzigt sich (wirkt auf mich wie: Beschwörungsformel vor dem Kampf). Ich frage, was er da macht. Said: «So wie die Deutschen, Hals- und Beinbruch. Mein Cousin hat echt...» Es folgt eine Geschichte, wie der Cousin mit zwölf Jungen gegen 13 andere gekämpft hat.

In der Pause kam es dann zu einem Konflikt mit der Parallelklasse. Nach der Pause kündigte die Lehrerin an, daß sie später mit den daran Beteiligten sprechen will.

Dann kam die aufregendste Phase: Die Referendarin erzählte den Kindern im Kreis, daß sie schwanger sei und im Juni ein Baby erwarte, und gab anschließend für die Kinder, die noch Fragen stellen wollten, die Gelegenheit, sich mit ihr in der Spielecke zu einer Gesprächsrunde zu treffen. Diese Szenen zeigten eine hohe Motivation und Beteiligung der Kinder, die wohl etwas damit zu tun hatte, daß es hier um «richtiges Leben» ging und daß sie teilhaben durften am Leben der Erwachsenen. Dabei erscheint uns besonders interessant, daß es deutliche Unterschiede zwischen den Jungen und den Mädchen gab. Die Mädchen hatten viel weniger Fragen, und wenn, dann bezogen sie sich nicht so sehr auf Schwangerschaft und Geburt, sondern eher auf die Gefühle («Spürst du was?», «Hast du Angst?»). Ihre Reaktionen lagen eher auf der Ebene: Wir Frauen. Die Reaktionen der Jungen lagen eher auf der Ebene Kind-Erwachsene. Sie nutzten die Gunst der Stunde, viele Fragen zu stellen. Und während die Jungen noch ihr Fragebedürfnis zu Schwangerschaft und Geburt stillten, überlegten die Mädchen, welche Geschenke sie für Frau Kurth und das Baby besorgen wollten. In der Gruppe der viel fragenden Jungen ließen sich wiederum deutliche Unterschiede ausmachen: Kinder wie Hannes und Said wollten von sich selbst erzählen, eine Beziehung herstellen zwischen dem aktuellen Geschehen und ihren jeweiligen Familien-Geschichten (die Mutter von Said erwartete zeitgleich ein Baby). Kinder wie Norbert und Ole kämpften dagegen eher mit ihrer Unsicherheit oder ihren unverarbeiteten Film- und Video-Erfahrungen und konnten nicht ohne übertriebenes Gelächter und «schmutzige» Bemerkungen damit umgehen (z. B. sprach Ole Özgül gegenüber von «Bums-Gefühlen», und Norbert mußte das sofort der Lehrerin mitteilen).

Etwas später ruft die Lehrerin die «Kinder, die Streit hatten», nach draußen. Markus: «Die ganzen Jungens!» Lukas bleibt in der Klasse, alle anderen gehen mit vor die Tür und treffen sich dort mit einer Handvoll Jungen aus der Parallelklasse. Die Lehrerin sagt, daß in der Schule alle leben können und daß sie demnächst auch im Landschulheim miteinander auskommen müssen. Sie will nicht wissen, was alles passiert ist, sondern es sollen nur Vorschläge gemacht werden, wie es besser werden kann. Michael aus der 3a: «Zusammenspielen!» Ein anderer aus der 3a: «Das haben wir schon mal gemacht!» (Im Sinne von: Das klappt ja doch nicht!) Markus: «Schild umhängen!» (Wenn ich es richtig verstanden habe, kam der Streit zustande, weil beide Gruppen gemeinsam Fangen gespielt haben, aber plötzlich mehr als ein Fänger vorhanden war und keiner mehr wußte, was passiert.) Norbert: «Der Jan hat dauernd gesagt...» Die Lehrerin unterbricht ihn. Sie will nicht, daß sich die Kinder gegenseitig die Schuld zuschieben, sondern sie sollen Vorschläge machen, was in Zukunft passieren soll. Es kommen Vorschläge wie: alle zusammen spielen, zwei Gruppen bilden, in einer Pause dürfen die einen, in der anderen Pause die anderen. Michael von der 3a argumentiert noch gegen die letzte Lösung, weil «wir ja dann einmal nicht wissen, was wir spielen sollen». Dann einigen sich alle nach und nach darauf, daß heute in der zweiten Pause keiner und ab Montag in der ersten Pause die 3a und in der zweiten Pause die 3c spielen darf.

Diese Lösung erklärt die Lehrerin später noch den übrigen Kindern der Klasse. «Damit der Erste Weltkrieg aufhört», sagt Jan.

Derartige Pausenkonflikte mehrten sich im Laufe des 3. Schuljahres. Die hier beschriebene Vorgehensweise ist typisch für den Umgang der Lehrerin mit diesen Konflikten. Sie versuchte immer, **Konflikte** mit den Kindern zu besprechen, die darin verwickelt waren. Mit der ganzen Klasse besprach sie Konflikte nur, wenn sie davon ausging, daß alle Kinder betroffen waren. Und sie war der Auffassung, daß eine Aufklärung darüber, was wirklich geschehen war, meist nicht mehr möglich und es deshalb wichtiger ist, nach Alternativen zu suchen, die in Zukunft solche Vorkommnisse verhindern.

Diese Art des Vorgehens bietet die Möglichkeit des Verzeihens und Vergessens, d.h. Verhalten, auch wenn es «schlimm» war, wird nicht länger vorgehalten. Diese Verhaltensweise steht sicher im Widerspruch zu der Notwendigkeit, Ursachen zu erkennen und zu verändern, wenn man zukünftige Konflikte vermeiden will. Sie ist aber sicher für viele Situationen in der Grundschule hilfreich, weil hier die meisten Konflikte etwas damit zu tun haben, daß Kinder sich selbst und ihre Beziehungen zu anderen ausprobieren wollen, daß die Formen der Selbstorganisation erst im Entstehen sind, daß viele der Konflikte keine tieferen Ursachen haben, sondern nur situationsbedingt sind. Und die Kinder selbst sind bereit und in der Lage, sehr schnell zu vergessen. Jüngere Kinder akzeptierten durchweg die Möglichkeit, durch ein Wort oder eine Geste einen Konflikt (und auch eine Freundschaft) für beendet zu erklären (vgl. S. 102). «Dann sag ich ‹Entschuldigung›, und der Streit ist weg», überschreibt Valtin (1991, 62) ihr Kapitel «Was Kinder über Streit und Konfliktlösung denken». Ein andere Möglichkeit, mit Konflikten umzugehen, wäre ein Klassenrat, d.h. die Einrichtung einer von den Kindern selbst verantworteten Institution, die über bestimmte Konflikte berät.

«Norbert, die Couch hätte mir gehört!»

6.3.92. In der Spielecke ist eine Höhle entstanden oder soll entstehen, denn es wird diskutiert, wie die rote Decke befestigt werden muß, damit man sich darunter setzen kann. Die Lehrerin sagt: «Jetzt erst mal genug!» (Was meint: Es sind jetzt genug Kinder in der Ecke, sonst gibt es Chaos, denn außer Hannes, der noch nicht ganz fertig ist, sind bereits vier Jungen in der Spielecke.) Hannes kriegt Angst, daß er nicht mitmachen darf. Norbert: «Ja, du darfst mitmachen!», Said: «Nachher!» Hannes schreibt. Dann ruft er: «Frau Walter, ich bin fertig!» Er steckt sein Heft in den Ranzen, holt es wieder heraus, geht damit zur Lehrerin und kann dann endlich in die Ecke.

Hannes bleibt vor der Grenze (bestehend aus einem kleinen Tisch, auf dem die Post aufgebaut ist, und dem Spielgitter) stehen und läßt sich nochmals bestätigen, daß er mitmachen darf, dann kriecht er unter dem Posttisch durch, schnappt sich die große Riesen-Plüsch-Banane, die ein Kind mitgebracht hat, und setzt sich mit ihr auf das Sofa. Jan fragt ihn: «Hund oder Katze?» (Meint wohl: Was spielst du?) Hannes will eine kleine Maus spielen. Jan: «Willst du nicht doch 'ne Katze sein?» Hannes: «Na gut!» Er kuschelt sich hinter die Riesen-Banane. Said kommt zu Hannes auf die Couch. Frank erklärt Hannes: «Das ist ein Hund, du mußt kratzen!» (Denn schließlich ist Hannes ja eine Katze!) Benjamin kommt und bleibt am Spielgitter stehen, d.h., er überschreitet die Grenze nicht. Jan und Frank gehen mit ausgestreckten Krallen aufeinander los. Jan: «Ich hätt' jetzt mit dir gespielt.» Die Lehrerin kommt: «Ihr wolltet nicht raufen. Benjamin, was machst du da? Laß sie mal.» Benjamin trottet traurig weg.

Frank (zu mir, G. B.): «Mein Pendel sagt, Sie sagen alles ihren Mitschülern!» (Mit Mitschülern sind wohl die Studenten gemeint.) Er spielt also Wahrsager. Das Pendel ist ein Jojo, das an einem Schlüsselanhänger hängt. Frank befragt es dauernd. Er behauptet: «Mein Pendel hat noch nie gelogen!» Meistens sagt es so etwas wie eine Beschreibung dessen, was gerade abläuft.

Hannes und Said rangeln miteinander. Hannes: «Norbert, ich mag nicht!» (Also scheint Norbert der Boß zu sein, an den sich Hannes mit seinen Spielwünschen wendet.) Die anderen erklären ihm, daß Said ein Babyhund sei (und so einer kommt halt einfach, ob man ihn will oder nicht). Frank kommt auf die Couch. Hannes: «Jetzt kommst du auch noch!» Er schottet sich mit Hilfe der Banane gegen Frank ab. Kurze Zeit später zieht er sich die blaue Tischdecke über den Kopf. (Ich habe in dieser Phase das Gefühl, daß Hannes zwar mitspielen will, aber eigentlich gar nicht im Spiel drin ist und ihm die Annäherungen der anderen, die zum Spiel gehören, nicht passen.)

Frank wird dauernd gefragt: «Was sagt das Pendel jetzt?» Frank: «Ihr dürft mich nicht dauernd fragen, sonst tut das Pendel sich überpendeln.»

Benjamin setzt sich auf den Posttisch und schaut sehnsüchtig zu.

Hannes: «Norbert, die Couch hätte mir gehört!» (Der Spielführer soll ihm die Abgrenzungsmöglichkeit gegenüber den anderen sichern.) Hannes zu den anderen: «Wenn ihr so weitermacht, seid ihr gleich vier» (meint wohl: Dann greift Frau Walter ein und schickt jemanden raus). Hannes liegt auf der Banane, die anderen liegen am Boden auf dem Teppich.

Lukas kommt: «Ich will mir nur ein Buch holen! Wirklich! Ich bin gleich wieder weg!» Er schlängelt sich am Spielgitter vorbei, holt sich ein Buch und schlängelt sich wieder über die Grenze.

Said: «Verdammt noch mal, ihr macht alles kaputt!» Er repariert die Höhle, d. h., er versucht, die rote Decke wieder richtig zu befestigen.

Jemand fragt Frank: «Was sagt das Pendel noch?» Frank: «Daß ihr nicht aufhört zu lachen!» Alle lachen. Frank, stolz: «Mein Pendel hat nicht gelogen!»

Hannes liegt auf der Rückenlehne. Norbert: «Fall runter, Hanni!» Er fällt. Alle anderen werfen sich drauf. Die Lehrerin kommt: «Bitte mal rauskommen.» Alle protestieren: «Nein!» – «Was sollen wir machen?» – «Wir toben nicht mehr!» – «Das ist mies!» Quasi aus Protest werden alle Decken nur zusammengeknäult. Die Lehrerin muß Schritt für Schritt erzwingen, daß ordentlich aufgeräumt wird. Sie konfisziert Franks Pendel und fordert die fünf Jungen auf, nach dem Aufräumen mit ihrem Stuhl zu ihr zu kommen, sie will mit ihnen reden.

Die Als-Ob-Spiele der Kinder wirken oft wild und unzusammenhängend. Wir Erwachsenen durchschauen manchmal gar nicht, worum es geht und was alles in diese Spiele hineingepackt wird, dafür geht alles zu schnell. Und oft laufen unterschiedliche Spiele parallel, die sich dann miteinander vermischen (vgl. Franks Wahrsager-Spiel mit dem Pendel und das Von-der-Sofalehne-Fallen als Pendeln des eigenen Körpers). Die Einigung zwischen den Kindern erfolgt oft blitzartig, ohne Worte. Es gibt kein Drehbuch, sondern einen Raum, Gegenstände (in diesem Fall das Sofa, die Riesen-Plüsch-Banane und das Pendel), eine Idee und Kinder, die mitspielen, und Beziehungen zwischen diesen Kindern. Von Sequenz zu Sequenz wird das Spiel weiterentwickelt, und zwar aus zwei verschiedenen Ausgangslagen, die in die neue Spielsequenz integriert werden. Die eine Ausgangslage ist der Inhalt der letzten Sequenz («Das ist ein Baby-Hund»), die andere sind die Beziehungen der Kinder. Beide, Inhalt wie Beziehungen, unterliegen einem Prozeß. Sie laufen nicht nebeneinander ab, sondern sind aufeinander bezogen.

Diese **Als-ob-Spiele sind für die Kinder äußerst wichtig**, nicht nur, weil sie dabei lernen können, ihr Leben selbständig in die Hand zu nehmen und ohne Hilfe und Anleitung durch Erwachsene verantwortlich zu handhaben, sondern vor allem auch, weil die vielfältigen schnellen Bezüge unterschiedlichster Art, die uns oft als «Quatsch» erscheinen, vielfältige Aushandlungen notwendig machen und ermöglichen. Der Spaß, den diese Situationen hervorrufen, veranlaßt die Kinder, sich auf komplizierte Aushandlungsprozesse einzulassen. Auf der Grundlage der Gleichrangigkeit kann und muß man in diesen Situationen in spezifischer Weise mit Regeln der Fairneß umgehen und sich um Kompromisse bemühen, denn die **Kooperation läßt sich ja nicht erzwingen, sondern muß auf der Basis der Freiwilligkeit und Zustimmung erreicht werden** – ein Prozeß des Ausbalancierens, der für soziales Lernen in Richtung auf Gleichberechtigung und Selbst- und Mitverantwortung von großer Bedeutung ist. Hinzu kommt, daß diese Art des Spiels zugleich bedeutet, **sich als Kinder gegen die Erwachsenen zusammenzuschließen**, sich von ihnen abzusetzen, sich untereinander zu einigen, komplizierte Pläne auszudenken und selbständig zu verwirklichen, Grenzen auszuprobieren.

Zu den Spielen dieser Art gehören nicht nur die Als-ob-Spiele, sondern auch die vielfältigen Necknamen und Kosenamen (Benni, Hanni sowie die feminisierten Jungennamen wie Benjamina, Markusa...), aber auch die Geheimsprachen aller Art, die halbmagischen Spiele («Mein Pendel sagt mir...», zwei Finger als Hörnchen von hinten an den Kopf eines anderen halten...), Sprachspiele und Wortverdrehungen sowie gezielte kleine Streiche (Stuhl wegziehen, Pendel zurückholen, ohne daß die Lehrerin es merkt). Das Ausprobieren führt immer wieder in Bereiche, wo man sich nicht sicher ist, was «geht» und was nicht. Und nur zu oft stößt man dabei an die Grenzen und die Regeln der Umwelt, vertreten durch andere Kinder oder Erwachsene. Aber anders als im 1. und 2. Schuljahr sind es jetzt nicht mehr einzelne Kinder, die eher zufällig an diese Regeln stoßen, sondern es geht um bewußte, meist gemeinsam geplante Aktionen.

Zur Bedeutung von Spiel, Spaß und Unsinn

Kinder spielen nicht nur, um sich die Welt anzueignen und im Spiel zu lernen, erwachsen zu werden – Spielen ist Teil ihres Lebens. Es findet in der Gegenwart statt und ist eine Form des Umgangs mit der gegenwärtigen Zeit und dem gegenwärtigen Raum. Im Spiel kommt die Autonomie und die Freiheit des Individuums in seinem Verhältnis zu sich selbst und zu seiner Umwelt zum Zuge (vgl. Schäfer, 1986, Scheuerl, 1979, Flitner, 1973). Freiheit und Autonomie im Spiel beziehen sich darauf, sich Welten selbst zu schaffen, und auch darauf, beliebig zwischen diesen Welten wechseln zu können. Die im Spiel geschaffene andere Welt verlangt allerdings die strikte Einhaltung der Regeln, nach der sie konstruiert ist. Freiheit und Autonomie bestehen darin, sich eine andere Welt schaffen zu können, nicht darin, sich in irgendeiner Welt frei bewegen zu können. «Ich wär jetzt...», «Du hättest...», mit solchen Sätzen beginnt das Als-ob. In dem nun folgenden Spiel aktualisieren sich das Wissen der Kinder und ihre Beziehungen. Entsprechend können die Als-ob-Spiele auch sehr schnell in körperliche Rangeleien, in wilde Jagden oder lautstarke Tumulte übergehen und wirken auf Erwachsene oft irritierend. Sind Kinder unter sich – und nicht unter der Aufsicht von Erwachsenen –, balancieren sie diese Grenzen selbst aus: Spaß muß es machen, und wenn der nicht mehr gewährleistet ist, wird ein neuer Impuls gesetzt: «Das Sofa hätte jetzt mir gehört...» Denn das Spiel wird gesucht, um gemeinsam Spaß zu haben.

In diesem Kontext sind die Untersuchungsergebnisse von Oswald/Krappmann (1988, 94) zu verstehen, die anhand von Beobachtungen in Berliner Grundschulen zu dem Ergebnis kommen, «daß vor allem lustvolle soziale Objekte... und intensive soziale Beziehungen den Kindern eine Anforderungsstruktur vorgeben, auf die sie mit reflektierten, auf Wechselseitigkeit angelegten Vorgehensweisen zu reagieren tendieren». «Der so oft abgewertete kindliche Unfug verlangt offenkundig, den anderen dafür zu gewinnen, sich die Grenzen des Tolerablen klarzumachen und eine diffuse Handlung gemeinsam unter Kontrolle zu halten... Aus dieser Sicht erscheint ‹Kinderquatsch› nicht als eine Randzone des Kinderverhaltens, in der sich ihr mangelndes Erwachsensein peinlich offenbart, sondern als ein verlockendes soziales Objekt, das dann, wenn es lustvoll gelingt, den Kindern anspruchsvolle Interaktionsstrategien abverlangt.» (Oswald/Krappmann, 1988, 83)

Gerade in der Phase, in der Kinder sich zunehmend auf andere Kinder hin orientieren und zunehmend symmetrische Beziehungen zu den Erwachsenen entwickeln, kommt diesem ‹Kinderquatsch›, dem Unsinn, dem Witze-Erzählen, den Streichen und der Ironie eine wichtige Funktion zu: Sie ermöglichen es, sich als autonom handelndes Subjekt zu erleben, das mit anderen gleichberechtigt umgehen und das eigene Leben aktiv und lustvoll gestalten kann, und zwar in einer Gruppe von Gleichberechtigten.

Für soziales Lernen in der Grundschule ergibt sich hier das Problem, ob und wie diesen Bedürfnissen der Kinder nach Als-ob-Spielen, nach Quatsch und Streichen Rechnung getragen werden kann.

In der von uns beobachteten Klasse versuchte die Lehrerin, hierfür Spiel-Räume zur Verfügung zu stellen. So gab es die Spielecke, in die man sich zurückziehen konnte, und es gab Zeiten, die dafür zur Verfügung standen (Pausen im Klassenzimmer, Phasen freier Arbeit, die auch zum Spielen benutzt werden durften, wenn die vorgesehene Arbeit erledigt war, Phasen freien Spiels für alle, Spielnachmittage im Klassenzimmer...). Dabei haben wir die Beobachtung gemacht, daß einige Kinder vor allem Als-ob-Spiele bevorzugten, andere eher in Sprachspiele verwickelt waren (vgl. die Wahrsager-Rolle von Frank, aber auch das Witze-Erzählen S. 119f, die Spielszene S. 159f oder die ironischen Bemerkungen S. 135f), und es gab auch einige stille Kinder, die an diesen Aktivitäten kaum teilnahmen, während andere bei fast allen Aktivitäten dieser Art beteiligt waren.

Aber, der Klassenraum war sehr klein und in ihm waren ja immer noch andere Kinder mit anderen Tätigkeiten beschäftigt. Entsprechend mußte sehr häufig regulierend eingegriffen werden. So galt die Regel, daß weder die Lautstärke noch der Raumbedarf des Spiels die anderen Kinder im Raum an ihren Vorhaben hindern durfte. Eine Regel, die durchaus nicht einfach einzuhalten bzw. durchzusetzen war, wie auch das Beispiel vom 6.3.92 zeigt.

Schule müßte, wenn sie Lebensraum sein soll, den Kindern soziales Lernen ermöglichen, Spielräume für Kinderleben zur Verfügung stellen, die nicht durch die Erwachsenen beaufsichtigt und geregelt werden, sondern Möglichkeiten für die Erprobung von gleichrangigem, selbst verantwortetem Miteinander bieten.

«Das ist so was, wie wenn man einen lieb hat!»

Ein weiteres Beispiel für solche Spiel-Räume könnte auch das Ausleben von Phantasien in erzählten oder geschriebenen Geschichten sein. Hierzu ein Beispiel:

20.3.92. Die Kinder sitzen im Kreis und lesen Geschichten vor, die sie geschrieben haben. Zunächst kommt Pit dran. Er liest:

‹Es war einmal ein Geist, ein lieber Geist, er hieß Pit. Er lebte in einem Haus und war sehr glücklich. Und eines Tages kamen Leute und haben das Haus gekauft. Und da hat der Geist sich versteckt. Weil die Leute einige Zeit dort wohnten, verlor der Geist seine Angst und schloß Freundschaft mit ihnen. Und alle lebten glücklich in dem Haus.›

Dann liest Nina ihre Geschichte vor: ‹Der Kellergeist. Es war einmal ein Kellergeist, der lebte in einem Keller, der war ganz dunkel. Aber der rote Geist hatte keine Freunde. Aber da war noch ein Quatschgeist. Da flog der Kellergeist hin, und der Quatschgeist fragte: «Wer bist du denn?» – «Ich bin der Kellergeist!» Der Kellergeist fragte zurück: «Und wer bist du?» – «Ich bin ein Quatschgeist, ich mache Krach, ha, ha!» Der Kellergeist fragte: «Möchtest du mein Freund sein?» – «Was ist denn ein Freund?» fragte der Quatschgeist. «Das ist so was, wie wenn man einen lieb hat.» – «Ach so, was ist denn Liebhaben?» Der Kellergeist sagt: «Wenn man sich mag und sich versteht!» Der Quatschgeist antwortete: «Vielleicht können wir Freunde werden!»›

Zum Schluß liest Norbert: ‹Der Quatschgeist. Er wollte auf einem Trampolin Salto machen. Er sprang hoch, duckte sich und fiel auf den Kopf. Er wurde vom Krankenwagen weggefahren. Im Krankenhaus stellten sie fest, wo eigentlich die Wunde ist. Er hielt an und sie rannten weg. Er konnte einen Kellergeist besuchen. Der verwüstete gerade einen Keller. Und als er mich(!) sah, umarmte er mich und sagte: «Hah, alter Geist, schön daß du mich mal besuchst! Wir haben uns seit 1000 Geisterjahren nicht mehr gesehen!» Und sie verwüsteten alle Keller.›

Wiederum zeichnen die Geschichten Selbst-Bildnisse. Aber das Schöne daran ist, daß man im Rahmen einer solchen Geschichte eben nicht nur brav sein muß, sich so darstellen muß, wie die Erwachsenen einen gerne hätten, sondern daß man die eigene Ängstlichkeit, die Freude an sozialen Beziehungen, aber auch die Freude an Quatsch und Chaos zum Ausdruck bringen kann.

«Sandra ist eine Heulsuse!»

Am gleichen Tag haben wir Szenen protokolliert, die das Thema **Freundschaft** noch einmal verdeutlichen:

20.3.92. Frühstückspause. An Tisch 3 sitzen Salia und Rebecca sich gegenüber und spielen «Vier gewinnt». Sandra sitzt neben Salia und schaut zu. Salia hat eine Chance, den vierten Stein in Folge einzuwerfen und das Spiel zu gewinnen. Sie merkt es aber nicht und steckt ihren Stein an eine andere Stelle. Rebecca wirft schnell einen Stein ein, um Salias Chance zu verhindern und gewinnt kurz darauf das Spiel. Ich frage Salia, ob sie ihre Chance nicht gesehen habe. Sandra: «Hab ich nichts gesagt, sonst ist sie nicht mehr meine Freundin!» (Meint: Ich habe Salia nicht aufmerksam gemacht, sonst ist mir Rebecca böse!) Norbert: «Hatten wir schon mal! (Im Sinne von: Ständig dasselbe!) Bist du meine Freundin?» Er ahmt Sandras Piepsstimme täuschend nach. Sandra grinst leicht – ein bißchen verschämt, ein bißchen «Na und?»

Frank und Benedikt stehen bei Jan und reden auf ihn ein. Jan ist offensichtlich sauer. Ich frage ihn, worum es geht. Er will zunächst nicht antworten. Erst als ich sage: «Es interessiert mich eben. Aber wenn du nicht willst, mußt du mir nicht antworten!», meint er, es ginge um einen «Katzenkrieg zwischen denen und mir, weil ich gesagt hab, die Katzen sind blöd!» (Bezieht sich wohl auf Benedikts ausgeprägte Katzenliebe, die von den Jungen auch benutzt wird, um Freundschaftsbeziehungen oder auch Ausgrenzungen darüber definieren zu können).

Sandra sitzt neben Salia, den rechten Arm auf Salias linke Schulter gelehnt. Salia gibt ihr ein Stückchen von ihrem Brot. Sandra gibt Salia einen Kuß auf die Wange. Rebecca erzählt mir: «Da streiten wir uns, und dann vertragen wir uns wieder. Sandra ist eine Heulsuse. Mit der geht das nicht, die petzt das immer ihrer Mutter, und die schimpft dann mit Salia.» Sandra hört sich das alles leicht grinsend an, den Arm auf Salias Schulter gestützt. (Vgl. Freundschaftsbeziehungen und das Verständnis von Freundschaft, S. 101 ff)

Nach den Osterferien fuhr die Klasse für eine Woche in ein Landschulheim, eine für alle sehr wichtige Erfahrung, weil hier das gemeinsame Leben einen noch breiteren Raum einnahm, die Kinder vieles selbst organisieren und regeln konnten und es mehr Zeit gab, spielerisch miteinander umzugehen. So waren bestimmte Gesellschaftsspiele, die dort gemeinsam gespielt wurden, in der Zeit danach bei Geburtstagen oder anderen Anlässen zum Feiern sehr beliebt.

Das Geheimnis der blauen Tür

Im Mai 1992 gab es ein anderes Großereignis: die Theateraufführung «Das Geheimnis der blauen Tür». Dieser großen Theateraufführung waren vielfältige Erfahrungen vorausgegangen: Spiele mit Handpuppen (vgl. S. 48 f, 107 f), kleine Aufführungen, u. a. für die Eltern, «Wo die wilden Kerle hausen» im 1. Schuljahr, Tänze und Buchstabenverse bei der Einschulungsfeier zu Beginn des 2. Schuljahres, die «Bremer Stadtmusikanten» im 2. Schuljahr vor den anderen Kindern der Schule und den Kindern der benachbarten Förderschule – d. h., sie hatten bereits Aufführungspraxis.

In dem für das 3. Schuljahr gewählten Stück «Das Geheimnis der blauen Tür» geht es um ein Gespensterhaus in einer englischen Stadt, in dem Glockengeister, Flötengeister und Rasselgeister unter Leitung eines Trommelgeistes jede Nacht einen Geistertanz aufführen. Zwei Kinder, Jacky und Peter, geraten eines Nachts in dieses Haus, beobachten den Tanz, werden von den Geistern überrascht, und nur das Ende der Geisterstunde, bei dem die Geister unter Zurücklassung der Trommel verschwinden, rettet sie vor deren Zorn. Jacky und Peter nehmen die Trommel mit und verkaufen sie an den Trödler Joe. In der nächsten Nacht kommen die Geister aus ihrem Haus, streifen durch die Stadt und verlangen ihre Trommel zurück. Jacky und Peter laufen schnell zum Trödler

Joe, der das Problem für sie schon gelöst und die Trommel zurückgegeben hat.

Das Vorhaben einer großen Theateraufführung enthält eine Fülle von sozialen Lernprozessen: Es gibt ein gemeinsames Ziel, jeder gehört mit einer eigenen Aufgabe dazu, um dieses Ziel zu verwirklichen. So konnten die Kinder teilweise ihre Texte selbst entwickeln (z. B. Dialoge zwischen Jacky und Peter), und es konnten alle Kinder bei den rassigen Geister-Tänzen mitmachen. Es war erstaunlich, daß die Verteilung der Rollen keine Schwierigkeit bereitete: Alle waren sich einig, wer die tragenden Rollen spielen konnte und sollte (Ayse die Jacky, Hannes den Peter, Özgül den Trommelgeist, Norbert den Trödler Joe, Lukas die Kirchturmuhr). Die einzelnen Geistergruppen wurden durch Farben unterschieden, und jedes Kind erhielt ein entsprechendes Tüllband, mit dem viele Kinder, Jungen wie Mädchen, tagelang herumliefen. Diese Einteilung in Gruppen ermöglichte auch entsprechende Gruppenproben und erforderte, daß jedes Kind sich in die gemeinsamen Aktivitäten der Gruppe einpaßte. Daneben gab es Proben für alle, die in der Anfangsphase vor allem aus Entspannungs- und Atemübungen, später aus Übungen zum Ablauf des Geschehens bestanden und für alle ein hohes Maß an Selbstdisziplin und Ausdrucksfähigkeit bedeuteten. Außerdem wurden die Kulissen und einige Requisiten in Eigenarbeit erstellt. Am Abend des 8.5.92 war dann die große Aufführung.

Hier soll nun vor allem vom Vormittag dieses Tages berichtet werden. Er war ganz der Generalprobe gewidmet, an der die übrigen Klassen der Schule als Publikum teilnahmen.

8.5.92. Heute vormittag wird nur geprobt für die große Aufführung am Abend. Die Lehrerin stellt noch einmal den «Schlachtplan» vor. Zunächst sollen alle in die Turnhalle gehen und sich dort umziehen, und zwar Jungen und Mädchen gemeinsam im Mädchenumkleideraum, und sich von der Referendarin schminken lassen. Die Lehrerin weist darauf hin, daß dieses gemeinsame Umziehen kein Grund

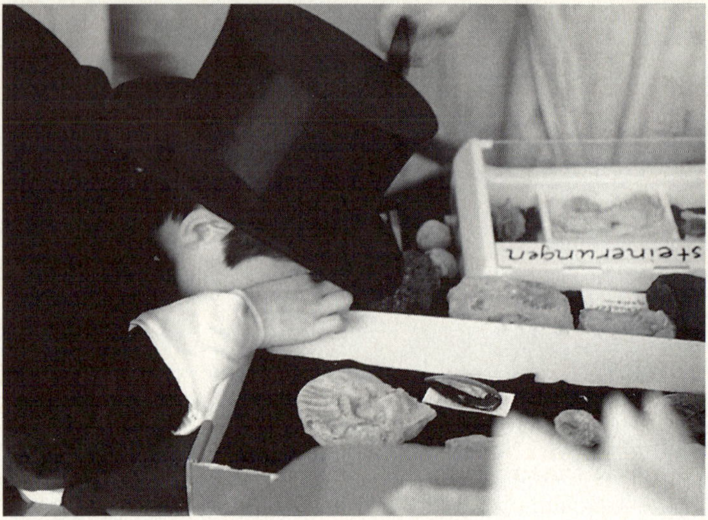

Konzentration trotz Lampenfieber

zum Quatschmachen sei: «Wir können das ja jetzt» (bezieht sich auf gemeinsame Erfahrungen im Landschulheim). Wer fertig mit Umziehen und Schminken ist, soll in die Bücherei gehen und sich dort beschäftigen (Nicht mit den Kostümen auf den Pausenhof!). In der Bücherei steht auch etwas zu trinken bereit.

Dann gehen alle in die Turnhalle. Salia: «Oh, wie schön! Alles für uns!» Das Bühnenbild war gestern bis spät abends von den Lehrerinnen aufgebaut worden.

Hannes schreitet über die Bühne in einer demonstrativ selbstbewußten Haltung (Kopf hoch, Rücken gerade).

Jan (im gelben Gespensterkostüm) und Özgül (im schwarzen Spitzenflatterkleid) rangeln miteinander. Özgül beschwert sich laut (obwohl sie erst durchaus mitgemacht hat). Nina kommt hinzu und schimpft mit Jan: «Paß auf, Jan! Sonst knick ich dir die Hand um!» Jan hört auf, sagt fast zerknirscht: «Jaa!»

Derzeit hat die Referendarin begonnen, die Kinder zu schminken. Je nach der Farbe ihrer Kostüme (rot, gelb oder grün) gibt es einen farbigen Strich auf die Nase und entsprechende Tupfer ins Gesicht. Die Schminkszene ist eine sehr entspannte und konzentrierte Phase, die von einigen interessiert beobachtet wird. Als Said fertig geschminkt ist, läuft er weg: «Im Spiegel muß ich mich gucken!» Meral bewegt sich in ihrem langen roten Gewand sehr elegant (aufrechter, federnder Gang).

Die meisten Kinder sind schon in die Bücherei gegangen. Die Bücherei ist zugleich Lernwerkstatt, d. h., es gibt dort viele Materialien zum handelnen Lernen und wechselnde Ausstellungen und Angebote, zur Zeit zum Thema Steine. Lukas, der die Turmuhr spielt, steht im dunklen Anzug mit schwarzer Fliege und Zylinder bei den Versteinerungen und betrachtet sie konzentriert durch eine Lupe. Andere sitzen in der Bücherecke (Norbert, Frank, Markus, kurze Zeit auch Hannes, später auch Lukas, Nina und Anne), in Bücher vertieft. Salia, Sandra und Rebecca sitzen vor der Tür am Kassettenrecorder. Sie haben eine Kassette mit Kinderliedern eingelegt. Ayse kommt herein, auch mit federnd-elegantem Gang. Sie trägt enge Jeans, die ihre schlanke Figur betonen, eine Bluse mit Weste und eine Baseball-Mütze quer auf dem Kopf.

«Flott siehst du aus!» sage ich. «Ja, ich bin ja auch Jacky!» sagt sie stolz. Sie geht zum Kassettenrecorder und beschwert sich: «Kindermusik ist das!» Salia: «Halt's Maul!» Auch Benjamin kommt hinzu und beschwert sich. Aber die drei reagieren nicht. Ich frage, wer denn bestimmt, was gehört wird. Ayse überlegt kurz, dann: «Frau Walter, weil die Jungen sonst ausflippen...» (im Ton von: Wir Erwachsenen müssen Rücksicht auf die dummen Kleinen nehmen). Die Lehrerin betritt den Raum. Benjamin beschwert sich sofort bei ihr. Die Lehrerin: «Jetzt haben die mal ihre Kassette drin.»

Ole kommt mit einem Bimsstein zu mir: «Der schwimmt!» Ich frage, ob er sich erklären kann, warum? Ole: «Der ist leicht, ähnlich wie Styropor.» Hannes läuft meist nur herum, hört bei der Musik zu, singt mit («an meinem Fahrrad...»), geht zur nächsten

Generalprobe zum «Geheimnis der blauen Tür»

Gruppe, schaut zu, schlendert weiter. Said, Ayse, Nina und Ole holen sich nacheinander eine elastische Plastikröhre und erzeugen damit Töne. Alle schauen erst, ob niemand in der Nähe ist, bevor sie die Röhre schwingen. Asam, Anne, Sida, Meral, Sandra und Rebecca bemühen sich, ein Kunststoff-Puzzle zusammenzusetzen. Özgül steht entsetzt an der Tür: «Jetzt ist schon Pause!» (Das heißt: jetzt darf ich nicht mehr im Kostüm über den Hof laufen, Özgül ist aber noch nicht geschminkt). Ich rate ihr, ihr Flatterkleid auszuziehen und erkläre mich bereit, es zu halten. Özgül zieht sofort das Kleid über den Kopf, rollt es zu einem kleinen Päckchen zusammen, klemmt es unter den Arm und rennt los.

Singh, Jan und Said beschäftigen sich mit Stempeln (Dinosaurier, Tiere, Urmenschen). Singh kommt mit einem Blatt zu mir und zeigt auf die Stempel: «Der greift den an, die kämpfen, der hat den umgeworfen und will ihn fressen, die greifen den an und die den.» Ich sage: «In der Welt möchte ich aber nicht leben!» Singh (mit leiser, ernster Stimme): «Ich auch nicht!» Er geht. Jan hält Said zwei Blätter hin und fragt: «Welcher Krieg ist besser?» Said schaut, aber antwortet nicht. Dann ist die große Pause rum. Die Lehrerin holt alle in die Turnhalle.

In der Turnhalle sitzen bereits alle Kinder und Lehrer der Schule. Die Generalprobe beginnt. Es klappt alles wie am Schnürchen. Nur daß Lukas 14mal auf den Gong schlägt, als die Uhr 12 schlagen soll. Einige Lehrer schauen sich an und grinsen. Als Lukas vor die Uhr tritt, um die Zeiger zu verstellen, ohrfeigt er sich mehrmals selbst. Hannes und Ayse sprechen ihre Dialoge laut und deutlich und sehr natürlich. (Wenn man bedenkt, daß es sich auch noch um selbstgeschriebene Dialoge handelt, eine beachtenswerte Leistung!) Die Regieanweisungen der Referendarin sind kaum zu sehen. Ob es sich um den Wechsel von Bühnenbildteilen handelt (Bank und Bäume weg, blaue Tür und Trommel hin...), um den Auftritt der Gespenster oder einzelner Gruppen der Gespenster – alles klappt reibungslos.

Kinder wie Rebecca, Ole oder Markus, die ja, wenn es um elegante Bewegungen geht, nicht gerade die Begabtesten sind, bewegen sich mit bemerkenswerter Selbstsicherheit (vor allem bei Rebecca fällt mir das auf, die direkt vor dem Publikum agiert). Vielen steht die Freude am Spiel ins Gesicht geschrieben (Nina und Meral fallen mir hier auf). Beim zweiten 12-Uhr-Glockenschlag fangen alle Zuschauer an mitzuzählen. Einen Höhepunkt hat das Stück, als die Geister durch den Mittelgang und um die Zuschauer herum laufen, während Özgül als Trommelgeist laut nach ihrer Trommel ruft. Beim Schlußbild gibt es langanhaltenden Beifall und Rufe nach «Zugabe». Die folgt auch, der Geistertanz wird wiederholt.

Nun verlassen zunächst alle Zuschauer den Raum. Die Schauspieler ziehen sich um, verstauen ihre Instrumente und gehen wieder in die Werkstatt. Einige Erwachsene räumen noch die Teppichfliesen auf, einige Kinder bringen Stühle, so daß die Sitzordnung für den Abend hergestellt werden kann. Einigen Kindern erlaubt die Lehrerin, in die Klasse zu gehen und dort Musik zu hören. Insgesamt verlief die gesamte Probe sehr entspannt, und es kam nie Hektik auf.

Von der Aufführung am Abend vermerkt unser Protokoll: Es klappt alles genausogut wie am Vormittag.

Welch ein Tag! Hier sind alle einbezogen in das Ereignis und in den Erfolg, selbst Udo, ein Junge, der erst seit Ostern neu in der Klasse ist. Besonders faszinierend fanden wir nicht nur die fast professionelle Perfektion, sondern vor allem den Stolz und den Zuwachs an Selbstbewußtsein, der bei allen zu beobachten war.

Schauen wir uns zunächst noch einmal die Szene in der Bücherei an. Trotz aller Aufregung entstand eine ruhige Atmosphäre, weil die Kinder je nach eigenem Temperament und Interesse agieren konnten. Da gibt es Kinder, die sich in Sachprobleme vertiefen (Steine, Tonerzeugung), und andere, die sich mit Herumgehen oder Musikhören ablenken. Die Auseinandersetzung um die «Kindermusik» macht deutlich, daß einige der älteren Mädchen sich inzwischen eher als Jugendliche definieren und Rap-Musik hören wollen, während andere Kinder durchaus ihr Vergnügen an Kinderliedern haben. Die Vermutung von Ayse, wie die Lehrerin wohl reagieren würde, verweist darauf, daß die Lehrerin ein Stück weit auf die Vernunft und das soziale Verantwortungsbewußtsein der Mädchen setzt und daß die älteren Mädchen durchaus wissen, daß sie ihre Interessen zugunsten einer Konfliktvermeidung zurückstellen müssen. Und Singh und Jan haben offensichtlich in den Stempelbildern eine Möglichkeit gefunden, Spannung abzubauen. Wir haben Jans Frage «Welcher Krieg ist besser?» so verstanden, daß ein Krieg dann «besser» ist, wenn mehr passiert oder – auf die Stempelbilder bezogen – mehr Kämpfer ineinander verkeilt sind.

Insgesamt hat die gesamte Theateraufführung für die Kinder in einem außergewöhnlichen Maße **Leistung und Leben** ermöglicht: Sich verkleidet und geschminkt präsentieren, sich im Rhythmus der Musik mit allen gemeinsam bewegen, gemeinsam eine so tolle

Vorstellung hinkriegen, daß alle Zuschauer fasziniert sind, Beifall ernten, von anderen Kindern und von Erwachsenen mit Hochachtung betrachtet werden – das war pralles Leben. Und dieses Leben war so nur möglich durch großartige Leistungen an Selbstdisziplin, Kooperation und Ausdrucksfähigkeit. Man kann eine derart aufwendige Vorstellung in der Schule sicher nicht allzuoft verwirklichen, aber man wünscht sich, daß jedes Kind wenigstens einmal im Laufe der Grundschulzeit ein solches Erlebnis hat.

«Du hast Verantwortung für dich und auch in der Klasse übernommen.»

Als Schlußpunkt für das 3. Schuljahr seien hier einige Kinder-Zeugnisse wiedergegeben, mit denen die Kinder ins 4. Schuljahr versetzt wurden. Diese Kinder-Zeugnisse erhielt jedes Kind (zusätzlich zu dem «normalen» Zeugnis) als eine Art Brief der Lehrerin, aus dem ihre Erwartungen und Gefühle gegenüber den einzelnen Kindern deutlich wurden.

Liebe Rebecca, es ist Dir nicht immer leichtgefallen, alles schön und ordentlich fertigzustellen. Ich freue mich, wenn Du Dir Mühe gibst, und hoffe sehr, daß Deine Schrift sauberer wird. In der Klasse hast Du Freundinnen gefunden und bist selbstsicherer geworden. Wenn Du willst, wirst Du im 4. Schuljahr noch mehr Erfolg haben.

Liebe Özgül, die Schule macht Dir immer noch viel Spaß, und Du arbeitest sehr selbständig. Du bist an vielen Dingen interessiert und beteiligst Dich sehr an Gesprächen. Manchmal fällt es Dir schwer, Dich zurückzuhalten und auch andere zu Wort kommen zu lassen. Du hast aber schon sehr an Dir gearbeitet. Es freut mich besonders, daß Du selbstverantwortlich Aufgaben für die Klasse übernimmst. Im nächsten Schuljahr wollen wir gemeinsam noch mehr auf die Rechtschreibung achten.

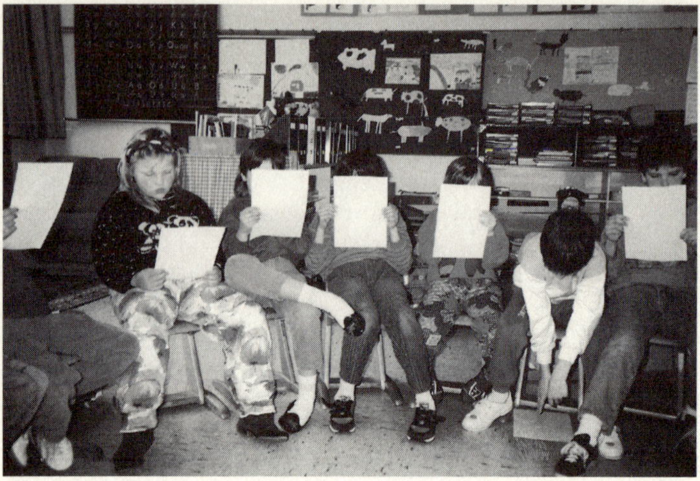

Zeugnisausgabe

Lieber Singh, in der letzten Zeit bist Du viel selbständiger geworden und hast auch Deine Arbeiten geschafft. Es fällt Dir manchmal noch schwer, genau hinzuhören und erst nachzudenken, bevor Du eine Frage stellst. Es gelingt Dir zunehmend besser, auch mal zu verlieren und es zu akzeptieren. Ich würde mich freuen, wenn Du im 4. Schuljahr wieder mehr Geschichten aufschreibst und wenn Du Dich nicht mehr so oft mit den anderen Kindern streitest.

Lieber Hannes, ich freu mich, daß es Dir in der Schule gefällt, auch wenn es Dir manchmal schwerfällt, alle Aufgaben rechtzeitig fertig zu haben. Du hast Verantwortung für Dich und auch in der Klasse übernommen, und Du beteiligst Dich lebhaft an Gesprächen. Theaterspielen hat Dir besonders gut gefallen. Ich hoffe sehr, daß Du im 4. Schuljahr mehr Spaß am Schreiben finden kannst.

Deine Lehrerin Chr. Walter

Das vierte Schuljahr

Wenn man die Protokolle aus dem 4. Schuljahr liest, könnte man zunächst annehmen, daß es genau die gleichen Themen wie im 3. Schuljahr sind, die die Kinder beschäftigten: Noten, Jungen-Mädchen, Streit und Konflikte, Streiche und Spiele sowie die Veränderung ihrer Beziehung zu den Erwachsenen. Aber, es war das letzte Jahr in der Grundschule, und diese Besonderheit war den Kindern bewußt oder wurde ihnen zunehmend bewußter. Dadurch entstand eine recht eigenartige Stimmung. Einerseits rückte die Leistung stärker ins Zentrum, die Sachthemen nahmen einen immer breiteren Raum ein, das soziale Lernen der Kinder verband sich zunehmend mit diesen Sachthemen. Sich über Sachen zu verständigen oder auseinanderzusetzen war Teil des sozialen Miteinanders. Immer wieder wurden kleine Vorträge von einzelnen Kindern oder Gruppen vorbereitet. Die Rolle des Experten oder der Expertin für ein Thema war wichtig.

Insgesamt setzte die Lehrerin mehr voraus, mehr an Leistung und mehr an sozialem Verhalten. Sie bestand stärker auf einer bestimmten Form der Selbstverantwortung und Selbstdisziplin. Die Kinder sollten lernen, Verantwortung für ihr eigenes Tun zu übernehmen. Begründungen, die in der Anfangszeit der Grundschule noch durchgegangen wären, wurden jetzt von ihr nicht mehr akzeptiert. Diese Normen waren nicht neu. Sie wurden nun aber konsequenter als in den ersten Schuljahren eingefordert.

In dieser versachlichten Atmosphäre brachten die Noten, die es nun gab, für viele Kinder Probleme bezüglich ihres Selbstbewußtseins und auch bezüglich ihrer Stellung in der Gruppe. Die Alters- und Entwicklungsunterschiede zwischen den Kindern machten sich stärker bemerkbar. Die Auseinandersetzungen zwischen ein-

zelnen Kindern und zwischen Kindergruppen wurden heftiger und die Loslösung von den Erwachsenen deutlicher. Vieles wurde nicht mehr in unserem Beisein diskutiert bzw. die Themen, die die Kinder mit uns besprechen wollten, veränderten sich. Aber – und das ist das Erstaunliche – parallel zu dieser «Versachlichung» zeigte sich ein besonderes Bedürfnis nach Zärtlichkeit, nach Körperkontakt, nach fröhlicher Gemeinsamkeit. Die Kuscheltiere wurden wieder hervorgeholt, das gemeinsame Leben bewußter wahrgenommen und genossen – vielleicht weil klar war, daß es bald enden würde. Und die Lehrerin hat auf diese Entwicklung reagiert, indem sie gezielt Situationen arrangierte, in denen die Kinder sich miteinander wohl fühlen konnten: beim Vorlesen, bei von einzelnen Kindern organisierten Mahlzeiten, beim Märchenerzählen und beim Spiel und Tanz mit selbstgebauten Stockpuppen.

«Wir wollen versuchen, uns zu beherrschen!»

7.8.92. Die Klasse ist umgezogen in einen Klassenraum im 2. Stock. Ein türkisches Mädchen namens Funda ist neu in die Klasse gekommen.

Es ist sehr heiß, und hier oben unter dem Dach spürt man die Hitze besonders. Der Klassenraum wirkt kahl, die Kinder haben noch nicht von ihm Besitz ergriffen. Vor der Tafel steht ein Tisch, darauf eine Balkenwaage und eine Briefwaage sowie allerlei Gegenstände, die im Rahmen des Mathematikunterrichts ausgewogen werden sollen. Benjamin versucht mit Hilfe der Balkenwaage herauszufinden, wie viele Reiskörner so schwer sind wie ein Pfennig. Norbert will das Ergebnis von Benjamins Untersuchung notieren.

Plötzlich lehnt sich jemand an mich (G. B.). Ich schaue: Özgül hat sich in meinen Arm gekuschelt. Ich frage, wie die Ferien waren. Sie fragt, wie mein Urlaub war (wir Frauen unter uns!). Gleichzeitig beobachtet Özgül aber, was am Wiegetisch passiert. Ohne Körperhaltung (Anlehnung an mich) oder Miene zu verziehen, hält sie ganz beiläufig ihren Finger unter eine Schale der Balkenwaage, so daß das Ergebnis verfälscht wird. Kurz darauf schmuggelt sie ein weiteres Gewicht auf die Waage. Ich reagiere nicht (das heißt: ich bleibe in meiner Beobachterrolle, das heißt aber auch: ich spiele mit «Jungen ärgern»!).

Funda kommt hinzu. Özgül erklärt mir, das sei ihre Freundin. Ich frage, wieso Funda jetzt in die Klasse gekommen ist. Özgül sagt mir leise ins Ohr: «Sitzengeblieben» (im Sinne von: Sei vorsichtig, verletze Funda nicht!). Mir fällt auf, daß Özgül und Funda die gleichen Leggings, T-Shirts und Buttons tragen. Beide genießen es offensichtlich, daß ich das feststelle.

Nach der Pause setzen sich die Kinder wieder in den Kreis. Nur Jan sitzt mit tränenverschmiertem Gesicht an seinem Tisch. Er hat zwei große Kratzer auf der linken Wange. Die Lehrerin sagt, daß Jan an seinem Platz bleiben «darf», aber in Zukunft soll er kein Lineal mehr mit auf den Schulhof nehmen. Jan: «Ich gehe nie mehr in die Schule!»

Ein wenig später setzt er sich unter seinen Tisch, ganz Schmerz, Beleidigtsein und Abwehr.

Jetzt soll über den Namen der Klassenzeitung entschieden werden, die zugleich als Wochenplan die Aufgaben benennt, die in der entsprechenden Woche zu bearbeiten sind. Die Vorschläge werden vorgelesen. Die Lehrerin schreibt an: «Zeitung», Benjamin: «Das ist langweilig!» Lehrerin: «Deinen Kommentar brauchen wir noch nicht!» Dann: Wochenplan, Wochenblatt, Lernwoche, Wochennachricht, Dreieichwoche, Gulliblatt, Kinderwoche («Erwachsenenwoche, haha!» ruft jemand dazwischen), Wochenspiegel (wird nicht angeschrieben, weil das der Titel im 3. Schuljahr war), Wochenzeitung und Wochendienst.

Jetzt soll sich jeder für einen Namen entscheiden, jeder darf sich also nur einmal melden. Die Lehrerin liest dazu die Vorschläge der Reihe nach vor und notiert die Stimmen dahinter. Dreieichwoche erhält 7 Stimmen (ausschließlich Jungen), Kinderwoche 8 (ausschließlich Mädchen). Der Lehrerin fällt ein, daß Jan nicht mitgestimmt hat. Erst schüttelt er trotzig den Kopf. Die Anhänger der Dreieichwoche bedrängen ihn. Dann sagt er: «Okay, Dreieichwoche!» Es entsteht ein Patt. Die Lehrerin: «Wie wär's, wenn wir Dreieich-Kinder-Woche» sagen würden?» Alle sind einverstanden. Benjamin: «Das war spannend!»

Nun will die Lehrerin erklären, an welchem Thema die Kinder in den nächsten Wochen arbeiten sollen. Aber ständig wird irgendwo gegickelt. Sie holt Singh und Said neben sich. Singh: «Eh, ich hab ja gar nicht mit Lukas geredet!» Lukas und Singh sitzen sich nun gegenüber. Lukas lacht, Singh lacht. Markus macht mit. Die Lehrerin: «Wer es nicht schafft, geht kurz raus.» Erst gehen einige, dann immer mehr, zuletzt sind alle Jungen draußen. Alle Mädchen sitzen auf ihren Stühlen im Kreis.

Der Schulleiter kommt und sagt der Lehrerin, daß nach der 4. Stunde hitzefrei ist. Die Lehrerin gibt diese Information als «unser Geheimnis» an die Mädchen weiter. Nach ca. 2 Minuten kommen alle Jungen wieder rein, Benjamin voran. Als Sprecher der Gruppe sagt er: «Wir wollen versuchen, uns zu beherrschen!» Özgül kann sich nicht verkneifen zu sagen: «Wir haben ein Geheimnis.» Ole rät «hitzefrei». Özgül dementiert heftig.

Vieles, was an diesem Tag geschehen ist, läßt sich sicher damit erklären, daß es sehr heiß war und daß durch die Hitze die Schwierigkeiten des Anfangs nach den Ferien in einem neuen Raum und mit veränderter Zusammensetzung noch verstärkt wurden. Aber damit werden die vorhandenen Konstellationen zugleich auch deutlicher sichtbar.

Da ist zum einen die **Gruppe der älteren Mädchen.** Durch Fundas Eintritt in die Klasse entsteht die Notwendigkeit, die sozialen Beziehungen neu zu definieren, und zwar auf zwei Ebenen: auf der Ebene der persönlichen Freundschaften und auf der Ebene des Beziehungsgeflechts der Klasse insgesamt. An diesem Tag stellen sich Özgül und Funda als Freundinnen dar, eng aufeinander bezogen bis hin zur gleichen Kleidung. Aber was soll dann aus Özgüls Freundschaft mit Ayse werden? Die beiden waren doch im letzten Schuljahr unzertrennlich. (Vorgreifend sei erzählt, daß es einige Zeit dauerte, bis diese veränderten Freundschaftsbeziehungen eine für alle akzeptable Form gefunden hatten.) Außerdem wird durch Funda die Gruppe von Mädchen verstärkt, die sich bereits an Jugendlichen- und Erwachsenenvorbildern orientieren, und das muß zwangsläufig zu veränderten Konstellationen innerhalb der Gesamtgruppe und speziell in der Beziehung zwischen Jungen und Mädchen führen.

Die **Konflikte zwischen einzelnen Kindern und auch zwischen Kindergruppen** gewinnen an Schärfe und Komplexität. Beispiel ist hier der Konflikt mit Jan. Er hatte wohl seine Frustration in wütenden Attacken auf dem Schulhof ausgetobt und bei der so entstandenen Prügelei den kürzeren gezogen. Sein Satz «Ich gehe nie mehr in die Schule!» zeigt, wie tief er sich verletzt fühlt. Die Lehrerin zwingt ihn nicht zu einer weiteren Unterwerfung, indem sie verlangt, daß er am Kreis teilnimmt. Sie gibt ihm – wie immer in solchen Situationen – die Zeit, mit sich selbst und seinen Gefühlen fertig zu werden. Und sie hält ihm die Möglichkeit offen, zurückzukehren, hier durch ihre Frage, ob er mitstimmen will. Damit erreicht sie auch, daß die anderen Jungen Jan anflehen mitzustimmen und ihm damit die Rückkehr ermöglichen.

Jan ergreift die Gelegenheit, sich in den Mittelpunkt zu spielen und stark zu fühlen, indem er eine Patt-Situation zwischen den beiden meistgewählten Vorschlägen herstellt und bei den Jungen wieder «dazugehört». Auch hier werden also die Strategien zunehmend vielschichtiger.

Die stärkere Organisation der Kinder untereinander führt auch dazu, daß **häufigere und heftigere Konflikte zwischen Kindergruppen und der Lehrerin** entstehen. Diese will ihren Unterrichtsplan verwirklichen und zugleich die Regeln für alle durchsetzen. In diesem Fall will sie mit ihrer Arbeit im Kreis fortfahren, fühlt sich durch Singh und Lukas gestört und fordert: «Wer es nicht schafft, geht kurz raus» (vgl. S. 88 f). Aber diesmal gehen nicht nur die, die angesprochen sind, es gehen alle Jungen. Darüber ist die Lehrerin selbst zunächst verblüfft, aber sie bleibt ihrer eigenen Regel treu, bleibt sitzen und wartet. Hier zeigt sich nun sehr deutlich, daß es nicht mehr einzelne Kinder sind, die die Gleichheit gegenüber den Erwachsenen erproben oder durchsetzen. Die Kinder sind sich der Reaktionen der anderen Kinder derart sicher, daß sie gemeinsam reagieren können, ohne sich abzusprechen. Sie definieren sich nun als Gruppe (und das heißt vor allem mit Gemeinsamkeiten nach innen und Abgrenzungen nach außen) und sind fähig, gemeinsam zu handeln, auch gegenüber den Erwachsenen.

Wenn man genauer hinschaut, stößt man in dieser Situation allerdings auch auf das Thema **Jungen und Mädchen.** Es sind ja die Jungen, die sich hier gegen die Lehrerin solidarisieren. Die Mädchen verhalten sich anders, teils, weil sie «braver», angepaßter reagieren, teils weil sie bereits weiterentwickelt sind, sich ein Stück weit mit der Lehrerin solidarisieren und sich über die «kleinen» Jungen und deren Unsinn erhaben fühlen. Das wird in der letzten Szene noch durch die Lehrerin unterstützt, die die Nachricht «hitzefrei» als «unser Geheimnis» an die Mädchen weitergibt und sich damit mit ihnen gegen die Jungen verbündet.

Aber trotz allem – die Regeln funktionieren, die soziale Kultur der Klasse erweist sich als tragfähig: Alle Jungen kommen wieder zurück, Benjamin versichert als Sprecher der Gruppe, daß sie versuchen wollen, sich zu beherrschen, wobei die Formulierung «versuchen wollen» deutlich macht, daß die Kinder (oder zumindest Benjamin als Sprecher) inzwischen die Fähigkeit entwickelt haben, das eigene Verhalten zu reflektieren, sich selbst und das eigene Vermögen kritisch einzuschätzen: Sie können und wollen nicht versprechen, daß sie sich beherrschen, sondern nur daß sie es versuchen wollen.

Auch wenn immer wieder Machtproben stattfinden – die Lehrerin ist akzeptiert, die Kinder bejahen die Gemeinsamkeit und sind bereit, dieser Gemeinsamkeit zuliebe sich einzuordnen. Aber die Lehrerin kann nicht mehr unabhängig von den vorhandenen Gruppenkonstellationen handeln oder Handlungen interpretieren. Typisch dafür scheint uns die Szene, in der es um den Namen für die Klassenzeitung geht. Den Gleichstand, die gleiche Stimmenzahl für die beiden Namen, hat sie auf eine Weise entschieden, die man als Kompromiß zwischen der Jungen- und Mädchengruppe deuten kann. Der Doppelname «Dreieich-Kinderwoche» stammt von der Lehrerin, aber er berücksichtigt die Wünsche beider Gruppen. Die Situation kann damit auch als Beispiel für eine gelungene Ko-Konstruktion einer Situation gedeutet werden.

«Wenn man geübt hat, hat man keine Angst!»

28.8.92. Frank kommt mir entgegengerannt. «Beckschi! Du kommst immer an den spannenden Tagen!» Ich frage, was denn heute spannend ist. «Die Mathe-Arbeit!» Hannes: «Billige Arbeit.» Im Schuleingang kommt Salia angerannt und begrüßt mich. Auch sie erzählt mir gleich von der Arbeit. Ich frage: «Wie findest du so eine Arbeit?» – «Aufregend! Und bei dir?» Ich sage, daß ich das früher auch aufregend fand. Auch Ayse bestätigt, daß es «aufregend» sei.

Wir begeben uns alle in die Klasse. Mir fällt die merkwürdige Stimmung auf. Obwohl kein Lehrer im Raum ist, herrscht «gespannte Ruhe». Keiner läuft wie gewöhnlich herum und handelt private Dinge mit anderen aus. Alle sitzen an ihrem Platz. Wenn gesprochen wird, geschieht es leise.

Der Mathelehrer kommt. Er erklärt, daß heute eine Arbeit geschrieben wird, und fragt, wie sich die Kinder fühlen. Norbert: «Lampenfieber!» Hannes: «Auf einmal kann ich keine Aufgabe mehr! Alles vergessen!» Er hat «so ein komisches Gefühl». Benjamin: «Ich hab nichts vergessen, kein komisches Gefühl!» Markus fühlt sich «wie jeden Tag». Ayse: «Normal.» (Offensichtlich entsteht gerade eine Mehrheitsmeinung: Du kannst uns nicht ärgern, wir finden das normal, obwohl offensichtlich viele anders empfinden.) Said: «O Mann, du machst es spannend!» Der Mathelehrer sagt an, daß heute jeder allein arbeiten muß. Sandra und Singh kommen zu spät. Sie setzen sich hin. Auch dazu gibt es heute keine Kommentare von den anderen. Mathelehrer: «Wer es rausgekriegt hat, kann das Blatt abgeben und auf den Hof gehen, damit die anderen in Ruhe arbeiten können.» Er fängt an, die Blätter zu verteilen, immer abwechselnd einmal ein Blatt der Gruppe A und an den Sitznachbarn ein Blatt der Gruppe B.

Es ist inzwischen 8.10 Uhr. Ich setze mich zu Tisch 4 (Nina, Özgül, Said, Norbert, Sida und Udo). Nina zu Sida (leise): «Sida, hast du auch A?»

Nina sitzt und brütet über der Aufgabe: 917 + 83 = ?. Sie schreibt mit einem Bleistift unter die Einer eine Null, schüttelt den Kopf, rechnet leise vor sich hinsprechend mit den Fingern, schreibt unter die Zehner noch eine Null, überlegt, rechnet, schreibt eine Null unter die Hunderter und davor eine 1. Sie wendet sich der zweiten Additionsaufgabe zu und schreibt das Ergebnis von links beginnend hin. Dann rechnet sie drei weitere Additionsaufgaben, schaut zu Sida, dann zu Udo, der ihr gegenüber sitzt. Der hält seinen Arm vor sein Blatt. Nina: «Du hast ja was anderes!» (Meint: Ich kann ja bei dir überhaupt nicht abschauen!) Sie schaut zu Sida, legt ihren Bleistift weg. Ich habe den Eindruck, daß sie nur gar zu gerne von irgend jemandem Hilfe hätte.

Nina ist inzwischen bei der letzten Additionsaufgabe angekommen. Sie angelt sich einen Radiergummi von Özgül und radiert das erste Ergebnis (917 + 83 = 1000) wieder weg, fragt: «Sida, was machst du denn?» Sida schaut nur hoch ohne zu antworten. Nina meldet sich. Der Lehrer reagiert nicht. Nina: «Frau Beck, nur 9?» Ich lese leise die Aufgabe: «917 plus 83». Sie rechnet noch mal: «Hatt' ich ja richtig, scheiße!» Sie schreibt wieder dreimal die Null hin, nicht aber die 1. Dann beginnt sie mit dem zweiten Aufgabenpaket, den Multiplikationsaufgaben. Nach längerem Überlegen und Rechnen mit den Fingern schreibt sie hinter die Aufgabe 5 mal 70 eine 35, überlegt, sagt dann: «Das ist falsch!» Weiß aber offensichtlich nicht weiter. Ich halte die Null bei der 70 zu. Nina sagt sofort mit erleichterter Stimme: «350» und schreibt eine Null hinzu (d.h., sie kann die Aufgabe rechnen, ist nur verunsichert und blockiert).

Inzwischen ist es 8.20 Uhr, die Kinder arbeiten also seit ca. 10 Minuten. Nina schreibt hin 4 mal 80 = 320. Dann kramt sie in ihrem Ranzen, holt einen Filzstift heraus und schreibt die mit Bleistift geschriebenen Zahlen bei den Additionsaufgaben nach, wiederum bei der ersten Aufgabe nur dreimal die Null, keine 1. Nina schaut die ganze Zeit sehr angespannt, aber unkonzentriert. Das Gesicht ist verzogen, schnelle fahrige Bewegungen, schnelle Blickwechsel, vor allem zu Sida, aber auch zu Udo und Özgül oder zu anderen Tischen. Dazwischen wieder der Versuch, sich zu konzentrieren und weiterzurechnen, immer mit Hilfe der Finger. Dann schreibt sie hinter die Aufgabe 30 mal 6 eine 150.

Nina pustet das Käppchen von ihrem Tintenkiller, das vor ihr auf dem Tisch liegt, in Udos Richtung, dann kramt sie aus ihrem Ranzen ein Blatt und legt es mit der leeren Seite nach oben auf den Tisch, als wolle sie mit einem Notizpapier arbeiten. Auf der Rückseite des Blattes stehen aber Einmaleinsreihen geschrieben. Nina dreht das Blatt um, schaut nach, stockt bei der Aufgabe 10 mal 16, denn das steht nicht auf ihrem Blatt. «Soviel Sonne!» Sie blinzelt. «Herr Eilers, Sonne, runter!» Der Lehrer läßt die Jalousie herunter. Nina: «Sida!» Die reagiert nicht. Auf meinen auffordernden Blick hin erklärt sie: «Das ist so schwer, mit Zehnern! Was soll man da für eine Reihe machen?» Ich empfehle ihr, erst die Aufgaben zu machen, die nicht so schwer sind.

Nina steht auf, geht zu Ayse, kommt zurück, setzt sich hin. Özgül: «Nicht abgucken!» Nina: «Ich hab nur was gefragt!» Inzwischen ist es 8.30 Uhr. Die ersten Kinder gehen nach vorne und geben ihr Blatt ab. Der Lehrer erinnert daran, daß der Name drauf sein muß. Einige der Kinder, die fertig sind, verlassen die Klasse. Nina sitzt, stützt den Kopf auf, schaut herum, gähnt, fummelt mit dem Filzstift im Haar, schüttelt die Haare. Nina schaut zu Özgül und Said, fragt dann Said: «Hast du denn ein A-Blatt?»

Hannes gibt sein Blatt ab. Es ist 8.33 Uhr. Nina schreibt hinter 810 : 9 = 70, schaut zu Özgül, schreibt dann hinter 100 : 5 = 20 und zu 10 mal 16 = 116, dann zu mir: «Gäh, das stimmt!» Ich: «Darf ich doch nicht sagen! Heute nicht!» Nina: «Leider!» Sie schaut zu Özgül, gähnt, spricht mit Özgül (offensichtlich über den Nachmittag, ich höre nur: «Gehst du...»), schaut zu Ayse, die mit Sandra spricht, stützt den Kopf auf.

8.40 Uhr. Der Lehrer fordert die Kinder auf, zum Ende zu kommen. Nina steht auf und gibt ihr Blatt ab. Sie hat bei den Additionsaufgaben die erste Aufgabe unvollständig, bei den Multiplikationsaufgaben nur einige Ergebnisse, die beiden letzten Aufgabenpakete überhaupt nicht begonnen.

Der Lehrer sagt, daß gefrühstückt werden kann. Ich gehe in der Klasse herum und frage einige nach ihren Gefühlen. Rebecca erzählt die klassischen Symptome: komisches Gefühl, alles ist weg, Angst. Als ich weiterfrage, begründet sie: «Weil, die Eltern maulen, wenn man Fehler hat!» Hannes: «Ich darf soviel Fehler machen, wie ich will!» Salia: «Wenn man geübt hat, hat man keine Angst!» Ich frage Sandra, wie es war. Sandra: «Gut!» Dieselbe Frage an Ayse: «Besser!» (meint wohl: im Verhältnis zu dem, was ich befürchtet hatte), sie fand es nur «ein bißchen schlimm». Udo und Ole liegen gemeinsam auf dem Sofa. Ich frage Ole: «Bist wohl trostbedürftig?» Er scheint es zu genießen, daß ich ihn in den Arm nehme. Ich frage ihn, was so schlimm war. Ole: «Mal und plus» (also alles, wenn ich es richtig verstehe). Zurück am Tisch 1 höre ich, daß Said das afghanische Notensystem erklärt: «1 ist die schlechteste, 20 die beste!»

Nina hat eine Tüte mit Chips, die wie ein breiter Fingerring geformt sind. Sie fragt mich: «Willst du einen?» Ich lehne dankend ab. Sie verteilt Chips an die Kinder an ihrem Tisch. Özgül legt sieben Chips-Ringe vor sich hin, sagt: «So viel geheiratet, sieben Männer!» Ole kommt vorbei mit Schokletten. Er fragt mich, ob ich will, ich lehne dankend ab. Er fragt Nina und Özgül, beide lehnen ab. Dann fragt er Said, der nickt und, bevor er etwas sagen kann, läßt Ole vier Schokletten vor Said auf den Tisch fallen und geht weiter. Said: «Ich wollte einen!» (Betonung auf «einen»).

Insgesamt herrscht beim Frühstück eine auffallende Ruhe, die meisten sitzen wie erschlagen, erschöpft an ihrem Platz. Keiner hat sich gebrüstet, wie «leicht», «billig», «babyleicht» die Arbeit war. Keiner hat versucht, durch Vergleich der Ergebnisse herauszufinden, ob er «richtig» gerechnet hatte. Ich habe den Eindruck, daß sie nur wenig untereinander über die vergangenen 45 Minuten sprechen, sobald ich aber nachfrage, kommen heftige Gefühle zu Ausdruck.

Wir haben diese erste benotete Vergleichsarbeit bewußt so genau und ausführlich beobachtet und dargestellt. Wenn es den Lesern und Leserinnen so geht, daß sie beim Lesen ungeduldig werden und es kaum noch aushalten, daß sie die Spannung, das Unwohlsein, die Angst, das Unvermögen, das Blockiertsein und die krampfhaften Versuche, die Normalität des Lebens trotz allem aufrechtzuerhalten (Absprachen für den Nachmittag) ein Stück weit nachempfinden, so sind das genau die Gefühle, die auch wir beim Protokollieren empfunden haben. Nina ist teilweise wie erstarrt, sie ergreift jede Möglichkeit der Ablenkung (zu anderen Kindern schauen, Material hin- und herbewegen, über die Blendung durch die Sonne klagen...). Es ist aber auch wie verhext: Sonst gilt ja in dieser Klasse, daß man bei Schwierigkeiten andere fragen kann, daß man sich hilft oder zumindest Hilfe zur Selbsthilfe erhält, daß immer die ganze Person wahrgenommen und respektiert wird. Nina ist ja selbst ein prosoziales Kind, das immer bereit ist, anderen zu helfen.

Aber all das gilt nun nicht mehr. Jetzt ist jeder auf sich selbst gestellt. Jetzt gilt nur noch eine bestimmte Leistung. Jetzt heißt es: Hier und jetzt das Richtige tun, und zwar bezogen auf die vorgegebenen Aufgaben und das noch in einer festgelegten Zeit. Man kann also nicht, wie beim Wochenplan, eine schwierige Aufgabe verschieben, darüber in Ruhe nachdenken, sich Hilfe holen, andere fragen u.ä.m. Nun könnte man argumentieren, daß es hier um eine neue Anforderung geht, mit der man sich halt auseinandersetzen muß und an der man wachsen kann. Aber, für viele Kinder sind die **Klassenarbeiten eine fast existentielle Bedrohung**: Der Druck, der hier entsteht, wirkt sich auf die ganze Person aus, körperlich und psychisch, und führt zu Konsequenzen für das Selbstbewußtsein und die sozialen Beziehungen.

Nina wird unsicher, ihr mangelndes Selbstvertrauen läßt sie selbst ein richtiges Ergebnis anzweifeln. Ihre Versuche, Hilfe zu erlangen, werden von den anderen in dieser Situation als Belästigung empfunden. Deren Angst und Leistungsdruck wiederum führt dazu, daß sie Ninas Signale von Unsicherheit für sich selbst am besten verarbeiten können, wenn sie sie abweisen und sich selbst dadurch überlegen vorkommen. Ein Teufelskreis entsteht, der gerade für Nina bereits mit den ersten, noch unbenoteten Vergleichsarbeiten im 3. Schuljahr begonnen hatte und der nun im 4. Schuljahr durch die Noten noch verschärft wird. Sie hatte ja das 1. Schuljahr bereits wiederholen müssen und muß die Situation nun erleben als Bestätigung ihrer Minderwertigkeit.

Ihre im 1. und 2. Schuljahr sehr gute Position im Sozialgefüge der Klasse («Alle Jungen lieben Nina», hatte einer einmal gesagt), durch die sie ihr Selbstbewußtsein aufgebaut hat, gerät ins Wanken. Und es ist sicher nicht ohne Bedeutung, daß gerade Nina und Ole anschließend Naschereien verteilen. Beide hatten ihre besonderen Schwierigkeiten mit der Mathearbeit, und beide fürchten wohl, von den anderen nicht mehr anerkannt zu werden, und versuchen, im Kontakt zu bleiben, ihr Ansehen zu verteidigen, und sei es dadurch, daß sie ihre Freundschaftsbeweise den anderen fast aufdrängen.

Die Reaktionen nach der Arbeit wiederum zeigen sehr deutlich, wie unterschiedlich die einzelnen Kinder diese Situation erleben und verarbeiten können. Die Kinder, die sich ihrer eigenen Fähigkeiten einigermaßen sicher sind (ohne zuviel Ansprüche an sich selbst zu entwickeln), können offensichtlich lässiger damit umgehen als unsichere Kinder oder Kinder, die eine sehr hohe Selbsterwartung besitzen oder entsprechende Erwartungen der Eltern erleben oder unterstellen. Umgekehrt scheint es sehr hilfreich, wenn Klarheit besteht, daß man auch schlechte Noten mitbringen darf. Hannes weiß genau, daß seine Mutter dann nicht schimpfen wird. Salia dagegen muß ihre Angst vor dem Versagen rationalisieren: Wer geübt hat, braucht keine Angst zu haben, und wer Angst hat, ist folglich selbst daran schuld, weil er faul war.

Zur Entwicklung der Selbstreflexion bei Kindern

Krappmann (1981, 373 f) faßt in seinem Beitrag zur Sozialisation in der Gruppe Gleichaltriger die wissenschaftliche Diskussion zur Entwicklung des Selbst folgendermaßen zusammen:

«Die Selbstvorstellung umfaßt mehr als eine wertende Selbst-Einschätzung; sie umschließt alle Eigenschaften, mit denen ein Mensch sich selber im Vergleich mit anderen betrachtet und erlebt. In der mittleren Kindheit werden neben den Eltern die anderen Kinder für diese Selbstdefinition wichtig. Während jüngere Kinder ihre Fähigkeiten nach Markus und Nurius (1984) noch stärker an absoluten Standards messen, wird in der mittleren Kindheit und der Präadoleszenz der soziale Vergleich für die Selbstdefinition entscheidend. Für die Entwicklung des umfassenden Selbst-Verständnisses schlagen Damon und Hart (1982) ein Modell vor, das Vorläufer schon in der frühen Kindheit annimmt. Sie unterscheiden verschiedene überdauernde Objekt- und Subjektdimensionen des Selbst, die sich Phase für Phase weiterentwickeln, und zwar indem in jeder Phase jeweils eine Dimension der Entwicklung gleichsam ein ‹Leitmotiv› setzt. Nach einer Orientierung des Selbstverständnisses in der frühen Kindheit am physischen Selbst wird nach ihrem Modell das Selbstverständnis in der mittleren Kindheitsphase durch die Aktivierung der eigenen Fähigkeiten getragen, die an denen der anderen gemessen werden (‹active self›), in der Phase der Präadoleszenz durch die persönlichen Charakteristika, die in den Beziehungen mit anderen aufgebaut werden (‹social self›).

Einen wichtigen Teilaspekt dieser Entwicklung haben Parker und Gottman (1989) in den Analysen von Kindergesprächen nachgezeichnet, nämlich die Integration der *Emotionen* in die Selbst-Wahrnehmung und Selbst-Kontrolle. Sie wird weitgehend durch die Thematik beeinflußt, die die Sozialwelt der Kinder auf der jeweiligen Entwicklungsstufe prägt. In der mittleren Kindheit sind es die Bemühungen um *Akzeptanz* und Integration in die *Beziehungen* unter den Kindern, die nicht nur Jungen, sondern nach den Beobachtungen von Parker und Gottman (1989) auch Mädchen dazu bringen, ihre Emotionen sogar in Freundschaften sehr weitgehend zu beherrschen. Markus und Nurius (1984) machen allerdings darauf aufmerksam, daß Kinder dieses Alters sowohl tiefe Enttäuschungen als auch den Überschwang freudiger, stolzer Gefühle erleben und zeigen.

Auch die Aushandlungen zehnjähriger Kinder in der Studie Oswalds und Krappmanns (1988) erwecken oft mehr den Eindruck eines auch emotional geführten Kampfes als den eines Forums neutral argumentierender Beteiligter. Es mag dennoch richtig sein, daß der in der *mittleren Kindheit* abverlangte Entwicklungsschritt nur gelingt, wenn diese Emotionsdurchbrüche als affektive Pannen nach Möglichkeit vermieden werden, damit das Kind schwach gesicherte Beziehungen nicht verliert, vor fremden Perspektiven nicht zurückscheut, *Konflikte* aushält und langwierige Aushandlungen zum Aufbau von interpersonalen Regeln ebenso wie zur Erweiterung seiner Kenntnisse und Fähigkeiten durchsteht.»

Ein Gespräch über die Anschläge in Mölln

4.12.92. Der Unterrichtstag beginnt mit einem Gespräch über die ausländerfeindlichen Anschläge, die gerade in Mölln fünf Todesopfer gefordert hatten.

Wieder (wie schon beim Golfkrieg, vgl. S. 109 ff) bietet der Lehrer den Kindern zunächst einfach die Gelegenheit, ihre Erfahrungen, Gefühle, Befindlichkeiten darzustellen. Ein Angebot, daß höchst unterschiedlich angenommen wird. Es gibt Kinder, die von eigenen Erfahrungen berichten, aber auch solche, wie z. B. Funda, die darüber nicht sprechen wollen. Es gibt Kinder, die direkt betroffen sind (die türkischen Mädchen, Frank, der einen marokkanischen Vater hat, Norbert, dessen Eltern vor der Rassendiskriminierung in Südafrika geflohen sind...), und Kinder, bei denen dieses Thema andere Betroffenheiten wachruft (Jan und Rebecca, als Kinder aus Kroatien und Serbien); und es gibt Kinder, wie Benjamin, die recht gut informiert, aber keineswegs direkt «betroffen» sind, die eher ihr allgemeines Harmoniebedürfnis ausdrücken.

«Wetten, daß Lukas gewinnt?!»

Vom gleichen Tag soll über eine Spielszene aus der Freien Arbeit genauer berichtet werden, weil in dieser Szene deutlich wird, wie weit sich die soziale Kompetenz der Kinder entwickelt hat, wie unterschiedlich sie aber auch nach wie vor in ihren sozialen Fähigkeiten sind.

4.12.1992. Singh und Lukas spielen «Vier gewinnt». Beide spielen blitzschnell. Lukas singt vor sich hin und rechnet sich vorher die Steinfolgen aus. Singh: «Ich bin gut, nicht?» Lukas: «1 : 0. Na und, ich bin heute eben nicht so gut.» Das erste Spiel hat Singh gewonnen. Er singt vor sich hin, und das Spiel geht zack, zack, d.h., ich (G. S.) kann kaum verfolgen, was im einzelnen geschieht. Singh: «Ich glaube, heute gewinne ich. Du mußtest irgendwie rein. Ich hatte 'ne Zwickmühle.» Lukas: «Wenn ich angefangen hätte, hätte ich gewonnen.»

Vier gewinnt

Die Beherrschung einer Reihe sozialer Fähigkeiten durch die meisten Kinder führt zwar nicht notwendig zu einem konfliktloseren Umgang zwischen den Kindern, aber die Konfliktformen und die Konfliktlösungen sind differenzierter geworden. Die Kinder verfügen nun über die Möglichkeit, eine Reihe verschiedener Perspektiven einzunehmen. Sie können unterscheiden, zum Beispiel zwischen dem, was sie tun, und dem, was sie sagen, oder dem, was sie tun wollen und was sie tun sollen. Die Spiele werden ritualisierter, d.h., die symbolischen Bedeutungen der Handlungen werden wichtiger als die Handlungen selbst.

Im 3. Schuljahr haben wir protokolliert, wie Singh mit Said «Vier gewinnt» spielte. Damals schien die Regel keinem der Kinder klar, und sie vereinbarten auch keine. Das Spiel war ständig vom Abbruch bedroht, weil jedes der Kinder eher am Gewinnen als am Aufrechterhalten des Spiels interessiert war. Said und Singh waren durch die Jahre hindurch durch Konkurrenz aufeinander bezogen. Man kann es auch so sagen: Die unmittelbare Auseinan-

Reversi

dersetzung zwischen ihnen war jeweils wichtiger als ein Spiel oder ein Spielverlauf. Denn wer spielt, hat prinzipiell zwei Interessen: zu gewinnen und das Spiel aufrechtzuerhalten. In den ersten Schuljahren verfügten gerade Said und Singh kaum über die sozialen Fähigkeiten, die notwendig sind, um ein Spiel auch aufrechtzuerhalten.

Jetzt im 4. Schuljahr sieht das ganz anders aus. Singh und Lukas setzen sich auf zwei Ebenen auseinander: auf der **Spielebene und der Sprachebene.** Das «heute eben nicht so gut» nach dem ersten verlorenen Spiel heißt: Auch wenn ich heute verlieren sollte, bin ich grundsätzlich dennoch besser als du. Lukas relativiert nicht nur von vornherein einen möglichen Verlust, er pariert auch

Singhs rhetorischen Angriff. Neben der Sprache steht ihm auch der Verweis auf Spielbedingungen zur Verfügung: «Wenn ich angefangen hätte...». Gewinnen und verlieren werden nun deutlich als Ergebnis bestimmter Bedingungen und nicht bloß persönlicher Eigenschaften und Fähigkeiten wahrgenommen. Allerdings unterscheiden sich Singh und Lukas auffallend in dieser Hinsicht.

Dann gewinnt Lukas und wieder Singh. Lukas: «Oh, du kannst drei machen.» Singh gewinnt. Es steht 3 : 1. Singh schreit zu Benjamin rüber. Lukas: «Du schreist nur, um anzugeben.» Benjamin kommt an den Tisch: «Wetten, daß Lukas gewinnt?» Dann sagt er: «Meine 20 Pfennig.»

Bekannt ist, daß Lukas der bessere Spieler ist. Auch wenn Singh nun führt, ist allen Beteiligten klar, daß damit noch keine Entscheidung gefallen ist. Benjamin ist bereit, auf Lukas zu wetten. Es ist auch kein Zufall, daß sich Singh an Benjamin wendet. Dieses Spiel steht im Kontext der Auseinandersetzung zwischen den drei Jungen, wer denn der beste Mathematiker sei und wer nun am besten spielen könne. Es geht also nicht nur um Spiel, sondern auch um **Konkurrenz**. Diese Auseinandersetzung ist auch öffentlich, was später deutlich werden wird.

Lukas hat vier Steine in einer Reihe, merkt es aber nicht. Als ich es ihm sage, sagt er: «Hab ich nicht gemerkt, deshalb gilt es nicht.» Als Singh anfangen will, sagt Lukas: «He du, ich fange an.» Lukas: «Da muß ich noch Glück haben.» Beide spielen weiter, so schnell, daß ich kaum mitkomme. Lukas überlegt ab und zu laut, etwa: «Wenn ich hier reintue nachher, dann tut er hier rein.» Die Lehrerin holt Singh vom Spiel weg. Sie will kontrollieren, was er diese Woche gearbeitet hat. Singh geht zur Lehrerin, Lukas legt einen weiteren Stein ein und sagt – teils zu mir, teils zu sich und teils zu einem dritten Kind – «Ich hab nur eins gemacht.» Singh ruft: «Aber nicht weiter, gell?» Lukas freut sich, daß er gewinnen wird, und zwar aufgrund seiner Vorausberechnungen.

Dann gibt es eine gemeinsame Strategieüberlegung mit Hannes. Hannes guckt zu. Singh: «3 : 1». Lukas gewinnt und freut sich. Singh:

«3 : 2 für mich». Nächstes Spiel. Lukas: «Was machst du auch? Kannst kaum gewinnen.» Singh muß noch einmal zurück zur Lehrerin. Lukas kommt aus Versehen an den Hebel, so daß die paar Steine, die schon im Spielgerät liegen, rausfallen. Lukas: «Singh, ist kaputtgegangen. Entschuldige.» Singh: «Wie steht's?» Hannes: «3 : 2.» Singh ruft laut dazwischen. Die Lehrerin schimpft. Singh: «Wenn du immer alles verpetzt.» Lukas gewinnt, es steht 3 : 3.

Hannes: «Ich schreibe die Punkte auf.» Hannes guckt zu und darf nichts sagen. Beide, also sowohl Lukas als auch Singh, achten darauf, daß keine anderen Kinder in ihr Spiel reinreden. Auch das ist anders als früher. Lukas gewinnt: «4 : 3. Siehste, was hab ich gesagt.» Singh sagt nichts, denkt dann laut über seine Chancen nach und gewinnt. Singh: «4 : 4.» Singh guckt bei Hannes auf den Zettel, ob der das auch richtig aufschreibt.

Singh kann sowohl das Spiel aufrechterhalten als auch die Ansprüche seiner Lehrerin erfüllen. Während er seine Hefte zeigt, legt Lukas einen Stein ein. Daß er sagt: «Ich hab nur eins gemacht» und Singh ruft «Aber nicht weiter, gell», zeigt, wie schwer es beiden fällt, sich an die Regeln zu halten und sich gegenseitig zuzutrauen, die Regeln einzuhalten. Wie schön wäre es für Lukas gewesen, doch mehr als einen Stein einzuwerfen und wie leicht für Singh, dies auf jeden Fall und vorsorglich zu behaupten. Die Tatsache, daß sich durch Lukas' Versehen das begonnene Spiel nicht fortsetzen ließ, hätte vor einiger Zeit wahrscheinlich zu einem Abbruch des Spieles geführt. Lukas kann sich entschuldigen, und vor allem – Singh kann das nun akzeptieren. Ob Singh dazu auch in der Lage wäre, wenn er nicht mit Lukas, sondern z. B. mit Said spielen würde, ist allerdings fraglich.

Zugleich zeigt diese Überlegung aber auch, wie wichtig es für Kinder ist, sich mit anderen Kindern auseinanderzusetzen, auch und gerade mit Kindern, die anders reagieren als sie selbst.

Die Ritualisierung des Spiels ist deutlich. Es gehört nun zu den **Regeln des Fair play**, sich nicht von anderen helfen zu lassen. Die Sympathien und Beziehungen untereinander sind nach wie vor vorhanden, sie dürfen aber nicht mehr unmittelbar gezeigt werden. Der «Showdown» der beiden Spieler lebt auch von der Öffentlichkeit des Spiels – und dies setzt eine klare Trennung von Spiel und Öffentlichkeit voraus. Diese Öffentlichkeit stellt nun einen neutralen Schiedsrichter dar.

Singh spielt weiter und gewinnt 5 : 4. Singh: «Ich bin gut, nicht?» Hannes: «Manchmal ist der Lukas auch besser. Jeder hat seinen guten Tag und seinen schlechten Tag.» Singh: «Ich hab 'ne Riesenchance.» Hannes: «Ja? Ich sag's nicht.» Lukas: «Der hat keine Riesenchance.» Hannes: «Nicht ganz riesig. So halb.» Hannes: «Gelb ist die Glücksfarbe.» Singh: «Ich hab die ganze Zeit rot gehabt, und Gelb ist meine Glücksfarbe!» (Meint: Bisher habe ich mit den schlechteren Farben gespielt, und seit wir getauscht haben, gewinne ich.)

An Hannes Bemerkungen läßt sich einerseits so etwas wie eine **generalisierte Vernunft** feststellen: Jeder hat seinen guten und seinen schlechten Tag. Deutlich wird aber auch, wie schwer es ihm fällt, sich zurückzuhalten. Seine Sympathie gilt eher Lukas, seine Bemerkungen relativieren insgesamt Singhs überraschenden Erfolg. An der Art, wie Hannes sich einmischt, ist aber erkennbar, daß er weiß, daß er sich nicht einmischen soll.

Hannes ist derzeit dabei, mit Hilfe der Lehrerin einen Orden für den Sieger zu basteln. Lukas hat gegen Singh 10 : 8 gewonnen und hört auf. Benjamin nimmt seinen Platz ein. Singh gelingt es ganz schnell, Benjamin 3 : 0 zu schlagen. Hannes überreicht ihm den Orden, weil die Lehrerin zum Aufräumen ruft (nicht weil der Wettbewerb nach klar erkennbaren Regeln zu Ende ist). Benjamin ist offensichtlich schwer getroffen. Er murmelt etwas von «Urkunde für Quietschkacke!» oder so ähnlich, während er seinen Platz aufräumt. Alle am Tisch (Said, Hannes, Benjamin) singen: «We are the champions!» Singh: «Aber ich bin besser!» Said: «Einmal hab ich gewonnen!» Hannes spielt noch einmal die Übergabe der Urkunde (mit langem Handschlag fürs Fernsehen). Benjamin: «Wetten, daß ich die Weltmeisterschaft im Reversi machen würde?!» Said: «Ich hab zwei Urkunden in Taekwondo!»

Benjamin ist bei diesen Konkurrenzspielen der Jungen in besonderem Maße betroffen. Aufgrund seiner geringen Größe definiert er sich sehr über Leistung. Seine Chance sieht er darin, sich als Mathe-Crack hervorzuheben. Deshalb ist für ihn die Niederlage bei «Vier gewinnt» besonders schwer zu verkraften.

Hannes dagegen kann spielerisch mit verschiedenen Konstellationen umgehen. Er läßt sich nicht direkt auf eine Konkurrenz mit den anderen Jungen ein und hat mit der Rolle des Protokollanten und mit der Herstellung und Überreichung der Medaille geschickte Strategien entwickelt, dabeizusein, ohne sich auf die Konkurrenz einlassen zu müssen. Seine Übergabe der Medaille karikiert sogar den Konkurrenzanspruch der anderen Jungen. In bezug auf Singh zeigt die Szene einen großen **Gewinn an sozialen Kompetenzen.** In den Jahren zuvor hat er kaum eine Gelegenheit ausgelassen, um auf seine tatsächliche oder vermeintliche Überlegenheit hinzuweisen. Fast jedes Verlieren war wiederum mit aggressiven Handlungen oder Worten verbunden. Es kommt auch noch immer vor, daß Singh in frühere Verhaltensweisen zurückfällt. Er, wie die anderen Kinder auch, verfügen aber nun über das Potential zum «Fair play». Und Benjamin scheint sich darüber zu ärgern, daß er sich ärgert.

«Gleich groß!» – «Und gleich gestreift!»

Parallel zu der Szene «Vier gewinnt» haben wir noch folgende Szene protokolliert, die die zunehmenden Unterschiede zwischen den Mädchen und den Jungen deutlich macht:

4.12.92. Özgül imitiert «Bauchtanz». Ayse hält die Hand auf den Oberbauch und sagt, sie habe Bauchweh, geht dann zur Spielecke. Ich (G.B.) gehe nach und frage sie, ob sie ihre Tage hat. «Nein!» – «Weißt du, was das ist?» Sie nickt mit kraus gezogener Nase. Ich meine, das sei doch nichts Schlimmes, «das kriegt man eben, wenn man erwachsen wird». Ayse lehnt sich an mich: «Gleich groß!» (Sie ist höchstens noch 5 cm kleiner als ich!) Ich: «Und gleich gestreift!» Sie grinst verständnissinnig. (Heute früh hat sie meinen Pulli bewundert, der viele bunte, kleingemusterte Querstreifen hat. Ayse trägt einen Pullover im gleichen Stil.)... ●

Während die Jungen zunehmend Spiele wie «Vier gewinnt» und sportliche Wettkämpfe als ihre Domäne definieren, zeigt sich immer stärker die **Körperbezogenheit der Mädchen**, ihre Bewußtheit, mit der sie sich darstellen und ihren Körper präsentieren, vor allem die älteren Mädchen. Sie beziehen sich zunehmend eher auf Erwachsene oder Jugendliche, vergleichen sich mit ihnen, versuchen, sich erwachsen zu geben. Die Mode und die Musik der Jugendlichen werden wichtig. Wenn die Gemeinsamkeit mit den Jungen ihrer Klasse ihnen nicht in den Kram paßt, ziehen sie sich einfach zurück, ignorieren deren Beziehungswünsche. In dieser Zeit mehren sich die Szenen beim freien Rollenspiel, in denen die Jungen darum betteln, mitspielen zu dürfen, aber harte Ablehnungen ernten (und sie auch akzeptieren). Hannes gelingt es noch am ehesten, bei den Mädchen mitspielen zu dürfen, er scheint ein Kind, daß sich offen hält, das sich nicht auf das Konkurrenzgerangel der Jungen festlegen läßt und das doch zugleich von beiden Gruppen, Jungen wie Mädchen, anerkannt ist.

Jungen und Mädchen

Soziales Handeln ist geschlechtsbezogen (vgl. Zur psycho-sexuellen Entwicklung) – auf das Geschlecht des Gegenübers wie auf das eigene. Und entsprechend ist für das soziale Ler-

nen in der Grundschule wichtig, wie Jungen und Mädchen sich als Jungen bzw. Mädchen verstehen und wie sie in diesem Kontext ihr Miteinander organisieren. In allen Untersuchungen über **geschlechtsspezifisches Verhalten** und die Beziehungen zwischen Jungen und Mädchen werden Jungen durchgängig eher als konkurrenzorientiert beschrieben, Mädchen eher als kooperativ und integrativ. Jungen scheinen sich eher für technische Abläufe zu interessieren, Mädchen eher für Personen und ausschmückende Details (vgl. u. a. Kaiser, 1985, 55 ff).

Bilden (1991, 287) faßt Ergebnisse der Forschung wie folgt

zusammen: «Untereinander sozialisieren sich Kinder, mit dem Alter zunehmend, rigoros im Sinne geschlechtstypischen Verhaltens (Fagot, 1977, Lamb & Roopnarine, 1984, Serbin et. al., 1979, Lamb, Easterbrooks & Holden, 1980, Langlois & Downs, 1980, Bandura, 1986, 93). Mädchen verhalten sich dabei eher pro-sozialbelehrend, Jungen eher negativ bis aggressiv (Roopnarine, 1984)... Jungengruppen sind eher größer als die von Mädchen, altersheterogener und eher hierarchisch organisiert; um Status und Dominanz in der Gruppe wird viel gekämpft. Sie spielen häufiger wettbewerbsorientierte Spiele, favorisieren Bewegung, Raufereien, Prügeleien und Sport; sie nehmen meist größeren Raum ein. Die Gruppen der Mädchen funktionieren eher auf der Basis von Gleichheit, haben daher Probleme mit Konflikten und Dominanz. Die Spiele sind eher kooperativ. In Gruppen entwickeln Mädchen enge Freundschaften, in denen das Gespräch sehr wichtig ist. Jungen haben weniger enge, eher kameradschaftliche Beziehungen in der Gruppe (Enders-Dragässer & Fuchs, 1988)... Zur Konstituierung von Männlichkeit spielen in der Schulzeit tendenziell gewaltförmige Kontakte zu den Mädchen eine wichtige Rolle: vom Necken und Verspotten über Prügel bis zum Hose-Herunterziehen (Barz, 1984, Oswald/Krappmann, 1986, 198). In der Vorpubertät differenzieren sich die **Kontakte zwischen Jungen und Mädchen**, erotische Momente kommen herein, aber das Gewaltpotential einiger Jungen bleibt.»

Oswald/Krappmann (1988, 56ff) kamen bei der Beobachtung von je einer ersten, einer vierten und einer sechsten Jahrgangsstufe in Berlin zu dem Ergebnis, «daß zu Beginn der Grundschulzeit Kinder des anderen Geschlechtes noch häufig als besonders gute Freunde genannt wurden, im Alter von etwa zehn Jahren kam dies nicht mehr vor, und am Ende der sechsjährigen Grundschulzeit begannen erst wenige Kinder, engere Freundschaften über die Geschlechtsgrenze hinweg zu bilden... Von besonderer Wichtigkeit im Umgang von Jungen und Mädchen im Grundschulalter scheinen die Jagd- und Fangspiele zu sein (C. R. Finnan, 1982), bei denen Jäger und Gejagte ihre Rollen regelmäßig tauschen und deren Hauptfunktion in der Exploration von Körperkontakten bestehen könnte, die durch die Rahmung des Spiels ermöglicht werden (W. Seidel, 1987). Barrie Thorne (1985) prägte den Begriff ‹borderwork›, mit dem ausgedrückt wird, daß durch Jagden, territoriale Invasionen und Schmährituale einerseits Verbindungen zum anderen Geschlecht hergestellt, andererseits aber die Eigenart der je eigenen Geschlechtsgruppe bestätigt wird. (S. 56f) Diese Beobachtungen sprechen dafür, daß die sozialisatorischen Erfahrungen, die Kinder in Interaktionen über die Geschlechtsgrenze hinweg sammeln, von ihrer Stellung in den gleichgeschlechtlichen Gruppierungen und Beziehungsnetzen beeinflußt wird. (S. 59)»

«Ich hab viel und schön gemacht!»

28. 1. 93. An diesem Tag gibt es Zeugnisse, die ersten mit Noten! Die Lehrerin hat mir erzählt, daß es am Vortag bereits eine Diskussion (im Kreis) über Noten gab. Ausgelöst wurde sie durch ein Gespräch über das Fach Schwimmen, weil in diesem Bereich die Leistungsunterschiede besonders kraß sind, aber Kinder wie Sida und Rebecca, die erst in diesem Jahr Schwimmen gelernt haben, eine Anerkennung für ihre Leistung erhalten sollen. Die Lehrerin hatte den Eindruck, daß sich die Kinder sehr gut selbst einschätzen können, außer Lukas, der sich entgegen der Meinung anderer Kinder selbst wesentlich schlechter eingeschätzt habe.

Für den Tag des ersten Zeugnisses mit Noten hatte die Lehrerin noch einen anderen Höhepunkt eingeplant. Im Rahmen des Themas «Die Länder der Erde», bei dem sich einzelne Kinder mit einem selbstgewählten Land befaßt haben, sollen nach und nach unterschiedliche Mahlzeiten organisiert werden. Heute sind als erste die türkischen Mädchen dran. Sie haben im Werkraum ein türkisches Frühstück für alle vorbereitet und nennen die türkischen Namen der Speisen. Dann schaltet Özgül die Musik ein. Ayse ruft die Kinder tischweise nach vorne und gibt jedem eine Kostprobe von beiden Speisen. Die Lehrerin fordert die Mädchen auf zu tanzen. Ayse fängt an, Özgül macht dann mit. Said: «Nutte!», einige lachen.

Der Tanz der beiden Mädchen ist sehenswert. Wie beim Bauchtanz bewegt sich entweder der Oberkörper oder der Unterkörper, rhythmisches Vorschieben einer Hüfte, grazile Bewegungen der Hände, die Koordination ist beeindruckend. Teilweise tanzen beide synchron, teilweise jede für sich, oft greifen sie sich vom Nacken aus in die Haare und werfen die Haare hoch. Salia: «Die Jungs können Geld in die Unterhose stecken!» Said grinst, Markus wehrt ab: «Halt die Klappe!» Salia wiederholt ihren Satz. (Sie kann also den sehr körperbetonten türkischen Tanz nur als Striptease-Vorführung interpretieren. Woher kennt sie aber die Sitte, Geld in die Unterhose zu stecken?) Insgesamt ist die Stimmung locker und bewundernd. Wir Erwachsenen (inzwischen ist auch der Mathelehrer gekommen) klatschen begeistert Beifall. Viele Kinder klatschen mit.

Bei einem zweiten Tanz spielt Funda auf einer Trommel, die aussieht wie ein silberner Pokal, der oben mit einer durchsichtigen Plastikfolie bespannt ist. Funda hat wesentlich mehr Probleme, sich locker und entspannt zu präsentieren. Die Lehrerin versucht bewußtzumachen, daß es bei diesen Tänzen festgelegte Bewegungen gibt.

Nach dem Frühstück. Alle versammeln sich im Kreis, eine Klarsichthülle für das Zeugnis in der Hand. Die Kinder sitzen relativ ruhig und entspannt. Özgül, Ayse und Funda singen vor sich hin und bewegen sich im Rhythmus. Die Lehrerin sagt nur an, daß es oben auf dem Zeugnis die Noten gibt und darunter etwas Text und daß Asam ein Zeugnis mit Text bekommt, «wie bisher» (sie erhält keine Noten in Deutsch und Sachunterricht). Die Kinder sollen es sich in Ruhe an ihrem Platz anschauen. Die Lehrerin will dann herumgehen, damit die Kinder sie fragen können, wenn sie etwas nicht verstehen.

Nina erhält als erste ihr Zeugnis. Sie nimmt es, setzt sich, hält es mit der beschriebenen Seite gegen ihren Oberkörper und lehnt sich zurück. Dann nimmt sie das Blatt vorsichtig ein wenig hoch, hält es mit zwei Händen an den Seiten fest, schiebt die Hände näher zueinander, so daß das Zeugnis eine Art Torbogen bildet und versucht zu lesen, ohne daß ihre Nachbarn mitlesen können. Inzwischen haben aber auch andere Kinder ihr Zeugnis in der Hand. Entsprechend interessiert sich keiner mehr für Nina. Sie liest ihr Zeugnis, schaut dann zu Anne, mit der sie seit einiger Zeit befreundet ist. Anne hat inzwischen auch ihr Zeugnis bekommen. Nina liest bei Anne mit und hält ihr dann ihr eigenes Zeugnis hin. Jetzt fangen beide an, Unterschiede herauszufinden: «Ich habe..., du hast...»

Özgül liest ihr Zeugnis. Als sie unten angekommen ist, sagt sie: «Werd ich nicht versetzt in die 5. Klasse?» Die Lehrerin erklärt, daß das doch ein Halbjahreszeugnis sei. (Bisher gab es nur am Ende des Schuljahres ein Zeugnis, und entsprechend stand immer etwas über die Versetzung drauf.)

Hannes liest sein Zeugnis sehr offen, ohne jeden Versuch, etwas zu verbergen. Ich habe aber den Eindruck, daß er es eher überfliegt. Singh liest sein Zeugnis sehr konzentriert, langsam Ziffer für Ziffer und Wort für Wort. Hannes zu Lukas: «Zeig mal!» Beide vergleichen. Inzwischen haben sich alle an ihre Tische verkrümelt. Singh zu Said: «En bißchen besser als du!» (Tatsächlich gibt es nur einen Unterschied: Singh hat in Deutsch eine 3, Said eine 4.) Said: «Kann ich 2, kann ich 1 machen!» (Er überlegt, wo er noch bessere Noten kriegen könnte.) Lukas, sehr laut: «Stimmt doch gar nicht!» (Es stellt sich wirklich heraus, daß in seinem Zeugnis ein Übertragungsfehler bei einer Fachnote vorhanden ist. Lukas wußte offensichtlich von der Fachlehrerin, welche Note er bekommen würde, und hat den Fehler sofort erkannt.)

Ich beginne eine Runde, bei der ich die Kinder frage, ob sie mit ihrem Zeugnis zufrieden sind und ob sie sich richtig beurteilt fühlen. Aus dieser Befragung hier einige Beispiele: Singh findet gut, daß es

Noten gibt, fühlt sich aber im Sachunterricht falsch beurteilt. «Ich hab viel und schön gemacht!» Er nimmt mich mit zu seiner Interessenmappe und zeigt mir Seite für Seite, was er zum Thema Weltraum gemacht hat. Meist sind es nur abgemalte Bilder, bei denen ab und zu ein Wort steht. Ich frage ihn, ob er meint, daß man im Sachunterricht eine gute Note bekommt, wenn man viele Seiten gemacht hat. Singh: «Und schön gemalt!»

Jan kommt zu Said, der sagt: «Ich bin besser!» Jan: «Lach ich mich kaputt!» Sie vergleichen Note für Note. Dabei kommt heraus, daß Said zwar in Deutsch schlechter beurteilt wurde als Jan (4–3), aber in Sachunterricht (3–4), Mathe (2–3), Schrift (3–4), Werken (3–5), Musik (2–3) und Schwimmen (1–3) bessere Noten hat. Jan zieht mit kleinlauter Miene ab.

Nina ist mit ihrem Zeugnis nicht zufrieden, fühlt sich aber richtig beurteilt. Hannes beantwortet meine beiden Fragen (Zufrieden? Richtig beurteilt?) mit einem knappen und klaren «Ja!»

Sandra beantwortet die Frage nach der Zufriedenheit mit: «Ja, sehr!», die Frage nach der richtigen Beurteilung mit: «Ja!» Sie strahlt über das ganze Gesicht.

Markus ist mit seinem Zeugnis «nicht so» zufrieden und fühlt sich auch nicht ganz richtig beurteilt, vor allem die Deutschnote (4) ärgert ihn. Ich sage, daß er doch wirklich Probleme beim Schreiben habe. Markus: «Aber dafür ist doch die Schrift!» (Meint: Dafür hab ich doch schon in Schrift eine 5!)

Während der ganzen Zeit sind die Kinder relativ ruhig, ohne große Hektik, wenn auch die Aufregung zu spüren ist. Die Lehrerin geht herum und redet mit den einzelnen Kindern. Allmählich leert sich die Klasse. Die Lehrerin setzt sich noch hin, um Lukas' Zeugnis neu zu schreiben. Einige stehen dabei und gucken zu. Dabei sagt Markus plötzlich: «Ich hab 22!», Lukas zählt sofort bei sich alle Noten zusammen: «13!», Funda: «22!» Asam: «10!» (Dadurch, daß sie nur wenige Noten hat, kommt sie bei dieser Rechnung besonders gut weg!) Während die Lehrerin schreibt, sagt Özgül zu ihr: «Frau Walter, kannst unsers auch verbessern!»

Die Kinder kannten in den meisten Fällen bereits ihre Noten. Trotzdem entstehen einige interessante Interpretationen. Singh meint, daß «schön und viel» auch gut sei, das heißt, er will seine Anstrengung honoriert haben. Die von außen an ihn herangetragenen Leistungsmaßstäbe sind ihm offensichtlich nicht klar. Ähnliches passiert auch bei Markus, der sich mit der Fünf in Schrift schon genügend bestraft vorkommt und nicht akzeptieren will, daß er dann in Deutsch noch eine Vier bekommen hat. Ziffern verleiten zum Rechnen, Noten zum Vergleich. Und es ist wohl nicht zufällig, daß gerade Singh, Said und Jan darauf mit Konkurrenzgerangel reagieren. Besonders die unsicheren Kinder bzw. die Kinder, die sich weniger als andere im sozialen Geflecht einbezogen und geborgen fühlen, erleben die Zeugnisse als Etikettierung, die ihnen ermöglicht, sich über andere erhaben zu fühlen, die ihnen aber auch zumutet, sich als schlechter zu erleben. Insgesamt ist aber erstaunlich, wie klar die Kinder sich selbst einschätzen und die Note auf die eigene Leistung beziehen können.

Zum Zeitpunkt des Halbjahreszeugnisses fielen auch die Entscheidungen, in welche weiterführenden Schulen die Kinder im Anschluß an das 4. Schuljahr gehen sollten. Diesen durchaus schwierigen Prozeß hat die Lehrerin versucht, durch offene Diskussionen mit den einzelnen Kindern, aber auch mit der ganzen Kindergruppe so erträglich wie möglich zu gestalten. Nachdem die Entscheidungen dann klar waren (ein Mädchen sollte auf die Sonderschule, ein Junge ins Gymnasium, achtzehn auf eine Gesamtschule, vier auf eine andere Gesamtschule), wurde das durchaus akzeptiert und führte nicht zu Ausgrenzungen. Unterschwellig war damit jedoch das Ende der Gemeinsamkeit signalisiert. Mit der Entscheidung für eine bestimmte weiterführende Schule begann praktisch der Abschied von der Grundschule. Es war allen bewußt, daß es sich um die letzten gemeinsamen Wochen handelte. Parallel zum Unterricht gab es immer wieder Hinweise darauf (wie viele Seiten im Sprachlehreheft noch zu bearbeiten seien, wer welches Eigentum mit nach Hause nehmen sollte...)

«Bei euch sieht man ja schon was!»

Im Mai 1993 fuhr die Klasse für eine Woche in ein **Landschulheim im Thüringer Wald.** An dieser Klassenfahrt nahmen auch die beiden Studentinnen Elisabeth Bergmann und Claudia Helldörfer teil.

Die türkischen Mädchen tanzen abends. Sie genießen es offensichtlich, sich zu produzieren und darzustellen. Die drei besitzen bereits ein ausgeprägtes Körperbewußtsein, dies fällt besonders bei Ayse auf, die sich sehr hingebungs- und ausdrucksvoll bewegt.

Während der Disco einige Tage später bewegt sich Benjamin auf seinem Stuhl zur Musik. Ich frage ihn, ob er mittanzen möchte. Er: «Nein, das ist mir peinlich, ich tanze lieber im Sitzen.»

Mit Vergnügen und ganz selbstverständlich zeigen die Mädchen sich selbst und ihr Können. In ihren Bewegungen imitieren sie weibliche Filmstars. Sie stellen sich bewußt als Frauen dar, was sich durch das Tragen von modernen, betont weiblichen Sachen (glitzernde Leggings, Bodies mit hohem Beinausschnitt), die farblich aufeinander abgestimmt sind, ausdrückt. Für die drei türkischen Mädchen ist der **Tanz eine wichtige Ausdrucksform.** Sie tanzen und proben (seit Wochen) zusammen, jede hat ihren festen Platz in der Formation. Während der Vorführungen schauen die anderen Kinder fasziniert zu, das Tanzen der drei ist inzwischen voll akzeptiert. Den Tänzerinnen scheint diese Aufmerksamkeit zu gefallen.

Benjamin würde auch gern tanzen, aber er traut sich nicht. Auf seinem Stuhl fühlt er sich sicher, hier muß er nicht seinen ganzen Körper «zeigen».

Bezogen auf den Umgang mit dem eigenem Körper, wird deutlich, daß Jungen und Mädchen sich ganz unterschiedlich verhalten. Mädchen suchen im allgemeinen mehr Körperkontakt untereinander und zu Erwachsenen. Jungen hingegen suchen untereinander kaum Körperkontakte, beim Ringkampf gehen sie allerdings sehr direkt und mit großem Engagement miteinander um. Die Situation erinnert an das Stereotyp: Jungen kämpfen, Mädchen tanzen. Der Körperkontakt zum anderen Geschlecht wird sowohl bei Jungen als auch bei Mädchen durch äußere Anlässe aufgebaut. Er erfolgt nicht selbstverständlich und bekommt den Stellenwert von etwas Besonderem.

Norbert zu Funda und Ayse: «Bei euch sieht man ja schon was, bei euch sieht man ja schon was!» Die Mädchen sind peinlich berührt. Funda antwortet dann jedoch: «Na und, deine Eier sieht man ja auch.»

Nach einer Wanderung waschen sich die Mädchen im Duschraum die Hände. Özgül will noch duschen, sie meint, es muß unbedingt sein. Sie steht vor der durchsichtigen Duschkabine und sagt, daß sie sich schämt, wenn alle zuschauen können. Elisabeth Bergmann antwortet ihr, daß sie sich vor ihr doch nicht zu schämen brauche. Özgül: «Vor dir nicht, aber vor den anderen.» Funda kommt mit einem Handtuch und zeigt, wie sie es vor die Kabine halten kann.

Inzwischen ist es auch körperlich sichtbar, daß Özgül, Ayse und Funda sich auf der Grenze zwischen Kind und Jugendlicher befinden, man sieht, daß der Busen sich entwickelt. Damit kommen neue «Überlegenheiten», aber auch neue Unsicherheiten ins Spiel. Die **körperlichen Veränderungen** scheinen mit Tabus besetzt zu sein, Norbert findet kein präzises Wort dafür. Funda wehrt sich, indem sie auf ein äußeres Geschlechtsmerkmal der Jungen hinweist, allerdings auf eins, daß nicht die Veränderungen des Erwachsenwerdens charakterisiert. Trotzdem scheint sie in der unterlegenen Position: Nicht Norbert schämt sich, sondern Funda. «Fortgeschritten-Sein» bedeutet jetzt also auch Unsicherheit und Scham. Özgül differenziert z. B. deutlich zwischen den Erwachsenen und den älteren Mädchen (Özgül, Funda, Ayse) auf der einen sowie den übrigen Mädchen auf der anderen Seite. Ob es Scham ist oder eher die Demonstration eigener Überlegenheit (Das ist nichts für kleine Mädchen!), läßt sich kaum unterscheiden. Die beginnende Jugendlichkeit der älteren Mädchen wird als Status herausgestellt und bringt zugleich Unsicherheit in bezug auf die selbstverständliche Darstellung ihres nackten Körpers vor anderen, weniger entwickelten Mädchen. Beim Tanzen haben dieselben Mädchen keinerlei Schwierigkeit, sich und ihren durch entsprechende Kleidung betonten Körper darzustellen. Und während in vielen Szenen der vergangenen Schuljahre die Mädchen sich solidarisiert haben, entsteht nun eine Unterscheidung, die auch so etwas wie Konkurrenz zwischen den Mädchen hervorrufen kann.

Am Feuerplatz hat sich eine größere Gruppe von Kindern zusammengefunden, um Jan zu ärgern. Sie wollen so tun, als ob Hannes Ayse küßt und mit ihr zusammen ist, weil Jan in Ayse verliebt ist. Funda und Ole bilden ein zweites Pärchen. Offensichtlich genießen alle vier den Vorwand, Jan ärgern zu wollen, um miteinander umgehen zu können. Sie nehmen sich in den Arm und spielen küssen, aber nur bis kurz vor den Mund, wie sie betonen. Die anderen spielen den Freundeskreis und erregen immer wieder die Aufmerksamkeit der Klasse durch laute Rufe.

Die Kinder benutzen Jan, um Kontakt, auch Körperkontakt, zueinander aufzubauen, den sie ohne diesen äußeren Anlaß nicht herstellen können. Jan ist der notwendige «Zuschauer», ohne den **der sexuelle Kontakt** nicht **als spielerische Inszenierung** möglich wäre. Und so ganz ernsthaft, d.h. ohne Verweis auf die Inszenierung, ist den Jungen und Mädchen dieser 4. Klasse die Darstellung von geschlechtlichen Beziehungen (noch) nicht möglich. Das Küssen wird gespielt, aber auch im Spiel nicht ganz realisiert, was ihre aktuelle Situation in bezug auf Körperkontakte deutlich macht. All dies geschieht für und wegen der Beachtung durch ein Publikum. Die Inszenierung teilt die Kinder in Akteure und Zuschauer. Die Akteure (eben die älteren Kinder oder – soweit es Hannes betrifft – die sozial sehr sicheren Kinder) erleben sich als «fortgeschritten» hinsichtlich sexueller Fragen und Kontakte zum anderen Geschlecht und zeigen den anderen gewissermaßen «wie es geht». Insofern haben sie auch eine Vorbildfunktion.

Dabei wird deutlich, daß die Kinder sich sowohl auf das Geschlecht als auch auf Macht und Ansehen in der Gruppe beziehen.

Quer durch die Geschlechter bildet sich eine Unterscheidung in Fortgeschrittene und Nachzügler. Dies gilt vor allem für die Jungen. Fortgeschritten in der sozialen Hierarchie der Jungen ist, wer von einem oder mehreren Mädchen als Partner solcher Spiele akzeptiert wird. Hier ist das vor allem Hannes. Für die Mädchen ist das eigene Körperbewußtsein, das sich in Körperhaltung und Körperbewegung ausdrückt – besonders im Tanz und in der Kleidung –, die wichtigste Kategorie. Denn während die Jungen sich an den älteren Mädchen der Klasse orientieren, blicken diese Mädchen auf ältere Jungen oder Jugendliche aus anderen Klassen.

In jeder Klasse sind **die Mädchen** normalerweise in der Feinmotorik und im Sozialverhalten **weiter entwickelt als die Jungen**. In der beobachteten Klasse wurde dieses Phänomen noch dadurch verstärkt, daß die ältesten Kinder durchweg Mädchen sind und die jüngsten durchweg Jungen. Die Unterschiede waren deshalb besonders im 4. Schuljahr gravierend: Die älteren Mädchen zeigten sich sehr selbstbewußt, körperbetont, mit frühpubertären Verhaltensweisen. Dadurch entstand ein Problem für die Jungen: Sie wollten mithalten, Gleiches tun, die Stärkeren sein..., aber das funktionierte nicht, weil die Mädchen sie nur teilweise ernst nahmen oder auch weil es einfach den aktuellen Möglichkeiten der Jungen nicht entsprach. Hinzu kamen noch persönliche Eigenheiten (Unsicherheiten...) oder auch außerschulische Erfahrungen (z. B. Pornographie-Videos aus Vaters Bestand bei einigen Jungen, wie sich in einem Interview gezeigt hat, das Elisabeth Bergmann und Claudia Helldörfer nach dem Landschulheimaufenthalt mit einer Gruppe von Jungen durchgeführt haben).

Bezieht man nun diese Beobachtung auf die **Altersmischung in der Jahrgangsklasse**, so muß man feststellen, daß den Kindern zwar Altersunterschiede bewußt sind. Die Jahrgangsklasse macht es aber unmöglich, vorhandene Unterschiede durch Alter erklärbar zu machen, sie suggeriert Gleichheit. Es gibt kein Einordnungskriterium «Alter», zumal in bezug auf die schulischen Leistungen keineswegs die gleichen Unterschiede sichtbar sein müssen wie im sozialen Verhalten. Während in einer altersgemischten Gruppe die Zuordnung zu den Älteren oder Jüngeren für die Selbst- und Fremdwahrnehmung sehr wichtig ist und hilft, Selbst-Bewußtsein zu entwickeln, gibt es diese Unterscheidung in der Jahrgangsklasse nicht oder nur äußerst vage. Die Jahrgangsklasse enthält den Kindern also die Möglichkeit vor, bestimmte Verhaltensweisen, Qualifikationen... mit dem Alter erklären zu können. Das kann durch individuelle Eigenheiten modifiziert werden. Selbstbewußte Kinder werden damit weniger Schwierigkeiten haben (vgl. z. B. Hannes in den oben genannten Beispielen), unsichere Kinder (vgl. z. B. Jan oder Benjamin in den oben genannten Beispielen) werden eher mit Irritationen und vermehrten Schwierigkeiten reagieren. In unserem Fall wurde es zum Charakteristikum der Klasse, daß die älteren Mädchen mit ihrem sehr früh einsetzenden vorpubertären Verhalten die jüngeren (und individuell zum Teil sehr unsicheren) Jungen provozieren und in eine Lage bringen, in der sie sich nicht mehr überlegen fühlen können – was insgesamt vermutlich dazu geführt hat, daß das Thema Sexualität und gegengeschlechtliche Beziehung permanent präsent gehalten wurde.

Die Diskussion, ob die **Koedukation für Jungen und Mädchen** die gleichen Entwicklungschancen enthalte, kann durch solche Beobachtungen und Überlegungen ergänzt werden um die Frage, ob es nicht für alle Kinder, Mädchen wie Jungen, sinnvoll sein könnte, in einer altersgemischten Gruppe zu lernen und damit sowohl Hilfe von und Orientierung an Älteren als auch Verantwortung für und Kompetenz gegenüber Jüngeren zu erleben.

Außer der Klassenlehrerin nahm auch der Mathelehrer an diesem Aufenthalt teil. Die Kinder hatten also wesentlich bessere Möglichkeiten, **Gespräche mit Erwachsenen** zu führen, nicht nur weil mehrere Erwachsene vorhanden waren, sondern auch, weil es einfach mehr Zeit und Gelegenheit gab, ein Gespräch mit diesen Erwachsenen zu führen.

Während einer Wanderung treffen die beiden Studentinnen Ayse, Funda und Herrn Eilers, die auf Baumstämmen Rast machen. Herr Eilers sagt, daß sie ein ernsthaftes Gespräch über Frauen im Islam führen und daß die jungen Studentinnen nun vielleicht bei einer anderen Frage weiterhelfen könnten.

Was ist Liebe und woran erkennt man sie? Ayse ist in einen Jungen verliebt, und weiß nicht, ob er auch verliebt ist. Sie gehen zusammen zum Sport. Funda erzählt, daß ein Junge schon einmal mit ihren Haaren gespielt hätte. Herr Eilers sagt, sie sollten mal zusammen tanzen oder Eis essen gehen. Irgendwann würde man merken, ob man sich liebt, sie seien ja auch noch sehr jung (die beiden Mädchen werden bald 12 Jahre alt). Funda hält es für völlig unwahrscheinlich, daß ein Sechzehnjähriger in sie verliebt sein könnte.

Immer wieder taucht die Frage auf, wie das ist, wenn man verliebt ist, wenn es «mehr» wird. Wo ist der Unterschied zwischen sich mögen und lieben? Elisabeth Bergmann antwortet, daß man es merkt, wenn das Gefühl da ist. Die Mädchen sagen selbst: Kribbeln im Bauch, immer an den anderen denken. Herr Eilers betont häufig, wie schön das sei. Funda: «Was ist denn nun Liebe?» Herr Eilers: «Tja, was ist die Liebe?» Ayse: «Zärtlichkeit?» Herr Eilers: «Ja, zum Beispiel!!» Die Mädchen erzählen, daß sie die Nachbarsjungen beobachten, weil diese sie auch beobachten. Elisabeth Bergmann fragt, ob sie das mögen, wenn sie beobachtet werden. Sie antworten mit einem begeisterten: «Ja, sehr!» Herr Eilers betont, daß es sehr schön sein kann, von anderen beobachtet zu werden, daß es aber auch sehr unangenehm sein kann. Pit stößt zu uns. Die Mädchen schicken ihn weg, aber er geht nicht. Claudia Helldörfer setzt sich ein wenig mit ihm ab, damit das Gespräch nicht abgebrochen wird.

Daß es hier muslimische Mädchen sind, die die Gelegenheit nutzen, mit einem erwachsenen Mann und zwei Studentinnen über Probleme der Beziehung zwischen Jungen und Mädchen zu sprechen, ist verständlich. Mehrfach haben sie erzählt, daß sie darüber mit ihren Müttern nicht reden können. Sie sind unsicher, suchen Partner zum Gedankenaustausch, brauchen **Zeit und Ruhe zum Fragen und Nachdenken.**

Und was sich hier bei den vorpubertären Problemen der älteren Mädchen am Ende der Grundschulzeit zeigt, gilt in viel weiterem Rahmen. Einige Kinder leben in Familien mit Erwachsenen, Kindern und Jugendlichen, in denen sie immer Gesprächspartner finden und bedeutsame Fragen über den Sinn und den Wert von Ereignissen und Erfahrungen stellen und diskutieren können. Aber die Mehrzahl der Kinder hat für solche Gespräche keine oder zu wenig Gelegenheit. Ihnen müßte die Grundschule, wenn sie auch als Lebensraum verstanden wird, viel mehr Zeit einräumen, in der sie sich Gesprächspartner, jüngere und ältere, weiblichen und männlichen Geschlechts suchen können, in der sie ihre Gefühle und Meinung unzensiert aussprechen und in Beziehung setzen können zu authentischen Äußerungen anderer. Authentisch meint hier, nicht als Meinung eines Lehrers, der Kindern beibringen möchte, was man tut oder nicht tut, sondern als Mensch, der einem anderen Menschen von sich selbst erzählt, der dem anderen zuhört, ihn zu verstehen versucht.

Mein Indianername und wie ich dazu gekommen bin

Das 4. Schuljahr endete mit einer größeren Unterrichtseinheit über die Indianer, die die Referendarin mit den Kindern durchführte. Im Rahmen dieser Unterrichtseinheit las sie mit ihnen auch das Buch «Der fliegende Stern» von Ursula Wölfel. Darin kommt eine Erzählung vor, wie «Fliegender Stern» zu seinem Namen gekommen ist. Das nahm die Referendarin zum Anlaß für eine Aufgabe. Jedes Kind sollte eine Geschichte «Mein Indianername, und wie ich dazu gekommen bin» aufschreiben. Die Fähigkeit, eine derartige Geschichte zu schreiben, verdeutlicht, daß die Kinder mittlerweile eine differenzierte Selbst-Vorstellung entwickelt haben. Sie sind nicht nur zu einer wertenden Selbst-Einschätzung fähig, sondern können höchst differenzierte Eigenschaften und Beziehungen zum Ausdruck bringen.

1.7.93

Singender Vogel

Hallo, ich heiße Singender Vogel. Mein Vater hat mir den Namen gegeben. Ich finde, der Name ist gut. Ich kann fast wie ein Vogel singen. Die ganzen Vögel sind meine Freunde, na ja, fast alle, wir wollen ja nicht übertreiben. Jetzt erzähle ich auch, wie mein Vater dazu gekommen ist, auf den Namen: Der Frühling fing an, die Vögel sangen. Als ich auf der Welt war, hat mein Vater einen Vogel gesehen, der draußen auf einem Baum saß und gesungen hat. Als wüßte der Vogel, daß ich auf die Welt kam. Na ja, man könnte behaupten, daß der Vogel für mich sang, und meinem Vater hat das sehr gut gefallen, wie der Vogel für mich sang, also hat mein Vater mich dann Singender Vogel genannt. Ich spiele immer mit dem Vogel und mit meinen Freunden auch. Und so kam mein Vater auf den Namen. Und das war eine Geschichte von Singender Vogel. (Ayse)

Kleiner Hirsch

Ich, namenloses Indianerbaby, flüchtete mit dem ganzen Stamm vor dem weißen Mann in den Norden. Mein Vater rätselte noch nach einem Namen für mich. Da hatte er auf einmal eine Idee, als er mich im Geweih unseres zahmen Hirschen sitzen sah: «Das ist er», rief er, «Kleiner Hirsch!» (Benjamin)

Feuerspeiender Berg

Ein paar Tage nach meiner Geburt brach in unserem Wald ein Vulkan aus. Alle rannten weg und vergaßen mich, außer meinem Vater, der wollte mich retten. Aber als er zu mir kam, konnte er nicht mehr zurück. Er nahm mich auf den Arm und rannte mit mir zu einer Höhle und wartete, bis es vorbei war. Dann liefen wir viele Tage, bis wir bei unserem Stamm waren. Dann nannte mein Vater mich Feuerspeiender Berg. (Markus)

Sommer im Regen

Warum heiße ich Sommer im Regen? Als ich geboren worden bin, hat es nur noch geregnet. Und meine Mutter wollte, daß es Sommer wird. Und plötzlich hat es geregnet und noch die Sonne geschienen. Meine Mutter wußte nicht, wie sie mich nennen sollte. Da hat mein Vater gesagt: «Wir nennen unsere Tochter Sommer im Regen.» Da waren meine Mutter und mein Vater sehr froh, daß ich einen Namen gekriegt habe. Das war die Geschichte. (Özgül)

Kleine Wolke

Hallo, ich heiße Kleine Wolke. Ich möchte euch erzählen, wie ich meinen Namen erhielt. Es war Morgen, mein Papa ist weggeritten, und ich kam auf die Welt. Mein Papa kam zurück und sah mich. Meine Eltern wußten nicht, wie sie mich nennen sollten. Einen Tag später wußten meine Eltern immer noch nicht meinen Namen. Dann holte mein Vater den Medizinmann und sagte ihm alles. Der Medizinmann wollte mit und wollte mich anschauen. Und er sah, wie winzig klein ich war. Er kam aus dem Zelt raus und wußte immer noch keinen Namen für mich. Auf einmal kam eine kleine Wolke vom Himmel, und der Medizinmann sagte: «Kleines Mädchen und kleine Wolke.» Dann sagte er: «Ich weiß einen Namen. Kleine Wolke soll sie heißen.» Und alle waren einverstanden, sie feierten ein Fest. (Sandra)

Bullauge
Mein Vater wollte, daß ich so stark wie ein Bulle werden soll und ein scharfes Auge haben soll, um zwischen Freunden und Feinden zu unterscheiden. Deshalb hat er mich Bullauge genannt. (Singh)

«Die Großen haben ‹Baby› zu uns gesagt!»

Um den Übergang in die weiterführende Schule zu erleichtern, hatte die Lehrerin den Lehrer, der an einer Gesamtschule 18 Kinder der Klasse übernehmen sollte, in den Unterricht der Grundschule eingeladen. Mit diesem Lehrer wurde dann ein Besuch in der Gesamtschule vereinbart und durchgeführt.

16.7.93. Der Abschied wird immer präsenter. Die Klasse wirkt leer und fast kahl. Die meisten Regale sind ausgeräumt, Ablagenkästen und Stehordner sind weg. Außer den Tipis aus der Unterrichtseinheit «Indianer» hängt nichts mehr an den Fenstern.

Dann geht es los, Richtung Gesamtschule. Die Erwartung bezüglich der neuen Schule produziert offensichtlich viel Aufregung. Vier Erwachsene schauen mit spähendem Blick, weil immer mal wieder einige Kinder rangeln und einzeln oder auch zu zweit auf die Fahrbahn geraten. Said, Pit und Jan sind eigentlich ständig mit Albereien befaßt und müssen mehrmals von der Fahrbahn auf den Bürgersteig gescheucht werden. Demgegenüber verhalten sich die Mädchen, vor allem Salia, Sandra und Rebecca, sehr ruhig, gehen aber auch langsam und als letzte. An der Gesamtschule laufen einige sofort durch eine Lücke im Gebüsch, es wirkt, als seien sie nicht zum erstenmal hier.

In der Halle der Gesamtschule sitzen die Kinder auf den Stufen (eine Art Amphitheater), weitgehend sehr ruhig. Nur die Augen bewegen sich. Vor allem bei Hannes fällt mir das auf. Er wirkt sehr blaß, scheint nur aus Augen zu bestehen. Ayse hat eine schwarze Schirmmütze auf, mit der silbernen Aufschrift «cool».

Am intensivsten werden die größeren Schüler beobachtet. Die wiederum machen teilweise im Vorbeigehen Bemerkungen über die «Kleinen». Einige größere Geschwister (ich erkenne Salias Schwester) grinsen aus einiger Entfernung (z. B. oben von der Treppe herunter). Dann beginnt ein Rundgang um und durch die Schule. Dabei sollen die Kinder auch in eine Klasse schauen können. Rebecca sagt mir, daß sie nicht in diese Schule will, weil die so groß ist. Sie hat Angst davor. Auch Jan wirkt besonders irritiert. Als ich zu Rebecca meine: «Du hast doch die anderen dabei», fragt Jan, ob die Kinder der 4c zusammenbleiben (das hatte er also noch nicht mitbekommen).

Dann geht es in einen Klassenraum. Er ist sehr groß, hell und äußerst gemütlich eingerichtet. Es gibt Tischgruppen und eine große Sitzecke mit Sofa und Sesseln. An den Wänden, der Tafel und auf dem Boden befinden sich große Plakate über Oklahoma, die Türkei, Marokko und Japan. Es hängen auch viele weitere Arbeitsergebnisse an der Wand (z. B. Illustrationen zu Märchen): Der Klassenliste ist zu entnehmen, daß drei ältere Geschwister von Kindern unserer Klasse in diese Klasse gehen: die älteren Schwestern von Sida, Said und Pit. Die Kinder fühlen sich offensichtlich sehr wohl in diesem Raum. Benjamin liegt bäuchlings auf dem Lehrerpult und hört zu, was der Lehrer erklärt.

Ob ihre Klasse auch so aussieht, wollen die Kinder wissen. Das nicht, aber sie können sie ja noch einrichten, meint der Lehrer. Dann geht es weiter und dabei auch in den zukünftigen Klassenraum, in dem noch ältere Schüler sind. Als die Kinder enttäuscht aufstöhnen, fangen die älteren an sie zu hänseln. Vor allem unsere drei «Grazien» sind jetzt offensichtlich enttäuscht. Özgül macht den Raum extra schlecht und erklärt mir, das sei, um «die zu ärgern».

Zurück in der Klasse, versammeln sich alle im Kreis. Die Lehrerin fragt kurz nach den Eindrücken. Özgül fand es «blöd, wie die Großen uns beleidigt haben, die haben Baby zu uns gesagt». Nina: «Die sind neidisch, weil ihr so schön seid.» Es wird kurz darüber gesprochen, daß die Kinder als Schulanfänger auch von den großen Grundschülern gehänselt worden seien. Norbert: «Die haben Tintenfresser gesagt!» Ayse: «Aber wir nicht!» (Meint: Wir haben als Viertkläßler die Kleinen nicht gehänselt!) Lehrerin: «Wir haben ja auch vorher darüber gesprochen!»

Die neue Schule bedeutet eine große Herausforderung, vielleicht auch für einige eine große Verunsicherung. Ayse, Funda und Özgül freuen sich richtig auf die neue Schule, weil sie hoffen, dort in Kontakt zu älteren Jungen zu kommen. «Cool» wollen sie erscheinen, aber prompt erleben sie die erste Enttäuschung: Sie werden als Babys behandelt und gehänselt. Bei anderen Kindern löst die große Schule regelrecht Angst aus. Sie erleben die Älteren, die das Territorium besetzt halten und das auch deutlich zeigen (oben von der Treppe herunterschauen), und damit eine Situation, die durchaus dem ersten Schultag vergleichbar ist (vgl. das Verhalten der älteren Kinder am ersten Schultag). Hannes sieht wohl wieder die negativen Schulerfahrungen seines großen Bruders vor sich und reagiert mit ähnlich ambivalenter Haltung wie zu Beginn der Grundschule. Für alle stellt sich die Aufgabe eines neuen Anfangs, eine Aufgabe, die Chance und Belastung sein kann und das wahrscheinlich in unterschiedlichem Maße für die einzelnen Kinder auch ist.

Wir alle, Forscher wie Lehrerinnen und Lehrer hoffen inständig, daß alle Kinder in den weiterführenden Schulen auf soziale Konstellationen treffen, die es ihnen ermöglichen, ihre Lebendigkeit, Kreativität, Offenheit und Bereitschaft zur Auseinandersetzung mit anderen und sich selbst weiterzuentwickeln.

Literatur

Baacke, D.: Die 6- bis 12jährigen, Weinheim und Basel 1984

Beck, G./Scholz, G./Walter, C.: Szenen – Absichten – Deutungen. Zwei Jahre Auseinandersetzung mit moralischen Fragen, in: Die Grundschulzeitschrift 50/1991, S. 14–19

Bilden, H.: Geschlechtsspezifische Sozialisation, in: Hurrelmann, K./Ulich, D.: Neues Handbuch der Sozialisationsforschung, Weinheim und Basel 1991, 279–301

Bornemann, E.: Reifungsphasen der Kindheit. Sexuelle Entwicklungspsychologie, Bd. 1, Wien 1981

Damon, W.: Social world of the child, San Francisco 1977

Damon, W.: Zur Entwicklung der sozialen Kognition des Kindes. Zwei Zugänge zum Verständnis von sozialer Kognition, in: Edelstein, W./Keller, M. (Hrsg.): Perspektivität und Interpretation. Beiträge zur Entwicklung des sozialen Verstehens, Frankfurt/M. 1982, 110–145

Eckensberger, L.H./ Silbereisen, R.K. (Hrsg.): Entwicklung sozialer Kognitionen. Modelle, Theorien, Methoden, Anwendung, Stuttgart 1980

Edelstein, W./Keller, M. (Hrsg.): Perspektivität und Interpretation. Beiträge zur Entwicklung des sozialen Verstehens, Frankfurt/M. 1982

Fend, H.: Sozialisierung und Erziehung, Basel und Weinheim 1973

Flitner, A. (Hrsg.): Das Kinderspiel, München 1973

Garlichs, A., in Zusammenarbeit mit Beck, U., und Ring, K.: Alltag im offenen Unterricht. Das Beispiel Vollmarshausen, Arbeitskreis Grundschule, Beiträge zur Reform der Grundschule, Bd. 78, Frankfurt/M. 1990

Geertz, C.: Dichte Beschreibung. Beiträge zum Verstehen kultureller Systeme, Frankfurt/M. 1987

Hurrelmann, K./Ulich, D. (Hrsg.): Neues Handbuch der Sozialisationsforschung, Weinheim und Basel 1991

Kaiser, A.: Mädchen und Jungen – eine Frage des Sachunterrichts? Ergebnisse eines Forschungsprojekts, in: Valtin, R./Warm, U. (Hrsg.): Frauen machen Schule. Probleme von Mädchen und Lehrerinnen in der

Grundschule. Arbeitskreis Grundschule, Beiträge zur Reform der Grundschule, Bd. 61/62, Frankfurt/M. 1985, 52–64
Keller, M.: Kognitive Entwicklung und soziale Kompetenz. Zur Entstehung der Rollenübernahme in der Familie und ihrer Bedeutung für den Schulerfolg, Stuttgart 1976
Kohlberg, L.: Analyse der Geschlechtsrollen-Konzepte und -Attitüden bei Kindern unter dem Aspekt der kognitiven Entwicklung, in: Kohlberg, L.: Zur kognitiven Entwicklung des Kindes, Frankfurt/M. 1974
Krappmann, L.: Sozialisation in der Gruppe der Gleichaltrigen, in: Hurrelmann, K./Ulich, D. (Hrsg.): Neues Handbuch der Sozialisationsforschung, Weinheim und Basel 1991, 355–375
Lenzen, K.-D.: Kinderkultur – die sanfte Anpassung, Frankfurt/M. 1978
Mauthe-Schonig, D. u. a.: Mit Kindern lesen im ersten Schuljahr. Anfangsunterricht mit den Geschichten von der kleinen weißen Ente, Weinheim und Basel 1987
Oswald, H./Krappmann, L., unter Mitarbeit von Fricke, C.: Soziale Beziehungen und Interaktionen unter Grundschulkindern. Methoden und ausgewählte Ergebnisse eines qualitativen Forschungsprojektes, Max-Planck-Institut für Bildungsforschung, Berlin 1988
Petillon, H.: Das Sozialleben des Schulanfängers. Die Schule aus der Sicht des Kindes, Weinheim 1993 a
Petillon, H.: Soziales Lernen in der Grundschule. Anspruch und Wirklichkeit, Frankfurt/M. 1993 b
Piaget, J.: Das moralische Urteil beim Kinde, Frankfurt/M. 1973
Pfister, G./ Valtin, R. (Hrsg.): MädchenStärken. Probleme der Koedukation in der Grundschule, Arbeitskreis Grundschule, Beiträge zur Reform der Grundschule, Bd. 90, Frankfurt/M. 1993
Prior, H. (Hrsg.): Soziales Lernen, Düsseldorf 1976
Reininger, K.: Das soziale Verhalten von Schulneulingen. Wiener Arbeiten zur pädagogischen Psychologie, hrsg. von Bühler, C., und Fadrus, V., Wien-Leipzig 1929
Schäfer, G. E.: Spiel, Spielraum und Verständigung. Untersuchungen zur Entwicklung von Spiel und Phantasie im Kindes- und Jugendalter, Weinheim/München 1986
Scheuerl, H.: Das Spiel, Weinheim und Basel 1979
Schnack, D./Neutzling, R.: Kleine Helden in Not. Jungen auf der Suche nach Männlichkeit, Reinbek bei Hamburg 1990

Scholz, G.: Die Konstruktion des Kindes. Über Kinder und Kindheit, Opladen 1994

Selman, R. L.: Die Entwicklung des sozialen Verstehens. Entwicklungspsychologische und klinische Untersuchungen, Frankfurt/M. 1984

Selman, R. L./ Lavin, D. R., Brion-Meisels, S.: Entwicklung der Fähigkeit zur Selbstreflexion bei Kindern: Forschungen zum reflexiven Verstehen und die Untersuchung praktischer Verständnisleistungen verhaltensgestörter Kinder, in: Edelstein, W./Keller, M. (Hrsg.):Perspektivität und Interpretation. Beiträge zur Entwicklung des sozialen Verstehens, Frankfurt/M. 1982, 375–421

Valtin, R.: Mit den Augen der Kinder. Freundschaft, Geheimnisse, Lügen, Streit und Strafe, Reinbek bei Hamburg 1991

Wölfel, U.: Fliegender Stern, Ravensburg 1962

Youniss, J.: Die Entwicklung und Funktion von Freundschaftsbeziehungen, in: Edelstein, W./Keller, M. (Hrsg.): Perspektivität und Interpretation. Beiträge zur Entwicklung des sozialen Verstehens, Frankfurt/M. 1982, 78–109

In diesen Büchern finden sich auch die Quellenangaben für weitere, in Zitaten genannte Veröffentlichungen.